XIANDAI TANPAN CELÜE YU JIQIAO

现代谈判策略与技巧

姚凤云　朱海凤　戴国宝　主编

四川大学出版社
SICHUAN UNIVERSITY PRESS

项目策划：王小碧
责任编辑：刘　畅
责任校对：王小碧
封面设计：北京精准互动科技有限公司
责任印制：王　炜

图书在版编目（CIP）数据

现代谈判策略与技巧 / 姚凤云，朱海凤，戴国宝主编．— 成都：四川大学出版社，2021.4
ISBN 978-7-5690-3991-7

Ⅰ．①现… Ⅱ．①姚… ②朱… ③戴… Ⅲ．①谈判学－高等学校－教材 Ⅳ．① C912.35

中国版本图书馆CIP数据核字（2020）第 236610 号

书　名	现代谈判策略与技巧
主　编	姚凤云　朱海凤　戴国宝
出　版	四川大学出版社
地　址	成都市一环路南一段24号（610065）
发　行	四川大学出版社
书　号	ISBN 978-7-5690-3991-7
印前制作	北京精准互动科技有限公司
印　刷	涿州军迪印刷有限公司
成品尺寸	170mm×240mm
印　张	17
字　数	341 千字
版　次	2021年4月第1版
印　次	2021年4月第1次印刷
定　价	68.00 元

◆ 版权所有 ◆ 侵权必究

◆ 读者邮购本书，请与本社发行科联系。
　电话：(028)85408408/(028)85401670/
　(028)86408023　邮政编码：610065
◆ 本社图书如有印装质量问题，请寄回出版社调换。
◆ 网址：http://press.scu.edu.cn

前言

俯首伏案，昼夜疾书，使这本应时之作——《现代谈判策略与技巧》终于全部脱稿了。停笔之余，我们如释重负的脑海中仍难以割舍对谈判这一议题的眷恋，心中不禁涌起一股如醉如痴的、融融的诗潮：

谈判
你犹如一把消除各种隔阂的软剑
又好似一丝弥合各样分歧的银线
你如同一条联结各方关系的纽带
又好像一处易换各自利益的港湾
对多方关系的形成与变化
对各种需求的互调与共联
你既能竭尽促进之力
又能力达各自之愿

谈判
你犹如一块磨砺人的认识的燧石
又好似一渊增长智慧的聪明灵泉
你是步入市场和世界的无形向导
更是走向未来所必经的道道雄关
对众多个人的成长与成功
对无数团体的生存与发展
你既能考验监督
更能推波助澜

……

无论你是一位富有经验的谈判者，还是未经"沙场"的谈判者，若能读完这本《现代谈判理论与实践》，便会被笔者发自内心所抒写和咏叹的这些诗句和情感唤起共鸣！

改革开放以来，在加速建立社会主义市场经济体制的今天，我国整个社会生活舞台犹如一个硕大的谈判场。这使越来越多的人逐渐认识到谈判在现代人类生活中的重要地位和作用，意识到如果欠缺这方面的知识和经验，将会对自身和事业的发展造成障碍。因而，人们除迫切地要求投入谈判实践，从中增长见识和经验之外，还更迫切地需要他人给予谈判理论和实践方面的全面、系统、具体、切实的指导，以提高自己的谈判能力和水平，使自己在各种现代谈判中取得成功。为了满足人们的这些主观要求适应我国新时期发展的客观需要，各类院校能以系统的现代谈判理论和实践知识对现代谈判人才进行培养，我们特编写了本书。

本书共分五篇十七章。各篇各章以大量的理论和实例论述了现代谈判的概念、特征、原则、分类、程序、策略、技巧和艺术；详尽地介绍了商务谈判、文化谈判、求职录用谈判、家庭邻里谈判等各种谈判的实操策略。本书具有理论与实践相结合的特点，既以例释理，又以理析例，阐释论述深入浅出、通俗易懂，具有较强的知识性、趣味性、技能性、艺术性和实用性。

本书主编为姚凤云、朱海凤、戴国宝，副主编为王子义、周慧欣、赵丽恒。具体编写分工为：姚万军（第一章）；王子义（第二章）；戴国宝（第三章、第六章、第七章、第八章、第十二章）；麻江利（第四章、第五章、第十章、第十五章）；赵丽恒（第十一章、第十三章、第十六章）；周慧欣（第九章、第十四章）；朱海凤（第十三章）；田建国（第十七章）。

在此书的编写过程中，我们广泛参阅了国内外有关谈判研究的著作、教材、论文以及其他学科的有关资料，在此向各位作者谨表谢忱！

虽然编写此书，我们做了很多的努力，但由于我们的知识水平和写作能力有限，因此书中的疏漏和错误恐难避免，恳请专家、同行和广大读者指正。谢谢！

编者

2020 年 11 月

目录

第一篇　现代谈判理论篇

第一章　谈判概述 ……………………………………………………… 2
　　第一节　谈判的概念 …………………………………………… 2
　　第二节　谈判的特征 …………………………………………… 5
　　第三节　谈判的要素和影响的多因素 ………………………… 9

第二章　谈判产生和发展的历史 ……………………………………… 13
　　第一节　谈判的产生和古代谈判 ……………………………… 13
　　第二节　近代谈判 ……………………………………………… 16
　　第三节　现代谈判 ……………………………………………… 19

第三章　谈判的原则和分类 …………………………………………… 22
　　第一节　谈判的一般原则 ……………………………………… 22
　　第二节　谈判的分类 …………………………………………… 26

第四章　谈判程序 ……………………………………………………… 34
　　第一节　谈判的准备 …………………………………………… 34
　　第二节　谈判的进行 …………………………………………… 38

第五章　谈判策略 ……………………………………………………… 42
　　第一节　谈判策略的作用 ……………………………………… 42
　　第二节　谈判策略的选择和运用 ……………………………… 45
　　第三节　常用的谈判策略 ……………………………………… 51

第六章　谈判经典理论 ·· 58

第一节　谈判需要理论 ·· 58
第二节　谈判原则理论 ·· 65
第三节　谈判技巧理论 ·· 71

第二篇　商务谈判实践篇

第七章　商务谈判概述 ·· 78

第一节　商务谈判的含义、特点和作用 ····························· 78
第二节　商务谈判的原则 ··· 83
第三节　商务谈判的分类 ··· 88

第八章　商务谈判的内容和形式 ···································· 96

第一节　商务谈判的内容 ··· 96
第二节　商务谈判的形式 ·· 103

第九章　商务谈判的过程 ·· 110

第一节　商务谈判的开局阶段 ······································ 110
第二节　商务谈判的报价阶段 ······································ 113
第三节　商务谈判的实质性磋商阶段 ····························· 117
第四节　商务谈判的结束阶段 ······································ 123

第十章　商务谈判的策略 ·· 127

第一节　商务谈判的探测方法 ······································ 127
第二节　商务谈判的砍价方法 ······································ 132
第三节　商务谈判的应变对策 ······································ 135
第四节　商务谈判中的拖延战术和拒绝方法 ···················· 140

第十一章　商务谈判的语言艺术 145

第一节　商务谈判语言概述　146
第二节　商务谈判有声语言的运用技巧　153
第三节　商务谈判中倾听的运用技巧　162
第四节　商务谈判中无声语言的运用技巧　166

第十二章　商务谈判思维 172

第一节　商务谈判中的辩证思维　172
第二节　商务谈判中的逻辑思维　176
第三节　商务谈判中的创造性思维　183

第三篇　文化谈判实践篇

第十三章　文化谈判 190

第一节　文化谈判的概念、范围和特征　190
第二节　文化谈判的策略　194
第三节　文化谈判的语言艺术　199

第四篇　求职录用谈判实践篇

第十四章　求职录用谈判的准备 204

第一节　求职者与主试者谈判前的准备　204
第二节　大学生求职材料的准备　207

第十五章　求职录用谈判面试 215

第一节　面试的程序和内容　215
第二节　面试的形式、原则和准备　218
第三节　求职录用谈判面试礼仪　222

第五篇 家庭邻里谈判实践篇

第十六章 家庭谈判 ································· 234
第一节 家庭谈判的概念、特点和作用 ············· 234
第二节 家庭谈判的语言艺术 ····················· 238
第三节 具体的家庭谈判要求 ····················· 240

第十七章 邻里谈判与民事调解 ······················ 252
第一节 邻里谈判概述 ··························· 252
第二节 家庭邻里谈判中的调解 ··················· 256

主要参考文献 ······································ 260

第一篇 现代谈判理论篇

第一章　谈判概述

伴随着人类文明的产生而形成的人际交往中的谈判活动，经过人们长期的谈判实践，得到了不断的发展，并逐渐显现出特有的规律性。自现代社会以来，谈判已成为人类社会舞台上愈加活跃的、体现着人类文明程度的社会实践活动。继世界上最早撰写谈判论作《论谈判》的英国思想家弗朗西新·培根等学者的研究之后，从20世纪60年代起，西方一些学者从不同角度对谈判实践活动的规律进行探索、发现和总结，并对谈判的艺术、技巧进行了归纳、提炼和升华。谈判已逐渐成为一门新兴的、引人注目的、具有指导性的应用学科。

改革开放以来，我国人民的思维空间迅速拓宽，越来越多的研究者涉足谈判这门学科，并取得了一些可喜的研究成果。目前，谈判在我国已成为一门富有研究魅力的、具有广阔研究前景的学科。

谈判作为一门学科，自然有其特有的概念、特征和要素。谈判的概念怎样表述？谈判有哪些特征？谈判有哪些要素和影响因素？在这一章里，我们将分别对其做系统的阐释。

第一节　谈判的概念

在阐释谈判的概念之前，我们有必要先观察和分析一下谈判活动现象。因为，抽象的谈判概念是以具体的谈判活动现象为对象而加以概括的。对谈判活动现象进行观察分析，能使人们透过现象看本质、由表及里、由浅入深地去认识和理解抽象的谈判概念的深邃内涵。

一、谈判的活动现象

谈判是人类交际活动的重要形式之一，是普遍存在的社会现象。我们每天打开手机、电视机和互联网，或翻开各种报纸杂志，经常可以听到和看到关于重大谈判的报道。政治的、军事的、外交的、经济的、文化的谈判，不绝于耳，令人目不暇接。

在建立社会主义市场经济体制的今天，我们国内的各类政治、经济、文化团体和其他社会组织之间的正常交往中存在着大量的谈判活动。例如，省与省、市与市的横向联合协商，各经济实体的贸易洽谈，各科技组织的技术合作洽谈，各文化艺术团体的思想、文化、艺术交流的洽谈等。

人们在日常生活中，每天都会参与一些谈判活动或看到一些谈判活动现象。例如，人们在家庭生活中，需要参与家庭成员间衣、食、住、行和其他特殊活动问题的磋商；与邻里相处时，需要就公益义务、互相合作、解决纠纷等问题进行商议，甚至还可能在劝架解围中充当调解人；在火车或公共汽车上，又有可能为老人和小孩找座位而与他人商量；到市场和商店里买东西时，还需经常与卖主进行讨价还价；在工作单位里，又经常会就一些工作安排问题与领导和同事们商讨，或就物质分配问题与大家"合计"……在日常的活动中，人们都可能自觉或不自觉地参与谈判，或目睹了他人所进行的谈判。

综上，我们可以认识到，在人类社会生活中，或大或小、或公或私、或曲或直、或繁或简、或明或暗的谈判活动，每天都在大量地发生着，时刻都在制约、影响着国家、社区、组织、家庭和个人的行为和关系。它不管人们喜欢不喜欢和愿意不愿意，总是很客观地、接连不断地出现在人们的面前，使人们主动或被动地成为谈判的参加者或旁观者。

早在1968年，美国谈判学家杰勒德·I·尼尔伦伯格在他的《谈判的艺术》一书中就指出："只要人们是为了取得一致而磋商协议，他们就是在进行谈判。"由此可见，我们上面所列举的日常生活中人们经常遇到的协商活动现象，理所当然地应被称为谈判。

随着社会文明的发展，人们的民主意识随之增强，人们越来越希望参与到自己有必要参与的政治、思想、文化、工作、生活等诸多方面的决策的制定中。为此，人们已日渐自觉地走进各种形式和内容的谈判场，狭义范围或广义范围的（特别是广义范围的）谈判的活动现象会越来越普遍。

二、谈判的含义

什么是谈判？本节前面所引述的美国谈判学家杰勒德·I·尼尔伦伯格对谈判的描述，还不是对谈判定义的严格表述。

目前，国内有关的谈判和公共关系学的书籍对谈判定义的表述，均不尽相同。借鉴国内外学者对谈判定义的表述，笔者认为，谈判的定义可做如下表述：谈判是组织或个人的各方或多方，为建立联系、解决共同问题，处理相互冲突与纠纷，改善相互关系,实现各自需要而进行互相交流、讨论、磋商和达成一致意见或协议的活动过程。

为了更好地理解谈判这一定义,我们有必要对其做如下的具体解释。

首先,此定义阐明了谈判的主体是各类组织或个人,谈判活动是一种人的行为。它必须由各方或多方的大小组织的代表或个人相对进行谈判,而不应是人对机器人或电脑的谈判,更不应是机器人和电脑相对的谈判。

其次,此定义阐明了谈判是为实现一定的目的而进行的。

第一种目的是为了建立一定的联系或解决共同关心的问题。例如,国与国之间的建交谈判、各地区相同行业间的横向联合协商,就是为了建立一定的联系,寻求共同发展的途径。再如,中国提出共建"一带一路"倡议,与其他国家进行的自贸协定谈判就是为了解决共同关心的扩大经贸领域务实合作,探索数字经济新的合作领域,加强宏观政策沟通协调等共同关心的问题。又如,一些社会公益问题的谈判,像居民区各住户就公共卫生较差的问题进行磋商,并制定卫生公约,就是为了解决共同关心的卫生环境问题。

第二种目的是为了处理各方的冲突和纠纷,改善相互关系。例如,邻里吵架、家庭遗产纷争的调解,就是为了处理各方的纠纷,改善相互关系。

第三种目的是为了实现各自的需要。第一种目的中"解决共同关心的问题"和第二种目的中"改善相互的关系"已包含各方共同的需要。除此之外,谈判还有各自不同的需要。例如,买卖洽谈的目的多是为了实现各自的经济需要,有的是为了赚钱,有的是为了买到物品。再如,在求职录用谈判中,求职的个人是为了实现找到称心的工作的需要,录用单位则是为了满足选到称职的出色的人才的需要。

有很多谈判又是多种目的兼而有之的。例如,1972年以前的中美建交谈判,首先是为了解决长达20余年的中美冲突问题,以改善两国的敌对关系;其次是为了谋求两个大国在各自领域的共同发展;最后是为了实现各自的政治、经济利益和其他利益的不同需要。

最后,该定义明确了谈判是进行相互交流、讨论、磋商和达成一致意见或协议的活动过程。这是指谈判是从相互交流认识、意见和需求开始,经过讨论,甚至是论辩、磋商,直至达成一致意见或协议的整个过程。而其中明显的标志是达成一致意见或协议。谈判不像一般辩论,分出是非、好坏、优劣就行了,而是要在论辩的基础上,各方就所议的问题达成一致的意见或协议。因为,只有达成某些一致的意见或协议,谈判各方才能达到自己所要达到的目的,这才算是成功的谈判。如果谈判没有达成任何一致意见或协议,就不能称其为完整的或成功的谈判,而只能称作各方有所接触或谈判破裂。例如,两位不同地方的商务人员,见面时只相互了解一下对方商品的市场行情,交流一些信息,并没有进行买卖讨价还价和最终达成买卖协议,那么这二者的交谈便只能算作是彼此间的相互接触或闲谈。

三、谈判与其他易混淆的概念的区别

我们对谈判的概念已进行了抽象的表述和具体的解释。在此基础上，我们就很容易将谈判与人们习惯上易于混淆的其他社会科学概念相区别了。

因为人们以往对谈判问题不太留意，对谈判概念不甚求真，所以习惯上易把谈判与论谈、辩论、判定等概念混淆，这是很不适宜和需要区分清楚的。

从论谈的概念看，它是指单方或多方畅谈自己对人或事物的看法。但它不一定要让他人马上赞同自己的观点，也不需要相互间当场达成观点上的一致。它不具有谈判必须最终达成一致意见或协议的特点。谈判中也有论谈，但它只是用来阐述己方的立场和观点，只是谈判过程中一种谈和论的形式，不代表和体现整个谈判。

从辩论的概念看，它是指对同一个对象，相互对立的思想进行论争的过程。从结果上看，它需论出正误、辩出是非，各方通常是一方胜利，一方败北，而绝不可能像谈判那样，当场达到一致。在谈判中也有辩论，它是指发现并提示对方发言的观点、论据、逻辑上的错误和破绽，证明自己观点的正确，从而明辨是非、坚持真理。它也只是谈判过程中的一种论和辩的形式，而不等同和代替谈判。

从判定的概念看，判定是对事物的分辨判定。谈判中的判定是指对对方谈判立场、意向、策略等的分析、揣测、辨别、确定或断定。它只是谈判中的一种思维方式，而不是指谈判最终的决断，更不能代替谈判。

第二节 谈判的特征

谈判是一种变幻莫测的人际交往行为，但是，谈判跟任何客观事物一样，是有其自身规律和特征的。认清谈判的特征，对于人们预知谈判成功的概率和顺利进行谈判是十分必要的。谈判有哪些特征呢？谈判的特征首先是对抗性和一致性的统一，其次是原则性和灵活性的统一，最后是妥协性和获得性的统一。在这一节里，我们将理论联系实际一一对此进行阐释。

一、对抗性和一致性的统一

在实际的谈判中，人们会觉察到，人们走到谈判桌前的背景均是各方或多方已产生一定的冲突和分歧，或有一定的差距，或缺少某种联系。冲突和分歧的存在又

在其中占了很大的比例。谈判各方或多方都希望通过谈判的争辩、讨论、协商来寻求各自的利益，达成一致同意的协议。所以，在开始谈判前，便存在着客观的对立性和主观的一致性。

在谈判序幕拉开以后的正式谈判中，各方或多方时而展开横眉竖目、唇枪舌剑之辩，时而显示出电闪雷鸣、刀光剑影的紧张气氛，谈判各方或多方往往体现出明显的对抗性。

在政治谈判中，这种对抗显得较为明显。例如，在一次国际性的会谈中，一位西方外交人士挑衅性地对中国代表说："如果你们不向美国保证不用武力解决台湾问题，那么显然就是没有和平诚意。"我国代表立即给予回击："台湾问题是中国内政，采取什么方式解决是中国人民自己的事，无须向他国做什么保证。请问，难道你们竞选总统也需要向我们做什么保证吗？"这一有力的反驳，使对方无言以对。但对方又另寻话题挖苦道："阁下这次在西方逗留了一段时期，不知是否对西方有了一点开明的认识？"而我方代表又沉着地反唇相讥道："我是在西方受的教育，40年前我在巴黎受高等教育，我对西方的了解可比您少不了多少，遗憾的是您对东方的了解可真太少了。"干脆有力的回答，又给对方以猛烈的反击，使对方十分尴尬。在这一外交谈判事件中，谈判各方的对抗性是十分尖锐的。一方挑衅性地干涉别国的内政，损害对方的尊严，另一方则以强有力的反击维护着国家的主权和尊严。这种对抗类似肉搏战，真可谓紧张异常。而在商务谈判中，也存在着这种对抗性。比如，在农贸市场中，买主和卖主在讨价还价过程中，一个想压低价钱买下，一个想尽量卖高一点价钱，二者在价格上存在的差异就是一种矛盾。再如，在邻里谈判中，住宅楼单元一楼和上几层楼住户因下水道堵塞而引起纠纷，互相争辩、谈判，同样也是一种对抗。可见，谈判中的对抗性是客观存在的。

然而，谈判中的矛盾和对抗不同于体育竞赛中的矛盾和对抗，竞赛中最后的胜利者只有一个。例如，1972年2月，美国总统尼克松访问中国，最后发表了具有划时代意义的《中华人民共和国和美利坚合众国联合公报》（简称为《上海公报》）。这个公报既是对抗性激烈辩论的产物，也是谋求一致的结果。当时中美各方对一些重大国际问题在认识上差别很大。为此，各方在会谈中争辩得十分激烈，有时，为了协议中的某一个词，也要辩论好长时间。经过一个星期的激烈辩论、反复磋商，最后达成了协议。在商务谈判的讨价还价中，在家庭邻里谈判的协商中，以及在其他内容谈判的进行中，谈判各方也总是努力寻求一致，尽量促成协议的达成。所以说，谈判是一种对立，也是一种合作，它具有对抗性和一致性相统一的特征。

二、原则性和灵活性的统一

谈判是一种既在立场上遵循一定的原则性，又在策略技巧上注意灵活性的人际交往活动，具有原则性和灵活性相统一的特征。

无论哪一种制度的国家在外交谈判中都会坚持一定的原则立场。在我国与外国的谈判中，就必须坚持维护国家尊严和主权的原则立场，其中，应特别注重维护国家领土完整、承认中华人民共和国政府是中国的唯一合法政府、不干涉中国内政等基本原则立场。这些原则在对外谈判中都不能有丝毫的动摇。在一般的组织团体或个人进行的各种内容的谈判中也都应坚持和遵循一定的原则。例如，邻里间的公共卫生问题的谈判，就应遵循"不重私利，公益为先"的原则。

然而，抽象的谈判原则性，通常是通过谈判策略技巧的灵活运用来实现和维护的。谈判方必须注意谈判是因时间、地点、场合及对象而论的，要考虑到各种氛围和因素，从而灵活运用谈判策略技巧和语言艺术等。

例如，自 1945 年 8 月 28 日开始，毛泽东同志率领中国共产党代表团在重庆与蒋介石进行的长达 43 天的国共谈判，就体现了中共领导人谈判的原则性和灵活性。在谈判中，毛泽东同志对根本原则问题寸步不让，同时又表现出谈判策略和技巧上的极大的灵活性，赢得全国各界的赞同，最终与国民党方面共同签署了《政府与中共代表会谈纪要》，即"双十协定"。

除了上述政治谈判中体现的原则性和灵活性相统一的特征外，在商务谈判和其他内容的谈判中，也常以谈判的灵活性来维护和体现谈判的原则性。

例如，几年前某报纸披露，某建筑师受命设计一座大教堂时，依据其精密的计算，破天荒地在大厅不设立柱，但是，此事却被教会以不安全为由坚决反对，建筑师只好再将立柱加上。过了数百年，人们维修教堂时却惊奇地发现，四根立柱都未接顶，与天花板有 10 厘米的空隙，形同虚设。这正是建筑师在当时的谈判氛围下，以灵活性的策略同意按教会的要求建筑，而实则又不放弃自己的设计原则。由此可见，谈判者既需要坚持一定的原则，又应根据情况的变化灵活地改变策略。

三、妥协性和获得性的统一

美国谈判学家尼尔伦伯格认为"谈判就是给与取"。无数谈判实践也证明，谈判是"让"和"得"兼而有之的一种互动过程。它具有妥协性和获得性相统一的特点。

在各方立场不同、利益相关的谈判中，谈判各方为了达成令人满意的协议，使自己获得一定的利益，就必须做出适当的让步，放弃自己的某些利益。例如，达尼尔·斯瓦罗斯基家族的玻璃制造业在奥地利享有盛名。不幸的是，他在第二次世界大战期间曾奉纳粹德国之命制造军需品；更不幸的是，第二次世界大战后他的公司因此而被法国当局依法接收。一个叫罗恩斯坦的美国人知悉后，立即与达尼尔·斯瓦罗斯基家族交涉："我可和法国交涉,不接收你的公司（法军不能接收美国人财产），不过条件是交涉成功后，请将贵公司的代销权让给我，我收取卖项的百分之十的好处费，直到我死为止。阁下以为如何？"当时，斯瓦罗斯基家族大发雷霆，但后来还是做出了妥协，接受了罗恩斯坦的要求,保存和获得了自己本将失去的很大的利益。

在各方立场不同、利益相异的政治谈判中，谈判时常会陷入僵局，此时，唯有妥协，才能使谈判得以继续，直至达成协议。为了达成协议，谈判各方须适当让步，放弃自己的某些主张和利益，以互补对方的需要，使各方都获得各自欲获得的利益。

例如，第四次中东战争之后，1978年，埃及和以色列就西奈半岛问题进行了谈判。当时各方的立场是尖锐对立的。埃及坚决要求以色列归还西奈半岛，因为西奈半岛自古以来就是埃及的领土。以色列坚决拒绝埃及的要求，说以军如果撤出西奈半岛，以色列边境安全就无法保障。谈判一度陷入僵局。这时，参与这场谈判的美国总统卡特提出一个方案，即西奈半岛的全部主权归还埃及，而在西奈半岛与以色列交界的埃及的一方，划出一片非军事区，埃及不得在该区域部署军队。埃以各方对此提议都感到满意，各方签订了埃以停战协议。以色列以撤出西奈半岛的让步获得了国家安全的保障，埃及以撤出西奈半岛上军事部署的让步，获得了国家主权要求方面的满足。

然而谈判中的妥协不应是无原则的。谈判方无原则的妥协，会使自身失去根本利益，实际上等于投降。例如，英国首相张伯伦在与希特勒的谈判中一味地、无原则地妥协而产生了恶果，便是最典型的一例。1938年，希特勒吞并奥地利之后，开始将魔爪伸向捷克斯洛伐克。当时的英国首相张伯伦和法国达拉第政府想联合希特勒反对苏联，于是在对德的谈判中，采取了一味妥协的态度。同年8月3日，张伯伦派西曼勋爵去捷克斯洛伐克充当调解人，实则起到了把捷克斯洛伐克的一些地区转交给德国的作用。当时，希特勒软硬兼施，一方面以武力恫吓英法；另一方面又宣称，如果德国得到捷克斯洛伐克，就没有别的要求了，德准备同英达成广泛的协议。张伯伦就此满口答应。在此后的一系列谈判中，希特勒总是得寸进尺，张伯伦则是一退再退，致使捷克很快沦陷，也把战火引到自家门口，张伯伦成了一个"给鳄鱼喂食，希望它最后才吃自己的人"（丘吉尔语）。在对希特勒侵略他国的罪恶行径问题上，张伯伦在谈判中采取无原则妥协的态度，这不仅使自己一无所得，还丧失了邻国和本国的最根本的利益。张伯伦的前车之鉴，是我们在进行各种政治、军事、外交谈判时都应引以为戒的。

【案例欣赏】

目光远大的陈经理

青年陈某办了一家新型贸易公司。一次，长驻该县的某地质队要买一种上海壁灯，向其订购。在洽谈时，陈经理觉得本地无此货，若到外地采购，数量又少，可能亏本。但是，地质队提出壁灯是急需品，请陈经理无论如何帮助解决。陈经理考虑这是建立信誉的机会，就果断地签了合同。公司派出采购员跑遍几个大中城市，最后才在上海买到，公司为此亏了1000多元。地质队知道后非常感动，又与该公司签订了3万多元的商品购销合同，还动员附近厂家与该公司做生意，这个公司后来赚了很多钱。陈经理这种不顾眼前亏本，而后又获得大利的商务谈判的因果，体现了"予人以利，才能取人之信，并不断得人之利"的经商之道。它是谈判的妥协性和获得性相统一的最高境界的体现。

（资料来源：姚凤云，苑成存，朱光.商务谈判与管理沟通［M］.北京：清华大学出版社，2011）

第三节 谈判的要素和影响的多因素

一、谈判的基本要素

每一次谈判，随着情况的变化，谈判的结构可能会繁简不一，但不管其结构如何复杂或简单，具备的基本要素都相同，即谈判的目标、谈判的进程、谈判的方案和谈判的个人四个基本要素。

（一）谈判的目标

谈判的目标是各种谈判最基本的要素，是指谈判的意图，以及谈判欲达到的目的。

本章第一节具体解释谈判的概念时已阐明谈判是为一定的目的而进行的。谈判的目标是进行谈判的驱动力，也可以说是进行谈判的出发点。所以，谈判目标是谈判的最基本要素，其他谈判要素则是由此派生出来的。正如本章第一节具体解释谈判概念时所述，无论什么谈判，无外乎是为了实现建立联系、解决共同问题、处理冲突纠纷和实现各自需要等目的，而谈判的目标就是这几种谈判目的坐标上不同位置的标的。在欲实现两种以上谈判目的的谈判中，其中一种目的的标的可能定得高一些，其他的标的可能会不同程度的低一些。比如，在日美最初的贸易洽谈中，日本方面对建立两国经贸联系的谈判目标就定得高一些，而经济效益的谈判目标就定得较低。

（二）谈判的进程

谈判的进程指谈判的进度。任何谈判都需有进度地进行。在一次性达成协议的谈判中，其进程体现为谈判的各个阶段的进展；在连续性的谈判中，其进程体现为每一轮谈判达到什么样的具体目标。

谈判进程分预定谈判的进程和实际谈判的进程。预定谈判的进程体现在谈判方案中，是预先对谈判的各阶段或每一轮谈判纵向的分目标的规划。实际谈判的进程体现在谈判进行中，是谈判方案开始实施之后，各阶段具体规划的纵向分目标实现的程度。预定谈判的进程对谈判的进行起日程规划的作用，实际谈判的进程能起到调整策略和促进谈判继续进行的作用。由此可见，谈判的进程是谈判的基本要素之一。

在实际谈判的进程中，把握和推进谈判的进程，是谈判的难点之一。因为谈判开始之后，在没达成协议之前，其变动因素很大，结果常是一个未知数。所以，为了使谈判能顺利进行，最好应像答试卷那样，先解容易的题，也就是各方谈判代表应先把谈判的重点放在那些容易解决的问题上，不好谈的问题要往后放一放。例如，1974年6月，美国和巴拿马就巴拿马运河条约问题进行会谈。当时巴拿马的谈判代表非常希望能在补偿金问题上得到较多的好处，但由于国内政治原因，这个问题的解决暂时有些麻烦。于是，为了谈判进程的顺利进行，他们决定把这个问题放在最后讨论，最终促成了这次谈判。

（三）谈判的方案

谈判的方案即谈判计划，是谈判前预先拟定的具体谈判内容和步骤，是谈判得以顺利进行的依据，是谈判的基本要素之一。

谈判的方案是为实现总的谈判目标，在搜集分析大量的信息材料的基础上设计和确定的方案，其中搜集信息是制订正确谈判方案的重要基础。例如，1964年12月22日，加拿大议会通过将"枫叶旗"定为国旗的决议。决议通过后的第三天，日本、中国台湾地区的厂商赶制的枫叶小国旗和带有枫叶标志的各种玩具就运抵加拿大，这些商品非常抢手。显然，这些厂商早在决议通过前，就得到这一信息情报，抢先生产出这批产品，并制订、完善了谈判方案，使商人们利用及时的情报信息赚了大钱。由此可见，谈判方为制订好的谈判方案和完善谈判方案不仅必须及早搜集信息情报，而且还需要谦恭、广泛和小心翼翼地搜集，不要打草惊蛇，以免对手知晓后故意释放假信息，从而使自己受蒙蔽、难辨真伪。

如果搜集的信息、掌握的资料对谈判大局无关紧要，据此制订的谈判方案很蹩脚，谈判各方就不能获得令人满意的谈判结果，那么所做的工作便是浪费。所以，如果谈判方案不完善时，我们应避免谈判，应尽可能寻找理由拖延谈判，如果推迟不了，那就先进行小而易问题的谈判，关键标则放在详细方案形成后再谈。

总之，谈判要想稳操胜券，谈判方就要制订完善的谈判方案。制订谈判方案是谈判的一个重要因素。

（四）谈判的个人

在第一章具体解释谈判概念时已经阐明，谈判是人的行为，是由各种组织的代表或个人进行的。谈判的进程把握得如何，谈判的目标实现得怎样，很大程度上取决于谈判中个人的谈判素质。因为人的素质，包括其修养、知识、能力（特别是智能）、潜力和创造性，是决定谈判成功与否的基本要素之一。

综上所述，谈判的人选问题极为重要。那么，应该选派什么样的人当谈判代表呢？弗雷斯·查尔斯·艾克尔在《国家如何谈判》一书中指出："根据十七八世纪的外交规范，一个完美无缺的谈判家，应该心智机敏，而且具有无限的耐性；能巧言掩饰，但不欺诈行骗；能取信于人，而不轻信他人；能谦恭节制，但又刚毅果敢；能施展魅力，而不为他人所惑。"他的这些看法对我们选派谈判者是有可鉴之处的。根据一些国际专家们的意见，结合我国的具体情况，各类谈判者的选拔标准应包含以下六个方面：一是应具有较高的政治思想素质，即能坚持四项基本原则，维护国家利益，忠于职守，作风正派；二是应具有较高水平的专业知识，即熟悉与谈判内容有关的业务知识和其他社会科学知识；三是应具有鲜明的、柔韧的个性，即在谈判中既能敢于交锋，胜不骄，败不馁，也能柔韧出击和防卫；四是应具有主观能动性，即能独当一面，随机应变；五是应具有良好的气质风度；六是应具有流利清晰的表达口才。

二、谈判的多因素影响

在谈判各方坐在谈判桌旁进行紧张的口头较量的过程中，谈判桌以外的多种因素也不时地对谈判起着各种制约和影响作用。

（一）人际关系的影响

谈判是人际交往的过程。在谈判中，人们谈判各方通过交谈开始相互认识，通过场外接触又增加了了解。在这种交谈氛围下，虽然谈判者代表着自己实际利益的集团，但个人间的交际对谈判却起着重要的影响作用，因此，谈判者都很注重与对方的交际活动，借以沟通意见、疏通情感，以改变谈判桌上的某些局面。例如，在推杯换盏之后，对方可能会透露他为什么不让步的苦衷，使我方可以找到打破僵局的突破口；各方在一场舞会中翩翩起舞之后，谈判前景可能变得曙光在望；各方在同唱一首优美动听的歌曲之后，可能会松缓谈判桌上绷紧的琴弦；各方在一席场外的见多识广的高谈阔论之后，可能使对方在谈判桌前对你高看一眼而重整谈判方案……所以，在谈判中，良好的人际关系很可能会使僵持的关系缓和下来，使正常的谈判进程不断推进。

另外，谈判各方在谈判场以外的人际关系对谈判的进行也有着重要的影响作用。例如，在英国某机场的咖啡屋里，麦克与一位重要的客户在洽谈合作事宜，客户的手机响了，他出去接电话，就在这时，麦克发现比尔·盖茨也在这间咖啡屋里。麦克走到盖茨的桌旁，对他说："比尔·盖茨先生，很抱歉打扰您，您能帮我个忙吗？我叫麦克，正与一位重要的客户会谈，一会儿他进来，您和我打个招呼，就像老朋友那样，行吗？"比尔·盖茨答应了。那位客户回来后与麦克继续交谈，盖茨起身走到他们桌旁，拍着麦克的肩膀说："嗨！麦克，很高兴在这里见到你。"麦克说："嗨，比尔，太巧了！"结果，麦克很顺利地与这位客户达成了协议。

（二）实力的影响

实力，从国家层面看，可指综合国力，也可分别指政治、经济、科技、军事等实力；从社会各组织层面看，可指财、物、人才、技术、科研、生产、管理等实力。很多谈判的进展，要以各方背后的实力为基础来决定进退。这不仅表现在军事谈判、政治谈判上，有时对商务谈判中也有影响。例如，当某件商品在市场上非常紧俏，买主都争相抢购时，谈判手段固然重要，但此时经济实力则更为重要，因为买主费了半天口舌也抵不上其他竞买者提价的诱惑。

（三）社会环境氛围的影响

谈判易受社会环境氛围的制约和影响，社会上的"大气候"会直接波及谈判桌上的"小气候"。社会上的"大气候"包括政治、经济、军事、文化、社会心理等动态。例如，中美知识产权第三轮谈判期间中方的政治、经济、文化动态等"大气候"使谈判桌上的"小气候"陡然生变，为谈判的继续进行起到了催化剂的作用。由此可见，社会环境气氛对谈判影响的作用至关重要。

第二章 谈判产生和发展的历史

谈判的历史几乎与人类语言史的产生和发展一样久远。追溯谈判这一重要的社会交往活动的历史，会使我们更深刻地认识、了解和总结谈判的发展规律，以指导和促进谈判，为未来人类社会的发展发挥更大的作用。

第一节 谈判的产生和古代谈判

一、谈判的产生

在原始社会初期，由于生产力比较低下，人们靠渔猎、采集野生植物来维持生命。到了原始社会中后期，虽然有了原始的农业和畜牧业，但人们也只能在较低层次上维持生存。为了生存，各个氏族、部落之间，经常为争夺物质财富而发生冲突。为了解决这些冲突，人们便通过口头语言或体态语言来阐述自己争夺的理由。谈判由此萌芽。

在解决冲突时，原始人首先谋求和平了结，并为此做大量的工作，即我们今天所说的谈判。当然，他们当时不可能将其归纳为我们现在的"谈判"这一提法。恩格斯针对当时的现象曾论述说："一切争端和纠纷，都由当事人的全体即民族和部落来解决，或者由各个氏族相互解决，血族复仇仅仅当作一种极端的、很少应用的手段。"这说明，当时的绝大部分纷争和误会是通过非武力的手段，即谈判的方式去解决的。由此可见，谈判现象在原始社会中后期已十分普遍。

二、古代谈判

继原始社会后的奴隶社会和封建社会，谈判活动越来越引起人们的重视，并有了很大的发展。早在古希腊、古罗马、古印度和我国春秋战国时代，人们已开始注重和研究谈判这一社会现象了。当时的人们把善于谈判、精于辩论看成是一项重要的才能、一种荣耀。如古希腊的思想家苏格拉底、柏拉图、亚里士多德，古罗马的政治家西塞罗，古印度的商羯罗主，我国春秋战国时代的苏秦、张仪等，都展示了一代谈判、论辩者的雄才。在那个时代，谈判之技、论辩之术，已开始成为上自帝王、下至平民百姓特别重视的学问。

与近代、现代谈判相比，古代谈判有如下特点。

（一）谈判内容多为军事、外交、政治谈判

在古代社会，由于社会的经济形成多是自给自足的小农经济，人们用于交换的物品比较有限，因此，经济领域里的谈判还很少。由于社会文化发展水平及人类交往水平的限制，其他领域的谈判少之又少。由于社会矛盾的不断激化和发展，如阶级的对立、氏族的纷争、国家的分化、国与国之间的抗争和兼并等，使得军事、外交、政治谈判处于非常突出的地位。谈判成了古代社会民族之间、国际间解决政治军事冲突的重要外交手段。例如，我国春秋战国时期的群雄角逐中的谈判，三国鼎立时期的谈判等，更使古代社会的军事、外交、政治领域的杰出人物大放异彩。

（二）谈判对制止、延缓战争爆发和促进战争结束起到了一定的作用

古代社会的战争，在动荡的年代此起彼伏，有的战争旷日持久。在这一时期，有些成功的谈判起到了制止、延缓战争爆发和促进战争结束的作用。这些比较完备而精彩的古代军事外交谈判案例，经常被文艺作品大加渲染，而参加谈判的使者也因此而名垂青史。

例如，《墨子》中有一段墨子见公输盘的记载：鲁国的建筑师公输盘曾为楚造云梯之械，准备进攻宋国。墨子听说后，走了十天十夜，赶到楚国的郢都，来见公输盘。他据理力争，先向公输盘和楚王晓以大义，指出公输盘"义不杀王而攻国，是不杀少而杀众"。接着，墨子为了进一步说服公输盘，又同他进行攻守对抗的模拟演习。二人经过沙留对阵，九攻九拒，结果是，"公输盘之攻械尽，墨子之守圉有余"。这时，公输盘因智穷技尽，便产生了杀掉墨子之意。墨子正言厉色地对楚王说道："杀臣，宋莫能守，乃可攻也。然，臣之弟子禽滑厘等三百人，已持臣守圉之器，在宋城上而待楚寇矣。虽杀臣，不能绝也。"最后，墨子终于说服楚王和公输盘放弃了进攻宋国的计划。在这个历史故事里，墨子作为外交家，为说服楚王和公输盘，在谈判中据理力争，有效地制止了当时楚国准备入侵宋国的军事行动。

又如，《左传》记载，鲁僖公四年（公元前656年），齐桓公为争霸天下，率领诸侯国军队攻打楚国，楚国派使者屈完到齐国军营去制止齐军进攻。齐侯把诸侯的军队排好，和楚国使者屈完同坐一辆车子进行检阅。齐侯曰："以此众战，谁能御之！以此攻城，何城不克！"对曰："君若以德绥诸侯，谁敢不服？君若以力，楚国方城以为城，汉水以为池，虽众，无所用之。"屈完不卑不亢，义正词严，终于使齐桓公折服，和诸侯签订了盟约，制止了齐国对楚国的进攻。

古代谈判也能起到尽快结束战争的作用。例如，公元前14世纪到公元前13世纪，发生了赫梯人同古埃及人的激烈战争。经过长时间的拼杀角逐，各方的实力都遭到了很大的削弱，谁都没有办法保证取得最后的胜利。后来通过谈判，各方缔结了友好协定，结束了这场战争。又如，1686年沙皇俄国在雅克萨惨败后，遣使向当时的清政府求和。经过谈判和交涉，清政府据理力争，各方于1689年签订了《尼布楚条约》，这是两个独立的主权国家在互利基础上所签订的第一个边界条约。清政府和沙俄经过谈判，尽快结束了这场侵略与反侵略的战争。

（三）谈判的成功往往取决于谈判者个人的辩才

谈判不仅是各方政治军事实力的较量，也是谈判者个人智慧和胆量的较量。在古代谈判中，谈判者个人所起的作用往往非常重要。例如战国时，秦国兵临赵国都城邯郸，赵王派平原君求救于楚国，平原君的食客毛遂自荐，跟随平原君出使楚国。到楚国后，平原君向楚王谈论两国联合的利害，从早晨到中午，楚王仍是犹豫不决，迟迟不与赵国订立盟约。于是毛遂按剑闯堂。楚王喝道："我本是同你主人谈话，你进来干什么！"毛遂说："大王呵斥我，是仗着楚人众多。现在我与大王近在十步之内，大王的命悬在我的手中，大王是不能仰仗楚人众多了。我听说商汤王起初只有七十里地盘，后来打下了江山。周文王原本也只有百里之地，后来却一统天下。他们靠的不是兵多地广，而是能根据形势发展实力。楚国土地有五千里，精兵上百万，按说更有条件称霸。但现实情况怎么样呢？秦国的白起，这个毛孩子率几万人马与楚国作战，头一战就占领了你的都城，逼得你迁都陈州；第二战掘了楚国先王的陵墓；第三战就把你祖先的宗庙烧光，让你九泉之下的祖先遭到侮辱。这百年难忘的仇恨，连赵国的百姓都为你感到害羞，难道大王你不觉得耻辱吗？今天，平原君来与你商谈合纵抗秦的事，正是要为楚国报仇，哪里只是为了赵国呢。"听了这番话，楚王深受触动，于是同意与赵国订立盟约。平原君回国后称道："毛先生一至楚，而使赵重于九鼎大吕；毛先生三寸之舌，强于百万之师。"像毛遂这样精于口才，以三寸不烂之舌取胜的谈判者在我国古代还有很多。像我国古籍记载的展喜犒师、烛之武退秦师、郑子家告赵宣子、齐国佐不辱命、诸葛亮说东吴联合抗曹、班超出使西域等著名谈判案例都表现了谈判者"强于百万之师"的辩才的作用。在外国，如意大利14世纪的但丁、16世纪初的马基雅弗里和古罗马的恺撒等，也都是起过类似作用的杰出的谈判家和外交家。

（四）谈判也以军事实力为后盾

在古代社会，奴隶制国家出现以后，这些国家都实行对外"一手软，一手硬"的策略。一手软，即外交谈判、缔约结盟等活动；一手硬，即军事占领和武力掠夺。在当时的外交谈判中，国家的军事实力是有力的后盾。谈判的顺利和成功与否，常取决于该国的军事实力雄厚与否。如公元前168年，叙利亚王安提奥克四世利用当时有利的国际形势，干涉埃及事务，趁机占领了埃及的大片领土。在后来的谈判中，安提奥克又得寸进尺，他强迫埃及再一次割让一部分土地给叙利亚，对方的使者拒绝了他的这一无理要求。安提奥克恼羞成怒，于是便亲自率领大军开往埃及，公开以武力进行威胁。就在叙利亚军队开进到距埃及首都亚历山大只有6公里的地方时，具有强大军事实力的罗马外交代表团突然出现在他们面前。原来，埃及国王托勒密为了挽救自己的国家，在无力抗击叙利亚侵略的情况下，请来了罗马国帮助自己。罗马代表团长波庇里乌斯亮出一块写着"安提奥克立即撤出埃及"的罗马元老院决定的小木板。安提奥克请求与近臣讨论一下再做答复。波庇里乌斯却用手里拿着的小木棍在地上画了一个圈，并说："在走出这个圈子之前，给我一个确切的答复，以便我向元老院复命。"如此突然地提出要求，使安提奥克终于让步说："我执行元老院所要求的一切。"听完他的答复后，波庇里乌斯才像对待朋友一样向安提奥克伸出手来。就这样，在具有强大军事实力的罗马国的援助之下，埃及才保全了自己的领土。但从此以后，埃及也丧失了独立地位，以致最后被罗马吞并。当时，还有很多谈判也是边谈判边炫耀自己的武力，以武力相威胁。据历史记载，公元前16世纪，当侵占埃及北部的游牧民族喜克索斯人与底比斯法老们关系极度紧张的时刻，喜克索斯人的领袖便向底比斯的统治者提出具体要求，并以拒绝这些要求便发动战争相威胁。

（五）谈判缺乏共同依据的法律准则和基本原则

如上所言，古代谈判通常是凭借谈判者的辩才取胜，或是靠军事实力为后盾以武力相威胁达成协议。之所以如此，是因为当时还没有公认的供谈判时依据的法律和原则，各个国家自主意识极强，多注重本国的局部利益，不注意长远的国际间的合作，进而缺少超越于本国的谈判。

第二节　近代谈判

人类社会进入近代以后，由于资本主义经济制度的确立，生产力得到了迅速发展，随之，国际贸易不断扩大，国际交往日益频繁密切。随着世界资本主义的形成与发展，世界工人阶级的力量日益壮大，国际共产主义运动蓬勃发展。在这一历史阶段，谈判广泛运用于社会生产、生活的各个领域。

与古代谈判相比，近代谈判有如下三个特点。

一、谈判的主要内容由政治、军事、外交扩展到经济和其他方面

近代社会是资本主义社会化大生产和商品经济迅速发展的时代，人们为满足各自的经济利益而进行着各式各样的经济交往。因此，近代社会里，在频频出现的各种谈判之中，经济、技术和贸易等方面的谈判占的比重越来越大。这些谈判时常在个人之间、企业之间及国与国之间进行着。特别是国际上的重要经济贸易谈判越来越多，并对国际社会有着重大的影响。当然，政治、军事、外交谈判也制约着经济贸易谈判。例如，富兰克林和法国的谈判就是首先从政治上取得法国的支持，签订同盟条约，然后才签订通商条约的。而且，这一阶段的经济贸易谈判，有些国家也时常是以军事武力开路的。例如，17世纪的俄国处于被封锁状态，疆土与海岸的联系被几个邻国切断，对外贸易之路完全被封堵。彼得一世执掌统治大权以后感到，俄国要想发展成为强国，必须首先夺取出海口岸，否则，国家注定要继续与外界隔绝，经济和文化的发展都将会停滞不前，而对外贸易也就必然完全依赖于外商的操纵。为了使俄国打通出海口岸，他于1695年和1696年率领俄军两次远征亚速，使俄国取得了亚速海上的霸权。1700年至1721年，彼得一世又发动了意在夺取波罗的海口岸的北方战争，他毫不动摇地朝着自己的战略目标迈进，经过一系列卓有成效的军事斗争和外交谈判，终于夺取了波罗的海口岸，为俄国的对外贸易谈判打开了一条大通道。

在这一时期，文化交流方面和其他方面的谈判也开始出现。

二、谈判的性质多体现为强权性谈判、讹诈性谈判和分赃谈判

正如本节开头所述，近代社会各资本主义国家上升到帝国主义阶段后，其对外扩张和瓜分殖民地的势态愈演愈烈。在帝国主义国家侵略落后国家，欲把对方变成自己的殖民地和半殖民地时，多使用强权性谈判。例如，英国侵略印度时的一系列谈判；美国1898年4月为侵略菲律宾而与菲律宾起义者签订的"宣布菲律宾独立、建立菲律宾联邦共和国"的假协议；美国在1901年迫使古巴接受《普拉特修正案》，实现重新瓜分殖民地的政治目的这些做法均属于强权性谈判。

在近代弱肉强食的国际形势下，帝国主义的强取豪夺总是不失时机地进行。当列强之一通过武力侵略他国后，其他列强也纷纷乘人之危、趁火打劫，找各种借口与弱国进行讹诈性谈判。例如，美国趁英国在鸦片战争侵略我国后，便向清政府进行各种讹诈性威胁，迫使清政府与其签订了不平等的《南京条约》；法国也趁火打劫，与清政府进行讹诈性谈判，迫使其签订了不平等的《黄浦条约》。

除帝国主义国家直接与弱国进行强权性和讹诈性谈判，将弱国争夺为殖民地外，在这一时期，帝国主义国家和主要资本主义国家之间还频繁进行瓜分殖民地的谈判。

在这类谈判中,通常是以国家的大小、军事力量的强弱来决定其角色和地位,以及"分赃"的多少,如 1814 年至 1815 年的维也纳会议、1853 年英国和俄国瓜分土耳其的谈判、1856 年的巴黎和会。

当然,这也不排除在正义战争和弱国阻止强国侵略的谈判中因弱国方针正确,所选谈判人才得当而取胜的可能性。例如,美国独立战争时期,杰出的外交家富兰克林出使法国,利用英法之间的矛盾和法国进行了 10 个月的谈判,最终与法国签订了同盟条约和通商条约。而后,法国开始向英国宣战,在国际上孤立了英国。再如,明治维新后,日本对西方国家的谈判;十月革命胜利初期苏俄与帝国主义集团的外交谈判。虽然这些谈判均取得了一定的成功,但只占较小的比例。

三、谈判的形式多为秘密谈判

近代的很多重大国际问题是通过秘密谈判的方式解决的。例如,奥、法、英三国为反对俄、普两国于 1815 年举行了秘密谈判,并签订了秘密协定。又如,1856 年拿破仑与亚历山大二世的谈判,1858 年拿破仑与撒丁王国首相加富尔的谈判也都是在极其秘密的情况下进行的。再如,21 世纪初,法国同意意大利自由处置北非的黎波里塔尼亚和昔兰尼加等地的协议也是通过秘密谈判签订的。还有 1915 年 4 月 26 日,英、法、俄与意大利在伦敦缔结的同盟条约,1915 年 9 月 6 日,德、奥、保缔结的同盟条约也都是秘密谈判的产物。这一时期,达来朗、梅特涅、俾斯麦、亚历山大一世都是著名的秘密外交谈判专家。当时的秘密谈判一般都是通过寻常的外交渠道,在外交部部长和有关国家大使之间进行的。大使接受本国外交部部长的指令和指示,在特别重要场合则直接接受政府首脑甚至国家元首的指令和指示。一切指示照例用密码电报或者外交信件传达给大使。

【案例欣赏】

伍廷芳与墨西哥谈判

事情是这样的。那年墨西哥合众国的议院提出一条法令:禁止华工入境。清政府下令曾任驻美公使的伍廷芳就近交涉,和墨西哥政府谈判。伍廷芳于是就去了。想来这时候伍廷芳一定憋了一肚子火。因为在这一年美国政府已经公布了禁止华工的法令,那一次,清政府的交涉以屈辱失败告终。留英博士伍廷芳虽然在美国国会痛斥议员们违背华盛顿的平等精神,无奈美国议员虽然明知理亏,却挡不住白人工会的压力,最终强行通过这一法令。看到中国人拿美国没办法,墨西哥的腰杆也硬了,外交部对伍博士十分强硬。令墨西哥人没想到的是,这个姓伍的中国人却在谈判桌上拍案而起，毅然喝道："下旗！回国！电中国政府，派兵船来，再和你们周旋！"根据当时美国报纸的报道，伍博士此言一出，墨西哥官员目瞪口呆，周围采访的记者蜂拥而出都抢着跑去发稿了。第二天，各报上这条消息纷纷上了头条，有的还配了中国海军巡洋舰破浪行驶的照片。墨西哥怎么办？凉拌。墨西哥赶紧请美国政府调停，请伍博士留步，这场外交战以墨西哥废除"禁止华工入境"法令而告终。

（资料来源：萨苏. 那些中国人 [M]. 北京：中国社会科学出版社，2010）

第三节　现代谈判

人类社会发展到现代，经过两次世界大战后世界局势朝着越来越有利于和平的方向发展。在第三次科技革命的推动下，世界政治、经济都得到了飞速的发展，各国间的联系与交往越来越密切，谈判的应用范围也随之越来越广，谈判的作用也越来越重要。

与古代、近代社会相比，现代谈判有如下特点。

一、经济谈判的内容和次数日益增加，其谈判的地位急剧上升

进入现代社会以来，新的科技革命和社会经济的巨大发展，使世界各国的经济联系以前所未有的广度和深度向前发展，全球范围的生产和消费日益成为一个不可分割的有机整体。这使得经济谈判的范围、次数、内容及种类随之大量扩展。例如，从经济谈判的内容和种类看，国与国之间不再限于原材料和成品的买卖谈判，已扩展为更多项目的谈判，如技术软件贸易谈判、劳务供求谈判、工程招投标谈判、投资参股和兼并谈判、租赁谈判等。从谈判所占比例可以看出，经济谈判已经大幅度超过了政治军事谈判。经济谈判在世界政治、经济发展中发挥着越来越重要的作用，已逐渐取代了政治军事谈判的地位。

二、经济、科技、文化等方面的区域性合作谈判日益增多和持续稳固

随着现代社会经济的迅速发展，新的科学技术的不断涌现和文化艺术的日益繁荣，人们的视野越来越开阔，愈加认识到联合和协作的重要性，并逐渐冲破观念上保守的条框和国与国、地区与地区间区域性的限制。全球范围内的各种区域性合作与合作组织日益增多，如欧洲经济共同体、西非国家经济共同体、东南亚国家联盟、亚太经济联合组织、阿拉伯共同市场、阿拉伯货币基金组织、世界粮食理事会、世

界科学工作者协会、泛非科学技术促进会、泛美报业协会、欧洲广播联盟、亚洲广播联合会，等等。随之而来，各种区域性合作和协作的谈判也越来越频繁。有的区域性谈判甚至持续进行，谈判活动比较稳固。例如，关贸总协定成员国的多边谈判从 1947 年举行第一轮谈判起已进行了 4 个回合谈判。又如，"太平洋盆地经济理事会"自 1967 年成立起，每年召开一次大会，随时磋商解决该地区的经济发展和经济合作问题。

三、共同依据的谈判原则逐步确立，强权谈判日益减少，平等谈判日益增多

在现代的世界局势朝着有利于和平方向发展的进程中，在世界进步力量和爱好和平人士的努力下，国与国之间所共同遵守的谈判原则已逐步确立。例如，1945 年通过的《联合国宪章》；20 世纪 50 年代初中国、印度和缅甸共同倡导的，后被世界许多国家所接受的"和平共处五项原则"；1957 年欧洲经济共同体签订的《罗马条约》；1958 年联合国海洋法会议拟定的《大陆架公约》；1960 年联合国大会通过的《给予殖民地国家和人民独立的宣言》；1964 年联合国通过的《条约法公约》；1974 年通过的关于《建立新的国际经济秩序宣言》和《各国经济权利和义务宪章》，以及各种国际惯例，等等，都已成为谈判的各国或有关国家共同遵守的原则。这在很大程度上扼制了强权谈判的进行和获胜，使平等谈判日益增多。

四、谈判的艺术日益完善，谈判的科学研究从无到有并方兴未艾

历史悠久的谈判实践，不断撞击出卓有成就的谈判艺术的火花，并趋于完善，诸如丘吉尔、基辛格、周恩来等一些著名的谈判大师都具有很高的谈判艺术。我们敬爱的周恩来同志更是一位杰出的外交谈判家，他的谈判具有很高的艺术性。他的论辩似狂飙突起，威震敌胆；他的口才如行云流水，蜚声海内外。他在谈判桌上应变机敏，气魄非凡，言语犀利，柔中有刚。他用独特的、巧妙的、熟练的谈判艺术为增进中国人民同各国人民的相互了解与友谊，为世界和平和人类进步事业做出了巨大的贡献。

进入现代以来，关于谈判的科学研究也逐渐从无到有。16 世纪的英国哲学家和实验科学家弗朗西斯·培根曾写过《谈判论》，这可能是人类历史上最早的专门以谈判为题的文章。直到 20 世纪 60 年代，对谈判的系统研究才逐渐发展起来，有关谈判艺术和谋略、谈判的技巧、商业贸易谈判等方面的著作陆续在西方出版，如美国杰勒德·尼尔伦伯格的《谈判的艺术》、美国霍华德·雷法的《谈判的艺术与科学》、美国雪·尤瑞的《哈佛谈判技巧》、美国的罗杰·费希尔和威廉·尤瑞的《谈

判技巧——利益、选择与标准》、帕特里特·赫恩的《商业合同谈判指南》、匈牙利的涅尔基什·亚诺什的《谈判的艺术》，等等。此后，我国学者研究谈判的文章和书籍也陆续发表和出版。

对谈判的艺术进行总结和提炼，对谈判的科学进行研究和升华，可为人们更好地从事谈判事业或进行谈判实践提供艺术的手段和科学的方法，可以指导人们更艺术、更科学地进行成功的谈判，并使谈判的历史再续更加灿烂的篇章。

第三章　谈判的原则和分类

第一节　谈判的一般原则

谈判原则分为各种谈判普遍适用的一般原则和各种不同内容或性质的谈判分别适用的特殊原则两种。在这一节里，我们着重研究任何谈判都适用的一般原则。谈判的一般原则是任何谈判都适用的最高规范，也是各种谈判取得成功的一般要求，它对各种谈判具有普遍的指导意义。

谈判的一般原则可分为如下四条。

一、实事求是原则

谈判的实事求是原则就是要求谈判者尊重客观事实，服从客观真理，而不应仅凭自己的意志、感情主观行事。

谈判者因为处在相互对立的两端，在既定的立场、自身利益和强烈感情的支配下，很容易陷入臆想偏见、固执己见的泥潭中，导致其不顾事实真相、不讲客观真理而一意孤行。例如，1950年4月30日，美国的一架U-2型飞机进入苏联领空进行侦察活动，被苏联的导弹击中坠毁，驾驶员鲍尔斯被活捉。美国发现飞机逾期未归，便发表了一项声明，说驾驶员在土耳其上空用无线电报告说飞机上氧气出了麻烦，此后就失踪了。苏联马上做出反应，赫鲁晓夫在最高苏维埃会议上宣布U-2型飞机已被苏联击落，并强烈谴责美国的侵略活动，赫鲁晓夫没有提到鲍尔斯已被活捉，这使美国又存侥幸心理。当天下午赫鲁晓夫又发布了第二项声明宣称一架美国的飞机在苏联被击落，它可能就是那架在土耳其下落不明的U-2型飞机。然而就在当天晚上，美国驻苏大使汤普森，在莫斯科出席埃塞俄比亚使馆举行的招待会时，瑞典大使问苏联副外长雅可布·马利克："苏联将会依据联合国宪章的哪几项，在联合国提出飞机事件？"马利克说："还不知道，他们仍在审问飞行员"。马利克的失言表明苏联已活捉了飞行员。汤普森匆匆返回使馆发出特急电报。可是，此电报比白宫发言人的声明晚了四分钟。此后，美国政府便一步一步陷入窘迫境地，而苏联政府则频频发起猛烈进攻。由此可见，美国政府在这次事件中的被动便是因其不顾事实真相，凭主观臆想，一意孤行，想瞒天过海所致。所以，实事求是这一原则对于谈判活动极为重要。

　　人们应该如何坚持谈判的实事求是原则呢？第一是全面收集准确的信息材料。第二是客观地分析材料，站在公正的立场上看待事实。例如，在一次财产保险的理赔谈判中，投保人对失窃的家用电器一味强调其为进口货、质量好、功能多、价格昂贵，国内产品不能比，等等，要求承保人多付赔偿费。承保人对国内同类产品逐一进行比较，指出与之相近型号、相似功能的产品，并坚持按市场价格进行赔款。承保人客观地分析材料，站在公正的立场上看待事实，付给投保人的赔偿费额是合情合理的。这样便会使投保人没有更多的理由拒绝接受承保人的意见。第三是站在对方的立场看问题。一般情况下，谈判者总是从自身的利益出发进行谈判。但坚持实事求是的谈判原则，还要求谈判者应多站在对方的立场思考问题，多想想对方有什么困难，自己提出的方案会给对方带来什么损失，如何才能满足对方的合理需要等问题。这样一来，就能在很大程度上使谈判实事求是地顺利进行下去。第四是寻求客观性标准作为谈判协议的基础。例如，在交通事故发生以后，投保的汽车被撞坏，投保者凭个人意向虚报汽车价值，要求承保人赔偿，承保者不会同意；若承保者有意压低汽车价值，投保者也不会同意。各方就此讨价还价，谈判时间再长也难达成统一的意见。各方若以客观事实为依据，就有了客观、统一的标准。各方的标准一样，就有利于接受对方的建议，可能很快就会达成协议。第五是不屈从于压力，只服从事实和真理。这里的压力是指对方的威胁、固执、粗暴及贿赂等。坚持实事求是的谈判原则，要求谈判者不感情用事，要冷静、客观，只有这样才能尊重各方的实际，把握好谈判核心。

二、公平相议原则

　　由于谈判是为了谋求一致而谈、而议、而辩，因此，谈判的相对交锋应遵循公平相议的原则。

　　公平相议有下列表现。

　　首先，参加谈判的各方的人格和地位是平等的。

【案例欣赏】

俾斯麦借火点烟

　　1851年5月11日，法兰克福邦联议会来了一位新代表，他就是年仅36岁的俾斯麦（Otto Von Bismarck）。法兰克福邦联议会由各邦诸侯代表组织，为争取邦联的领导权，各邦诸侯代表们之间面和心不和。当时奥地利在各邦中势力最强大，而俾斯麦所代表的普鲁士势力相对较弱。在邦联议会中，俾斯麦对奥地利人藐视一切的做法十分不满，想找机会对奥地利人提出挑战。在议会中有一个不成文的惯例，就是只有担任主席的奥地利人才有权吸烟，俾斯麦看不惯这种特权，在一次会议中，当主席抽出一支雪茄烟时，他也立即拿起一支烟，并向主席借火点燃，大模大样地抽了起来，以此表明普鲁士与奥地利是平起平坐的。当然，因两国实力相差悬殊，很难争取真正的平等，但俾斯麦的这一举动，令主席和其他各方代表刮目相看。

（资料来源：张立强．经典谈判谋略全鉴[M]．北京：地震出版社，2006）

正如罗曼·罗兰（Romain Rolland）所说："在争论中是不分高贵卑贱，也不管称号姓氏的，重要的是'人人平等'。"在谈判中，时常会是大国与小国、大社团与小组织、地位高的人与地位低的人、权势大的人与权势小的人、权威人士与无名小卒之间的谈判。但无论谈判各方或多方的差异多么大，一旦进入谈判，各方的人格和地位都是一律平等的。

为了维护谈判各方人员地位的平等，就不允许在谈判过程中以强凌弱，居高临下，只许一方发言，肆意把自己的条件强加给对方，而不许另一方讲话，或对方一表明态度时就对其加以攻击。

其次，谈判的标准要公平。公平的标准就是不以任意一方认定的标准判定，而应以各方都认同的标准为标准。现代谈判如果标准不公平，就会影响谈判的进行，或达不成好的谈判效果。

为了保证谈判标准的公平，可以采取社会公认的判定标准，如惯例、先例、法律、公德、科学数据和方法等。例如，某户为建造房屋而与承包商签订了一份承建合同，但合同没有明确基础深度。承包商认为 0.7 米足够，而房主认为需要 1.5 米，双方争执不下。后来双方按政府的标准规范和本地区其他房屋的基础深度作为参数，最终取得了积极的谈判效果。为了保证谈判标准的公平，也可以找各方都信服、与任何一方都无利益冲突的仲裁者仲裁。例如，各种国际冲突中的联合国安理会代表的仲裁调解、邻里纠纷中的居委会的调解等，均是为了确保谈判标准的公平。

最后，达成的协议要公平。公平的最后认定体现在协议上，即各方都感到自己得到了最大可能的满足。只有公平的协议才能保证协议的真正履行。强权之下达成的不平等协议是没有持久约束力的，一旦压力消失，协议就会理所当然地被推翻。例如，1918 年 3 月 13 日在德国胁迫下，苏维埃俄国与德国及其同盟国（奥匈帝国、土耳其、保加利亚）签订了极为不公平的《布列斯特——立托夫斯克和约》，在德国战败后，苏维埃俄国便立即废止了这一和约。

三、利益兼顾原则

杰勒德·尼尔伦伯格说："应该把谈判看作一项合作的事业，如果各方能在一个合作的基础上进行谈判，那就要使他们深明大义，为实现利益均沾的目标而努力。"由此可见，一场利益相关的谈判，其最高境界就是要兼顾各方利益。由于各方的立场和观点的不同，谈判者常会在利益和权益上发生冲突，而谈判的结果不外乎三种情况：第一种是各方都胜利，第二种是一方赢一方输，第三种是各方都败北（达不成协议）。第一种情况中的各方全胜是最佳的谈判结果。

怎样获得谈判的全胜呢？这就需要谈判者在谈判时既要考虑自己的立场和利益，也要考虑对方的立场和利益，使各方彼此互惠、互利。只有这样，问题才能解决，谈判才能成功。

周恩来同志曾指出："谈判的平等互利，就是不能只利于己，不利于人。"所以，谈判者不应抱着"斩尽杀绝"对方的态度来参加谈判。如果把对方视作敌人，务必使其一败涂地，丢尽脸面才肯收兵，那么谈判自然不会成功。

四、求同存异原则

求同存异的谈判原则，是1955年周恩来同志提出的一项原则方针，并将这一方针在亚非会议上成功运用。求同存异，就是把制度、意识形态的不同和相互间的个别争端放在一边，在和平共处五项原则的基础上找共同点，以求得国家间的和平共处。

无数谈判的实践体现出，谈判的各方或各方是处于极其复杂的矛盾状态中的，相互间在各方面均存在着一定的差异。例如，国与国之间有制度和政策的差异，各党派间有信仰和意识形态的差异，各组织、团体之间又有组织宗旨和目标的差异，每个人又有各自追求的差异。走到谈判桌前的谈判者除带有以上的普遍差异之外，还带有以往在人际交往中所酿成的矛盾和出现的问题。然而，矛盾是客观的，追求却是共同的。既然坐到一起谈判，各方就应在分歧中寻求共同之处，达成一致协议。对于一时不能弥合的分歧，应允许保留，不应强求一律，可以以后再谈，这就是遵循求同存异的原则。

谈判者在谈判中遵循求同存异的原则，就是要立场接近，尽量弥合分歧，寻找一个大家都能接受的目标，使各方成为谋求共同利益、解决共同关心的问题的伙伴，虽然做到这一点有时很困难，但总是可以实现的。例如，1955年周恩来同志率中国代表团参加亚非会议，即"万隆会议"，会上，亚非地区的29个国家的代表在意识形态、政策观念、政治主张等方面都极不相同，在一些问题上争吵得很激烈。当时，周恩来同志表现出了卓越的谈判技能，他强调"中国代表团是来求团结而不是来吵架的"。他说："我们共产党人从不讳言，我们相信共产主义和认为社会主义制度是好的。但是，在这个会议上用不着来宣传个人的思想意识和各国的政治制度。"他表明中国共产党的目的是求同而不是立异，而亚非各国共同的基础就是解除殖民主义的痛苦和灾难。最后，经过多方努力，参加会议的各国代表终于在大的方面取得了一致意见，通过了著名的《亚非会议最后公报》。至今，人们仍称颂周恩来同志为历史所做的贡献。

除了在政治外交谈判中要遵循求同存异这一原则之外，在其他内容的谈判中，也需遵循这一原则。例如，在商务谈判中，虽然各方分歧很大，但各方总会寻找到买卖成交后而提高经济效益和社会效益的共同点。有时，在供销活动的谈判中，各方议定某种商品的价格，从供方来说，价格虽然可能低于自己原定理想价格，但商品销售出去，加速了资金周转，最后收回的资金中，除了弥补损失外，还可能获得一定的利润；对于买方来说，购买价虽然可能高于自己原定的理想的购买价，但购进的原料或商品也会有利于自己的生产或消费，保证了生产的顺利进行或实现了必要的消费欲望。所以，在商务谈判中要遵循求同存异的原则，少考虑各自细枝末节的亏损，多注重共同提高经济效益和社会效益也是十分必要的。在日益频繁的文化谈判中，也应多寻求共同的文化心理，不要被其他因素束缚住手脚。在"清官难断家务事"的家庭谈判及解决邻里纠纷和冲突的邻里谈判中，更应遵循这一谈判原则，使各方能求大同存小异，达成一致意见或尽快和解。

第二节　谈判的分类

如前所述，谈判活动存在于广泛的社会人际交往活动之中。由于社会人际交往是多层次、多侧面、多种形式的活动系统，因此，谈判可以依据不同的划分标准从不同的角度进行分类。

一、按谈判内容划分

按谈判内容划分，谈判主要可分为政治军事谈判、商务谈判（或经济谈判）、外交谈判、文化谈判、求职录用谈判和家庭邻里谈判。

（一）政治军事谈判

国家之间、政党之间、民族之间、阶级之间就某些政治、军事的争端、冲突与合作等问题而进行的交涉、磋商、合作和协议的活动均属于政治军事谈判。例如，中印边界问题谈判，关于朝鲜核问题的六方会谈，巴以停战洽谈，美国工人联合会与通用汽车公司关于工人权益问题的谈判等。

（二）商务谈判

各类经济技术实体之间就有关经济、技术贸易问题的谈判均属于商务谈判（经济谈判）。例如，黑龙江省进出口公司与俄罗斯哈巴罗夫斯克的口岸易货谈判、青岛啤酒厂与食品公司的供货购货谈判、北大方正集团与有关企业的技术转让或生产合作谈判等。

（三）外交谈判

像中国与格鲁吉亚建交谈判、中印边境问题谈判、日美贸易谈判、巴西科技部部长访华就发射卫星问题进行的谈判等，各主权国之间就政治、经济、文化发展等问题进行的谈判，均属于外交谈判。

（四）文化谈判

像世界有关国家的人类遗传难题联合科技攻关协议的谈判、第十届中国北京国际文化创意产业博览会中的各种谈判、上海市几大图书馆联网建设谈判、中国曲艺团赴美演出协议谈判、亚洲乒乓球锦标赛的谈判等，关于科技、文化、艺术、体育方面的谈判都属于文化谈判。

（五）求职录用谈判

人才市场中双向选择的谈判，大中专毕业生与用人单位的面谈，各单位招干、招工的面试等属于求职录用谈判。

（六）家庭邻里谈判

教育子女、理顺婆媳关系、缓解邻里冲突等家庭邻里范围的调解、协商属于家庭邻里谈判。

从谈判内容的角度对谈判加以分类是谈判得以顺利进行的前提。因为，参与谈判的各方只有在谈判的内容上首先达成意向性的一致，才有共同的谈判目标。

在现实情况中，政治军事、经济、外交、文化等内容的谈判并不能截然分开，它们通常是相互联系、相互渗透的。外交谈判中常包含有政治、军事、经济和文化谈判的内容；同样，政治谈判、经济谈判、文化谈判中涉及国与国之间大范围的问题的谈判也属于外交谈判。另外，国家之间的经济合作谈判、科技文化交流谈判又总受到各国政治因素的制约；国与国之间的经济合作、科技文化交流也影响着各国的政治关系，特别是在现代经济的发展中科技是关键，经济谈判和科技谈判越来越相互融合和相互渗透。

二、按谈判性质划分

按谈判性质划分，谈判可分为合作性谈判、对抗性谈判和互利性谈判。

（一）合作性谈判

合作性谈判是指谈判各方都具有达成协议的诚意，都不想支配他方，并且各方都采取合作态度进行协商的谈判。这种谈判是诚意、坦率和富有建设性的。在谈判的各个阶段，各方都配合默契，乐于提供信息，积极提出建议，以促使谈判达成协议。联合办学的协商、联合科技攻关的协议、全国华联商厦横向联合的协商和国际合作对南极进行科学考察的磋商等均属于合作性谈判。

（二）对抗性谈判

对抗性谈判是指谈判各方都坚持自己的立场，并想支配和驱使对方就范的谈判。这种谈判各方在利益上处于彼得我失的关系。在谈判过程中，各方为一系列问题争执不下，其谈判结果也总是一方全胜，而另一方全败；或是各方陷入僵局，不欢而散。国与国之间的政治立场或领土、领空、领海等有关国家主权问题的谈判均属于此类谈判。

（三）互利性谈判

互利性谈判是由对抗性谈判转化而来的，属于对抗性谈判和合作性谈判之间的一种谈判。它是指在谈判各方的利益、目标有很大差异，甚至是相互对立的情况下，但又能在相异、对立中契合利益，获得互补的谈判。前所提到的1978年埃及、以色列和美国在戴维营"埃以和谈"便属此类谈判。

三、按谈判主体数量划分

按谈判主体数量划分，谈判可分为双边谈判和多边谈判。

（一）双边谈判

双边谈判是谈判主体只涉及你我两方的谈判，像买卖双方的谈判、求职录用面谈等均属于双边谈判。

（二）多边谈判

多边谈判是指谈判的主体涉及三方或三方以上的多方谈判，如埃及、以色列和美国的三方和谈，朝核六方会谈，伊核六方会谈等都属于多边谈判。

双边谈判和多边谈判有时是可以相互转化的。一种情况是，双边谈判有时会因相对分歧较大，一时无法解决，而需要第三者作为调解人或仲裁人出面斡旋或仲裁，这就变成了多方参加的多边谈判。"埃以和谈"中美国的斡旋、各种国际冲突后的联合国的调停仲裁、邻里纠纷后的居委会调解均属此种情况。另一种情况是，多边谈判进行过程中，参与谈判的其中一方或几方退出谈判而只剩下两方，这样便由多边谈判转化为双边谈判。例如，进行联合科学考察，最初多方参与协商，但后来其中的一方或几方因人员体质、科学技术水平或资金等原因退出商讨，只剩两方进行协商并达成协议，这就由多边谈判转化为双边谈判。

四、按谈判主体地位等级划分

按谈判主体地位等级划分，谈判可分为对等谈判和不对等谈判。

（一）对等谈判

对等谈判是指同级之间的谈判。这类谈判其谈判主体在权力、地位以及谈判者的级别上均相近或相同。例如，中美大使级会谈、国与国之间边界问题的外交部部长级的谈判、我国西北地区及其他各省开发大西北的省长级协商会议、中国共产党总书记与中国各民主党派主要领导人的政治协商会谈等都属于此类谈判。

（二）不对等谈判

不对等谈判是指各方在权力、地位和级别不对等的条件下所进行的谈判。

五、按谈判区域内外范围划分

按谈判区域内外范围划分，可分为内部谈判和外部谈判。

（一）内部谈判

内部谈判是指一个区域或一个组织内部各种不同利益的人们解决分歧、调整利益、谋求一致的谈判。

（二）外部谈判

外部谈判是指与本区域或本组织之外的其他区域的组织或个人的谈判。它特指与国家范围之外的国家、组织或个人所进行的各种谈判。

六、按谈判进行的地点划分

根据谈判进行的地点不同，可以将谈判分为主场谈判、客场谈判和中立地谈判。

（一）主场谈判

主场谈判是指对谈判的某一方来讲，谈判是在其所在地进行的，该谈判方就是主场谈判。

（二）客场谈判

客场谈判是指与主场谈判一方相对应的谈判的另一方或多方的谈判。这些谈判方是以宾客的身份前往谈判，所以称为客场谈判。

（三）中立地谈判

中立地谈判是指在谈判各方各自所在地以外的地点进行的谈判。在中立地进行谈判，对谈判各方来讲就无宾主之分了。

不同的谈判地点使得谈判各方或多方具有不同的身份（主人身份和客人身份，或者无宾主之分）。谈判各方或多方在谈判过程中都可以借此身份和条件，选择运用某些谈判策略和战术来影响谈判，争取主动。

七、按谈判时间长短划分

按谈判时间长短划分，谈判可分为长期谈判、中期谈判和短期谈判。

（一）长期谈判

长期谈判是指在相当长的一段时间里进行非常多次的谈判。例如，在1972年以前的15年里，中国与美国的大使会谈共进行了134次，这是典型的长期谈判。

（二）中期谈判

中期谈判是指接触比较长时间，进行多轮会谈的谈判。例如，中英两国关于香港回归中国的有关问题进行的谈判，在几年里进行了多轮谈判。

（三）短期谈判

短期谈判是指进行一次性谈判便达成协议的谈判。例如，买卖各方偶然相遇，互不相识，买方看中一件商品，于是就和卖主交涉，价格谈得拢就买，谈不拢，交易就告吹。这类谈判的成败对各方都无长远影响。另外，一般的求职录用谈判也多属短期谈判。

八、按谈判主题多少划分

按谈判主题多少划分，谈判可分为单一型谈判和统筹型谈判。

（一）单一型谈判

单一型谈判是指只有一个谈判主题的谈判，如一般的买卖谈判、求职录用谈判等均属单一型谈判。

（二）统筹型谈判

统筹型谈判是指谈判的主题由多个议题构成。例如，在1945年7月17日至8月2日苏、英、美三国首脑举行的波茨坦会议上，三方谈判的议题包括：对德管制方针，德战败后的赔偿，波兰疆界，对意大利的政策，对罗马尼亚、匈牙利、芬兰的外交承认及其参加联合国组织等。这些议题本身又都包含了具体的政治、军事和经济方面的议题。

在统筹型谈判中，谈判者有较大的回旋余地。其中，谈判方可以施展的谈判技术是：为了得到必须得到的某项利益，可以放弃其他一项或几项利益。

九、按谈判规模划分

按谈判规模，即按谈判项目的多少、内容的复杂程度以及涉及谈判者的范围与多少等划分，谈判可分为大型谈判、中型谈判和小型谈判。

（一）大型谈判

商务谈判中，成套项目的引进谈判和大型建设项目的招投标谈判等，由于技术性较强、内容复杂、成交额巨大，谈判中需各方面的人员参加，谈判队伍比较庞大，均属于大型谈判。英国人比尔·斯科特曾就贸易洽谈提出过划分的方式，他认为，通常情况下，谈判项目较多、内容复杂、各方参与人数超过12人时，即可称为大型谈判。

（二）中型谈判

谈判各方参与人数为4～12人，即可称为中型谈判。

（三）小型谈判

谈判各方参加人数在4人以下，则称为小型谈判。

当然，这种划分方法仅考虑了谈判桌上参与人数的情况，在谈判桌外，那些协同配合作战的幕后人员更多，包括政府官员、企业领导、各种咨询专家与研究人员等。

十、按谈判方式划分

按谈判方式划分，谈判可分为横向谈判和纵向谈判。

（一）横向谈判

横向谈判是指把几个要谈的议题同时展开讨论，并同时取得进展的谈判。这类谈判就是要把议题全面铺开，或者横向铺开，而不是只局限于谈一个议题。简而言之，就是谈判各方要把所谈的议题都摆在桌面上谈。例如，洽谈购置设备，谈判各方把价格、术语、品质、运输、保险等所有条款都先摆到桌面上来，然后再逐条依次而谈。

（二）纵向谈判

纵向谈判就是按各个议题的先后顺序、轻重缓急，逐一地进行讨论和解决，每次谈判只讨论一个议题。例如购置设备洽谈，先讨论价格，如果价格确定不了，就不谈其他条款。

十一、按谈判连续性划分

按谈判连续性划分，谈判可分为递进式谈判和重复式谈判。

（一）递进式谈判

递进式谈判，既表示谈判内容的逐渐递进，也表示谈判对立的逐步升级。一些国际间的重大谈判，一般都是分级进行。第一级是由谈判各方的工作人员就正式谈判的时间、地点、各方的谈判代表人数及级别、谈判的议程等问题进行磋商，达成协议；第二级是由各方的主管人员就协议的具体内容进行谈判；第三级则由各方的首脑进行会谈，对各方已同意的协议草案加以确认，并签字生效（有些重要协议还须各国立法机关批准，方能生效）。例如，1971年至1972年的中美建交谈判便属于递进式谈判，第一、二级谈判由时任美国国务卿基辛格及其随员代表美方与中方谈判，第三级由时任美国总统的尼克松前来谈判。

（二）重复式谈判

重复式谈判，是围绕同一重大问题在同一级对手之间多次重复进行的谈判。例如，一对夫妇在自建别墅的设计上有各自的蓝图，异议很大。设计师综合他们的要求设计出一张草图，让各方看满意与否，结果各方对图纸都挑剔一番，之后设计师根据各方对图纸的意见，对其进行了修改，再去征求二位意见，如此再三，直到各方都满意为止。此例便属于重复式谈判。有些重复式谈判不像这个案例有中间人设计师提出草案，而是谈判的各方各自提出方案，经过多次交锋，各方不断对自己的文本加以修改，做出某些妥协，使之逐渐相互接近，最后达成一致的协议。

十二、按谈判内容与谈判目标划分

按谈判内容与谈判目标划分，谈判可分为程序性谈判和实质性谈判。

（一）程序性谈判

程序性谈判是指在实质性谈判顺利进行前就有关议程、日程、议题、地点、时间、范围、级别、人数等安排进行的磋商，它也是递进式谈判的第一级谈判。

（二）实质性谈判

实质性谈判是指谈判的内容与谈判各方的谈判目标直接相关的谈判，它是指递进式谈判的第二、三级谈判。

一般较重要的或难度较大的谈判多是从程序性谈判到实质性谈判的顺序进行。

十三、按谈判各方交换方式划分

按谈判各方交换方式划分，谈判可分为直接谈判和间接谈判。

（一）直接谈判

直接谈判是指谈判各方当事人之间直接地、面对面地进行谈判。

（二）间接谈判

间接谈判是指谈判各方的当事人或谈判某一方的当事人不直接出面参与谈判，而是通过委托人、代理人进行谈判，如聘请律师、代理人、经纪人、监护人等，也包括授权下属用信函、电话、传真等方式与对方谈判。

十四、按谈判的透明度划分

按谈判的透明度划分，谈判可分为秘密谈判和公开谈判。

（一）秘密谈判

秘密谈判是指在不同程度的保密情况下进行的谈判。有的谈判仅对谈判人员的行踪和谈判日程公开，但谈判内容和协议在一定时间内（一般是协议生效或实施前）保密。有的谈判是涉及谈判的一切都须保密，这属于特别机密的秘密谈判。例如，"九一八事变"后，国共两党非正式的秘密接触和谈判；1971年7月，美国国务卿基辛格秘密来华与中国领导人解冻式接触的谈判，这些都属于秘密谈判。

（二）公开谈判

公开谈判是指谈判人员、日程、议题、结果公开的谈判。有的谈判除以上项目要公开外，甚至谈判过程也要公开，并允许记者旁听和拍摄，这属于完全公开的谈判。

十五、按伦理道德划分

按伦理道德划分，谈判可分为公正谈判和卑鄙谈判。

（一）公正谈判

公正谈判是指公平合理、坦荡正直的谈判。现代谈判多属此类谈判。

（二）卑鄙谈判

卑鄙谈判是指谈判各方或单方在不正当场合下进行违法和违反公德的谈判。例如，走私、嫖娼、绑架、分赃谈判，以权势勒索财物的谈判等均属卑鄙谈判。卑鄙谈判是应予以消除和禁止的谈判。

十六、按谈判各方诚意划分

按谈判各方诚意划分，谈判可分为真实谈判与非真实谈判。

（一）真实谈判

真实谈判是指谈判的具体目的与谈判人员的真实目的一致的谈判。

（二）非真实谈判

与真实谈判相反的，就为非真实谈判。有些商务谈判，表面上看是要谈成生意，但实际上一方谈判人员并无心达到谈生意的目的，而主要是想通过谈判来探测对手的商业秘密。例如，我国的蜡染技术名扬海内外，是独具特色的传统工艺，一家外商以联营建厂生产蜡染纺织品为名与我国一厂家进行洽谈，待其通过谈判窃走蜡染技术之后，便一走了之。该外商与我方的联营建厂的谈判便属于非真实谈判。

第四章　谈判程序

谈判是一门科学，需要按其基本程序进行。从谈判的实践来看，凡进行重大的谈判，它的一般程序为谈判的准备和谈判的进行。当然，谈判因分类不同和方式各异，它的程序也不尽相同。这里，我们只介绍一般谈判的程序。

第一节　谈判的准备

每一种谈判都有一个准备阶段，特别是像正规的大型谈判，更要经过充分的准备。谈判是一场十分复杂多变的活动，是一场心理决斗，也是一场知识、信息、修养、口才、风度的较量。谈判者要想在错综复杂的谈判局势中左右谈判的发展，就要在谈判前充分做好各项准备工作，打有准备之仗。可以说，谈判前的准备，是决定谈判成功与否的前提。在谈判的准备阶段，谈判者须做好以下工作。

一、广泛搜集资料，摸清对方虚实

《孙子兵法》云："知己知彼，百战不殆。"谈判者若想谈判成功，必须在谈判前设法掌握对方有关谈判的情报资料。在谈判桌前缺少谈判资料，谈判者的谈判就等于盲人摸象。

谈判所需的情报资料包括对方的实际情况和对方的需要。

实践证明，在充满竞争的环境下，谁能更全面、准确、清楚地了解对方的利益需求，谁就有可能在竞争中取胜。

谈判所需的情报资料还包括对方的意图、方案、策略，甚至谈判者的素质、性格、嗜好、权限等。

不同性质的谈判，谈判者要搜集的资料也有所不同。例如，进行外贸谈判，谈判者就要了解对方的财务情况、经营状况、技术状况、公共关系状态等。谈判者搜集对方情况时应注意以下几个方面：首先，情报必须真实可靠。这就要求谈判者要摸清对方的虚实，以避免由于不了解对方实际情况或了解到的信息资料失真而给谈判带来严重损失。其次，所搜集的资料应尽可能广泛详细。虽然，许多事情看来好像是跟谈判无关，但如果谈判者不通晓一些情况，那么恰恰可能在这些"小事"或"点滴情况"上出差错而影响谈判效果。最后，谈判者需要从人们司空见惯的情况中寻找有价值的信息。

相反，在此阶段，谈判的另一方应严守己方的秘密，严防将自己的信息泄露给对方。如果做不到这一点，泄露信息的一方就有可能会遭受重大的损失。

例如，有一年，我国的外贸人员同英国的一些裘皮商洽谈生意，进行了第一轮谈判后，并没有达成协议。在休息的时候，其他的英国商人都到室外活动去了，却有一个英国裘皮商一边十分殷勤地向我方人员敬烟献茶，一边随意闲聊。他似乎是无意地随口问道："你们国家今年黄狼皮的产量比去年好吧？"我方的谈判者并没有在意，随口答道："不错。"那个商人似乎又漫不经心地说："我想买 20 万张不成问题吧？"我方人员仍没有在意，就随口说道："当然不成问题。"在第二轮谈判时，那个留下的英国裘皮商突然一改先前斤斤计较的态度，出人意料地提出以我方要价的基础提高 5% 的价格收购 5 万张，于是其他外商纷纷退场。我方人员认为是那个英国裘皮商要抢买，在其他竞争者面前出高价是为了达到垄断资源的目的，所以我方代表还在为卖了高价而沾沾自喜。但是两天之后，我方人员才知道有人在市场上以低于我方的价格抛售了几十万张黄狼皮。原来，那个英商在"闲聊"中已经摸清了我方拥有大量黄狼皮的实情，所以他故意以高价稳住我方，却将自己积压的几十万张的黄狼皮迅速倾销出去，以微小的代价换来了先于我方出售黄狼皮的时机。而我方人员由于措手不及，导致大量的黄狼皮都没能销售出去，这都是因为我方人员不慎泄露了自己的底细而造成的恶果。

【案例欣赏】

李厂长的未雨绸缪

一次，我国南方某机械制造厂的李厂长带着产品图样赶赴大洋彼岸的美国，直接同美国商人在谈判桌上商讨机械出口事宜。

谈判正式开始，在美国公司会议室内，各方进行了一次科研成果和策略的较量，各方因讨价还价、互不相让，而致谈判陷入僵局。这时对方总裁提议休息一下，对此，李厂长没有异议。第二天，依然如此。第三天，第四天，还没动静。连续几天，美国公司没有任何答复，也没有磋商意图。这时，中方有人担心这样拖下去不仅会使谈判告吹，而且时间也将白费。面对如此局面的李厂长依然十分冷静，一副沉得住气的模样。

为什么李厂长如此坦然呢？这是因为，他到美国之前曾做过大量的调查研究，通过各种信息渠道了解到美国对外贸易政策的调整和机械制造行业的行情变化，对谈判已然成竹在胸。原来，美国为了保护本国的对外贸易，对韩国等国家或地区实行高关税政策。由于税率高及其他原因，韩国迟迟不发货，而美国公司已同客户签订了合同，急需投入生产。

正巧，他们所需要的产品型号与中方公司生产的产品的规格基本一致，这就为中方公司讨价还价提供了保证。李厂长亲自送货上门，等于解决了美方的燃眉之急，他们又哪里会拒绝呢？

正是在这样充分调查的基础之上，李厂长才稳坐泰山。后来，美方公司终于沉不住气，决定重开谈判，经过认真商谈，最后达成了一致协议。

这场谈判，关键是李厂长未雨绸缪，在做好准备之后，又做出了正确的判断，终使谈判成功，未在对方控制的谈判节奏中失利。

（资料来源：姚凤云．商务谈判与管理沟通［M］．清华大学出版社，2011）

二、认定自身实力，理清我方思路

在谈判前，谈判者还应正确估计己方各方面的条件和能力。古人云："人贵有自知之明。"评估自己的实力是谈判前不容忽视的一项重要工作。因为，高估自己或低估自己会使谈判者变得冒失或怯场，所以，谈判者对自身实力的认定，应当采取辩证唯物主义的科学态度。这样，谈判者才能既看到自己的长处与优势，又看到自己的短处与劣势，能够一分为二地认识自我。只有在谈判前客观正确地认定自身实力、认清自己的优势和劣势，谈判者才能在谈判中发挥优势、回避劣势、冷静应变、沉着应战。这就要求谈判者在谈判前要进行长时间的思想准备，大致厘清谈判的头绪，如确立谈判目标、设计谈判方案、确定谈判时地、选择谈判者等。同时，谈判者还应结合对对方情况的分析与估计，对谈判中可能出现的意外情况进行充分的估计，并预先制定相应的应变措施。只有这样，谈判者才能在谈判桌旁控制局势的发展。

三、确定谈判目标，设计谈判方案

谈判目标是谈判的方向和要达到的目的，即期望值和期望水平。任何谈判都应在谈判前确立目标，以便在谈判中以目标的实现为导向。因此，谈判的准备工作或重要内容之一就是确定谈判目标。谈判目标一般要具有弹性。这样，谈判者才能在谈判中随机应变。谈判目标的弹性具体体现为目标的分层次，谈判目标一般可预划为三个层次：必须达成的目标，希望达成的目标，乐于达成的目标。

在谈判中，乐于达成的目标，必要时可以放弃。希望达成的目标只有在迫不得已的情况下，才考虑放弃。必须达成的目标则毫无讨价还价的余地，即宁愿谈判破裂，也不能放弃这个目标。谈判目标初步确立之后，谈判者还要对其进行可行性分析。可行性是指谈判者欲要实现的目标、即将达成的协议是否可以执行，它不同于可能性。如果谈判目标不可行，则完全没有谈判的必要。例如，我国同外商进行进口贸易谈判时，达成的协议受我国和对方所在国家法律的限制，这就会使谈判完全失去可行性。只有谈判目标可行，才可谈。一般来说，谈判者考虑可行性时要考虑到法律、时间、地点、经济条件、民族风俗等各种因素。

谈判目标经可行性分析确立之后，谈判者就要根据谈判目标、所搜集的信息资料和我方的实力设计谈判方案。在设计方案时，谈判者首先要确定谈判主题。主题是进行谈判的灵魂。整个谈判都要围绕主题来进行，都要为主题服务。其次谈判者要拟定谈判要点，包括目的、程序、进度和人员等。最后是制定谈判战略和策略。设计方案时应注意博采众长，广泛听取各方面意见，同时又要有创新精神，讲究时效性和预见性。

四、择定人员时地，预先模拟谈判

（一）选择谈判者

要使谈判达到预期的目标，提高它的成功率，选择谈判者尤为重要。有些谈判是个人性质的，只需两人就行；而更多的谈判是集体性质的，需要认真组织队伍。谈判方在组建谈判队伍时，首先是确定谈判班子的规模，其次要考虑人员的选择。军事谈判、外交谈判和政府首脑间谈判，一般各方的人数和级别是对等的。外贸谈判不一定严格遵守对等原则，但也要参考对方人数而定。谈判者要慎重选择，要有权威性。谈判组织者要充分注意到他们所应具有的必要的专业知识、丰富的经验、高尚的情操和修养、独立的见解、坚强的意志、科学的思维能力、快速决断的能力、善于倾听和清晰表达的能力等。谈判小组的每个成员还要明确分工。确定的主谈是谈判小组的主要发言人，是谈判小组与对方进行谈判的意志、力量和质量的代表者，是谈判工作能否达到预想目标的关键。确定的副主谈是为主谈提供建议或视机插言的。此外，还要有人负责谈判记录，负责分析动向意图，负责法律条款和财务，如果是外事谈判还要配有翻译。

（二）选择谈判时间

谈判前，谈判者还应选择好谈判时间。因为谈判时间的适当与否，对谈判的结果影响颇大。为此，谈判者在选择谈判时间时应注意下列情况：一是在赴较远地点谈判时，应避免经过长途跋涉以后，立即开始谈判，原则上应安排在有较充分的休息时间后再进行谈判。二是尽量避免安排在用餐时谈判。因为用餐地点如果是公共场合，谈判是不适宜的。再者，太多的进食可能会导致谈判者思维迟钝。三是当谈判者身体不适时，不宜安排谈判。四是注意生物时钟，避免把谈判时间安排在谈判者身心处于低潮的时候。

（三）选择谈判地点

在谈判前，谈判者还应选择好谈判地点，因为谈判地点涉及谈判的环境心理因素问题。谈判地点和环境的选择是影响谈判的一个不可忽视的因素，谈判者应当对此十分重视并加以利用。谈判者应尽量争取在自己所在地和本单位谈判。因为，谈判者首先无须分心去熟悉环境或适应环境，可以专注于谈判。其次在自己熟悉的场地谈判，一般人都比较审慎，都担心在自己的场地谈判失败而有损脸面。最后，对手是客人身份，一般都讲究礼仪，而不至于太侵犯主人的权益。

谈判者若争取到在本地或本单位进行谈判，则要选择好谈判的场所，布置好谈判场地，安排好座位次序。谈判环境应选择无噪音、无人为干扰、光线温度适宜的场所。谈判场地的布置应根据谈判的内容、性质、规格而择定。例如，设圆桌或不设桌子意味着平等、活泼、轻松的气氛；而设长方桌使谈判各方界线分明。有时为桌子及座位的布置，谈判各方在谈判前须协商。首先，谈判者应安排好各方的座次位置，座次位置应体现主宾之别。按照我国的传统，应让客方坐在左侧或南侧，表示尊重客方，增强谈判的友好气氛。其次，谈判者要安排好内部的座次位置。一般是主谈者在中间位置，其余的人沿其左右而坐。谈判者若争取不到在本地谈判，便应选择在各方都不熟悉的地方来谈，而不应选择到对手的根据地去谈。当然，如果是多轮谈判，可轮流到各方所在地谈。

择定谈判者时间、地点以后，谈判者还要进行模拟谈判，对谈判方案进行争论、反驳、挑剔，从中找出漏洞，以使方案更加完备。

第二节　谈判的进行

谈判的进行阶段是整个谈判过程的中心环节。根据谈判的内容和类型不同，谈判进行阶段的划分也不尽相同。一般的正规谈判可分为七个阶段，即导入、概说、明示、交锋、相持、妥协和协议阶段。

一、导入阶段

导入阶段的基本作用是营造一个良好的谈判气氛。谈判的顺利开始，与良好的谈判导入阶段所形成的融洽气氛息息相关。

导入阶段可分为两个方面：一方面是有形的导入，它是指谈判者的食宿安排和谈判地点的布置。这种有形的导入虽然与谈判的内容本身似乎无内在的联系，但有丰富谈判经验的人却认为它会影响谈判的发展。另一方面是无形的导入，这是指通过介绍与被介绍使谈判各方相互认识，彼此了解对方的姓名、地位、工作职务。无形的导入可以使谈判者在谈判中分清对方一行人的主次地位，以便有针对性地实施谈判计划。各方相识后，最好是制造一种适宜的气氛。如果是互利型、合作型的谈判，谈判者就需要制造一种十分和谐、坦诚、富有创造性的气氛。谈判者应与对方聊一些各方感兴趣的、易于产生共鸣的话题，如过去的合作、共同的爱好等。如果是论理型的对抗性谈判，谈判者就需要在制造和谐气氛的同时，不失严肃。谈判者应根据谈判的性质适度地制造相应的谈判气氛。导入阶段，有人认为站着比较好，因为站着更随意，容易使用各种社交手段，同时，还能设下一个伏笔，一旦这个阶段结束，就用坐下来暗示下一个阶段的开始。导入阶段时间不宜过长。

二、概说阶段

概说阶段是谈判各方让对方简单了解自己的基本想法、意图和目标的阶段。谈判者在这一阶段不是把己方的一切想法和盘端出，还隐存着不让对方摸到的有关资料。由于概说阶段是各方彼此了解谈判对手目标要求的第一回合，因此，必须小心谨慎。谈判者在这一阶段必须注意以下几个问题：第一是谈论的内容要简短而把握重点，并注意各方情感的沟通；第二是留有一定的让对方表达意见的时间，找出对方的目的、动机，并与己方的比较，找出差距；第三是概说的态度要诚恳、语言要亲切，进而使对方消除戒备，以寻求互助的机会；第四是概说时间不宜太长。

三、明示阶段

明示阶段是谈判各方对所要解决的问题开始进行讨论的阶段。一般而言，谈判各方都包含四种主要问题：第一种是自己所求，对此不应过分苛刻，要合理。第二种是对方所求，对此不要过分谴责。第三种是彼此互相所求，对此应尽量使对方满意。第四种是内涵的需求，这一需求一般暂时从外表看不出来，待时机成熟，条件允许时方可提出。为了使谈判顺利进行，谈判者在这一阶段应心平气和地进行讨论和倡议。

四、交锋阶段

谈判过程中，谈判各方由于利益和心理等的对立，必然存在着分歧，在交锋阶段，这种对立和分歧会明显扩大。在任何谈判中，交锋阶段都被列为谈判进行过程的高峰。它是谈判的实质性阶段，对谈判的总体效果具有不容忽视的影响。但是，谈判交锋的目的不是为了扩大分歧和对立，而是通过彼此间的争执，展示谈判各方利益的异同，从而达成求同存异的一致协议。

交锋阶段的环节有表明立场和磋商。

表明立场是指谈判各方把各自的观点和态度向对方陈述清楚。陈述的内容有以下六个方面：第一是我方认为这次会谈应涉及的问题；第二是我方的利益，即我方希望通过洽谈所取得的利益；第三是我方可向对方做出让步的事项；第四是我方的立场（包括以前我方与对方合作的结果）；第五是我方在对方所建的信誉；第六是今后各方合作中可能出现的机会或障碍等。当一方陈述完毕，另一方接着陈述。磋商是对对方陈述的观点进行评论、挑剔，在认真交换意见、反复商讨、仔细讨论的基础上，使各方的目标达到相互接近。当然，此阶段如果把握不好，也可能会形成僵局，甚至使谈判不能正常进行下去。

五、相持阶段

相持阶段是谈判交锋形成僵局的阶段，是交锋阶段的延伸。在这一阶段中，由于谈判各方都对对方提出了很多质询，因此，各方都会列举大量的事实，希望对方了解并接受自己的意图与建议。这就犹如打乒乓球和排球一样，你来我往，相持不下。有时谈判各方也可能达到相对无言的地步，也可能不得不暂时休会。

六、妥协阶段

谈判各方的交锋和相持不可能永远继续下去，其目的还是希望取得谈判的成功。达到这一目的的中间途径便是让步和妥协。在妥协阶段，各方都要有诚意地适当调整自己的目标，在各方分歧的热点上各自做出一些必要的让步，以使谈判能继续进行下去。

让步，说起来容易，做起来并不简单，谈判者要经过周密的考虑后做出让步，才不会导致失误或出现得不偿失的结果。

谈判者在妥协让步时应注意以下六点：第一是原则问题不能让步，特别是政治军事和外交谈判中有关国家主权的原则问题绝不能让步；第二是让步时要给自己留下讨价还价的余地；第三是让对方在重要问题上先让步；第四是尽量以较小的让步给对方以较大的满足；第五是一次让步的幅度不宜过大，节奏不要太快；第六是如果让步后觉欠妥，想收回，也不要不好意思，因为这不是协议，完全可以推倒重来。

七、协议阶段

协议阶段是谈判的最后阶段。这是各方经过交锋、相持、妥协之后，认为已经基本达到自己的理想目标而拍板定案的阶段。

这一阶段，谈判各方在协议书上签名盖章，谈判完成。谈判者在这一阶段应重点推敲协议的内容和文字的准确性，避免出现一些模棱两可的提法，以防日后产生纠纷。同时，还要履行必要的公证手续。

以上我们介绍了一般正规谈判所要进行的七个阶段。但有的谈判不必逐一进行所有程序。例如，在交锋阶段后，谈判很快进入妥协阶段，可不必经过相持阶段。虽然谈判所经过的阶段不必强求一致，但综观各种谈判，说明意图、点出分歧和目的所在，并且就各方不同意见进行磋商，决定进退，均是不可缺少的环节。

第五章　谈判策略

谈判者在谈判中要想获得成功，达到预期的目的，实现各自的需要，除遵守一定的谈判原则和按照一定的谈判程序进行谈判之外，还应在谈判过程中注意运用谈判策略。谈判策略是富于技巧的谈判措施和手段，是谈判者主观能动性的体现。它对于谈判的成功与否关系重大，是谈判中不容忽视的，是任何谈判者都应注重的方面。

在这一章，我们将分节论述谈判策略的作用、谈判策略的选择和打破谈判僵局的策略运用等问题，并列举一些常见的谈判策略。

第一节　谈判策略的作用

如前文所言，谈判策略的运用对于谈判的成功与否关系重大。具体而言，谈判策略的正确灵活运用，对于谈判的开端、进程和结局均有着至关重要的影响。

一、谈判准备阶段运用策略能为谈判的顺利进行奠定良好的基础

在第四章第一节谈判的准备中，我们已大致了解了谈判前应做哪些准备工作。这些准备工作也往往体现了谈判准备阶段的各种策略，如调查研究、搜集情报、了解对手、布置环境等，这些谈判准备阶段的策略运用得好坏直接关系到谈判能否有一个好的开端，关系到谈判能否顺利进行和达到预期的目的。谈判者适宜、充分地运用这些策略，便能为谈判的正式进行奠定一个良好的基础。

例如，1972年，尼克松在访华前，不但请了一些著名的"中国通"给他介绍情况，阅读了大量有关中国的书籍，而且还熟记了不少毛泽东诗词，甚至还学会了用筷子进餐。在周恩来同志的亲自指挥下，清除了客人拟去的各个地方街上的标语，恢复了店铺的老字号名称，甚至对宴会上要演奏的中美两国民间乐曲都进行了精心挑选。这些，都为会谈的顺利进行奠定了良好的基础。在国宴上，当军乐队演奏周恩来同志选定的曲目《美丽的亚美利加》时，尼克松非常高兴，因为这是他最喜欢并曾指

定为其总统就任典礼上演奏的乐曲。敬酒时，他特地到乐队前表示感谢。

在商务谈判前，"调查研究、搜集情报"这一策略也非常重要。有时，它不仅能为谈判奠定一个良好的基础，而且还决定着谈判的成败。

谈判准备阶段可运用的策略还有养精蓄锐、以逸待劳、主动预先接触对手、联络友好感情等，谈判者对这些策略的恰当运用，能为谈判的顺利进行奠定一个良好的基础。

二、谈判开局阶段运用好策略能促使谈判的顺利进行

良好的开端是成功的一半。谈判开局的好坏在很大程度上影响着整个谈判。在开局中，谈判者运用好谈判策略能起到一定的导向作用。

谈判开局中运用的策略有烘托气氛、放试探气球、模棱两可和激将。在谈判开局中有针对性地运用这些策略，有助于打开谈判局面，使谈判有一个好的导向和一个乐观的前景。

（一）烘托气氛策略

烘托气氛策略在任何谈判开局中都可能被采用。

烘托气氛这一策略，如在开局中不被采用，就有可能导致谈判因不好的开端而达不到理想的效果。例如，我国某进出口公司在对外经济交流中涉及一起小的索赔案，适逢对方代表来我国走访用户，因此，该进出口公司领导指示某业务员负责接待。本来这笔索赔案金额很小，经友好协商完全可以圆满解决，但由于我方人员急于求成，在外商刚刚抵达时，马上要求外商赔偿我方损失，高兴而来的外商被迎头泼了一盆冷水，因此，讲话也很不客气。谈判的气氛马上紧张起来。各方针锋相对、寸利必争，会谈效果很不理想。其原因是谈判开局没有采用"烘托气氛"的策略，在未形成融洽、友好的气氛前就短兵相接，惹恼了远道而来的外商。

（二）模棱两可策略

模棱两可策略是谈判开局中经常被采用的一种策略。所谓模棱两可，就是含含糊糊的意思。在谈判中，对于对方提出的一些不好回答或不便马上回答的问题，己方谈判者用一些模棱两可的语言回复，能起到维系和稳定对方的心态、使谈判的局势趋于平稳发展的作用。例如，常用的"我理解你的感情""我再考虑一下"等话语，会让对方摸不透是赞成还是反对，同意还是不同意，让对方对己方抱有期待和希望的心理。

（三）激将策略

在谈判开局中运用激将策略也能使谈判很好地打开局面。例如，海南三亚一家商行一直定购江苏扬州瓷厂的茶具，可是商行生意一度不景气，又恰逢更换了新经理，

于是瓷厂与商行的交易谈判出现了危机。这时瓷厂厂长亲赴三亚同新上任的经理洽谈。瓷厂厂长说："我非常理解你们商行的处境,说心里话,真想继续和贵行建立常年业务联系,但目前商行生意不景气,新上任的经理虽然年轻有为但生不逢时,所以……"未等说完,商行经理觉得受到瓷厂厂长的轻视,于是炫耀般地向瓷厂方介绍了他的经营之道、上任后的宏伟目标及重振商行的具体措施,并表明商行还将继续同瓷厂保持常年业务联系。瓷厂厂长巧妙地运用激将策略使谈判达到理想效果。

三、谈判进行阶段运用策略能对谈判的顺利进行起到调整和促进作用

在谈判开局的导入和概说阶段之后,进入明示、交锋、相持和妥协阶段,各个阶段的谈判如同登山,使谈判者步履维艰。谈判室如同战场,谈判者在看不见的硝烟中挑战或迎战,而在谈判进行中恰当地运用谈判策略,能对谈判局势起一定的调整作用,对谈判各方的心境起一定的调解作用,对谈判的顺利进行起一定的促进作用。

从某种程度上看,适时、灵活地运用谈判策略,能在谈判顺利时使其加速进程,能在谈判出现分歧混乱时"快刀斩乱麻"或理出头绪,能在谈判出现僵局时将其打破。

例如,1986年,广东玻璃厂与美国欧文斯(Owens)玻璃公司就引进新式设备问题进行谈判。我方坚持部分引进这条生产线,而美方代表却坚持"要买就全买,不买就算了"的一揽子方案,各方相持不下,形成僵局。我方主谈代表认为,我们来谈判的目的是既要拿到新的设备,又要节省外汇,这样,就不能把事情搞僵。为了缓和气氛,他换了轻松的话题说:"你们欧文斯的技术、设备和工程师都是世界第一流的,你们用最好的技术设备帮助我们成为全国第一,这不但对我们有利,而且对你们更有利,我们厂的外汇的确有限,不能买太多的东西,所以,国内能生产的就不打算进口了。现在你们也知道,法国、比利时和日本都在和我们北方的厂家合作,如果你们不尽快和我们达成协议,不投入最先进的设备和技术,那么你们就会失掉中国的市场,人家也会笑话你们欧文斯公司的无能。"这一番采用激将策略而陈述利害的话,产生了奇妙的效果,一举打破了僵局,各方很快达成了协议。

这便是在谈判出现僵局时,谈判者运用谈判策略将僵局打破的具有明显说服力的实例。

谈判者在谈判进行中的各个阶段都可适当选用相应的策略。经常用到的谈判策略数不胜数,在本章第三节里,我们将介绍一些常见的谈判策略。谈判者在谈判进程中可以根据具体情况灵活地运用这些策略。只要谈判者正确、适宜地运用好这些策略,不但能在谈判进程中起到调整和促进作用,而且还很可能在各方势均力敌的

情况下最终获取较大的利益，或者在处于弱势的情况下以弱胜强。

第二节 谈判策略的选择和运用

谈判策略的作用是通过恰当的选择和灵活的运用而显现出来的。在这一节里，我们将阐释怎样选择谈判策略和几个重点的打破谈判僵局的策略运用的问题。

一、谈判策略的选择
（一）要根据谈判对象选择谈判策略
谈判者应根据谈判对象的身份、性别、经验、年龄、态度、性格等因素选择不同的策略。

1. 应根据谈判对手的不同身份选择不同的谈判策略

从谈判对手的身份看，主谈人可能是国家各级机关的官员、国营集体企业的管理者、个体户经营者、一般业务员等。谈判者与以上各种身份的对手谈判，其谈判策略的选择会有差异。例如，与政府机关官员和与个体户经营者同样是就经济问题进行谈判，其策略的选择就不可能完全相同。若对方表现出居高临下的姿态，谈判者就应多采用以柔克刚、以退为进、开诚布公等策略。而个体户老板常多显现出精明油滑的做派，对其就应多采用以刚克柔、声东击西、旁敲侧击等多种策略。

2. 应根据谈判对手的不同性别来选择谈判策略

从谈判对手的性别看，谈判者对男性和女性的谈判对手所采用的策略也大不相同。目前，随着改革开放和市场经济的发展，大批党政机关的女性领导、女性企业家、女性公关人员的数量逐年增多，谈判中异性对手交锋的场合越来越多。在对方是一位年轻貌美的女士的时候，谈判者选用的谈判策略与对同性对手的谈判策略相比应有很大差别。

3. 应根据谈判对手的经验程度来选择谈判策略

从谈判对手的经验差异看，谈判者对谈判策略的选择也大不相同。例如，谈判者与久经"沙场"的富有谈判经验的高手进行谈判，与初到谈判桌旁、没有经过谈判较量的新手进行谈判，其策略的选择有很大区别。对于前者，谈判者选用策略要迅速、多变，甚至是全方位策略的运用，令其防不胜防。对于后者，谈判者就应像打乒乓球时对新手那样，不能"打快板"，应"发慢球"或"回慢球"，使其思维跟得上。所用策略也不能太复杂了，这样会使其领会不了，应以诚相待地用一招一式的策略一步一步地与其谈。

4. 应根据谈判对手的年龄差异来选择谈判策略

从年龄上看，谈判者在谈判各方年龄差异大和年龄相差无几时所选择的谈判策略也有很大的不同。因为各方年龄差异的大小是影响谈判结果的因素之一，所以，谈判者善于根据年龄差异做文章，对谈判工作是有益无害的。如果对方是一位年龄明显大于你的长者，那么，你就应多运用谦和的谈判语言，时刻体现出对长者的尊重，要以柔克刚。倘若对方的年龄比你小许多，那么，你的知识和经验就应在谈判中显示出优势，以势、以智取胜。假如对方与你几乎同龄，那么，你应发挥与其不同的优势，如知识、见识、经验等去征服对方，或利用同龄人彼此间有共同语言、易沟通的特点，使其放松戒备，争取达成有利于你的协议。

5. 应根据谈判对手的态度选择相应的谈判策略

在各种谈判中，谈判对手的态度往往是不一样的，有的诚恳、有的狡诈、有的主动、有的不在乎、有的消极，等等。谈判时，谈判者应根据这些谈判对手的态度选择不同的谈判策略。如果对方开诚布公，我方就应以诚相待；如果对方狡诈油滑，我方就应以牙还牙或巧妙周旋；如果对方积极主动，我方就应顺应发展，因情而动地采用相应的策略；如果对方对谈判的成败不在乎，我方就应适当地采用以柔制柔或激将法等策略；如果对方消极或固执，我方就应多采用以柔克刚、以刚克刚或抑制激怒法等策略。

6. 应根据谈判对手的性格选择相应的谈判策略

从人的性格来看，谈判对手的性格各不相同。与不同性格的对手谈判，需选择不同的策略。

从接受性看，一种是开放型的对手，这种人热情、开朗、健谈、思想透明度强、心胸开阔、与其谈判，谈判者应多采用门户开放，即开诚布公的策略。另一种是封闭型的对手，这类对手注重礼仪、客气、言谈谨慎，与其谈判，谈判者应多采用忍耐和蚕食计等策略。

从反应性看，一种是直觉型的对手，这种人机敏、干练、精明、富于冒险精神，与其谈判，谈判者就应多采用以诚相待的策略。另一种是理智型的对手，这种人在谈判中提的问题较多，喜欢考虑每一个细节再进行权衡，谈判者与这类对手谈判，要多强调不成交会给对方带来哪些利益上的损失，少强调成交会给对方带来多大的利益，因为这种人对你的诚意有较高的戒备心。

从社交倾向性看，一种是外向型的对手，这种人热情、友善、宽容、活泼、开朗、急躁、直率，谈判者与其谈判应多采用以静制动、以慢制快等策略。另一种对手是内向型的，这种人孤独、害羞、腼腆，谈判者与其谈判须以烘托气氛策略，使对方放松紧张的心理，再根据谈判的进展采用相应的策略。

根据谈判对手的性格选择相应的谈判策略，首先应判断谈判对手是什么性格的人，但对其性格不要过早下定论。

例如，谢先生要代表公司和另一公司谈判。谈判前，经过了解，谢先生得知对方的谈判代表周先生是东北人。谢先生想，东北人生性豪爽、爱结交朋友、不太注意细节，这次能遇到这样一个对手一定会谈得很顺利，在细节问题上可以取得更多的利益。

谈判地点定在谢先生的公司，周先生比预定的时间提前二十分钟到达，带了大量的资料，还顺便熟悉了谢先生公司周围的环境和大概情况。谈判中，周先生非常仔细地倾听谢先生的每一句话，对合同的细节问题也研究得很透彻。这与谢先生最初对这个周先生的判断大相径庭，使他很吃惊。由于判断的失误，谢先生在合同细节上的准备与周先生相比显得很不充分，很多问题不得不同意周先生所说的建议，并写入最终的合同。两个小时的谈判结束后，周先生带着满意的笑容和各方签订的合同离开了谢先生的公司。

一个人的性格、习惯与他的出生地和成长环境有一定的关系，但是，最重要的是天生的性格。比如，从小一起长大的两兄弟，虽然成长环境一样，但是一个外向爱交朋友、大大咧咧，但另一个却文静少语、喜欢独处。虽然某一个地方的人，大都有一种共性，但是，单凭一个人的籍贯就急于对他的性格下定论，准确率不高。不然，像谢先生这样过早地对谈判对手的性格下定论而导致采取不适宜的谈判策略，从而失去不应失去的利益。

（二）要根据谈判的性质选择谈判策略

针对不同性质的谈判，谈判者应该选择不同的谈判策略。如对合作性的谈判就应多采用类似商讨式的策略，对互利性的谈判就应多选择类似讨价还价的策略，对对抗性的谈判就应多采用类似针锋相对、以静制动、以牙还牙、有理有节等策略。

（三）应根据自己当时的处境选择谈判策略

在谈判进行中，根据己方处境的优劣，其策略的选择应有所不同。

当我方处于强势的谈判地位，并涉及谈判的一些重大原则问题时，就需采用强硬的对抗性策略，即坚持己方原先的立场，决不妥协，迫使对方让步。相反，若是我方处于弱势，又要与对方建立和保持一定的关系，就应多采用柔软的策略。例如，我方可采用顺应策略，心平气和地倾听对方的意见，耐心与其交换意见，循循善诱充分说理，或采用真心求助、以长补短等策略。

（四）应善于观察，随机应变地选择谈判策略

谈判进行的各个阶段有多种多样的谈判策略可以采用，而如何恰当地选择和运

用，则需要谈判者善于观察谈判对手的言论、表情，揣摩对方的用意和期望，从而灵活机动、随机应变地运筹己方的对策。进而达到，你有什么高招，我就能拿出什么策略来应对自如，如同"魔高一尺，道高一丈"所形容的那样。如果对策抛出后很奏效，就应坚持和辅以另外的对策，反之，就应及时更换。

另外，当对方在谈判中使用诡计时，谈判者应及时识破对方的伎俩，再以适当的策略给予揭穿，使其无法得逞，但己方所施策略应委婉含蓄一些，不要使对方感到难堪和不安。己方的目的是通过揭穿诡计，使谈判得以顺利进行。如果对方仍然不思悔改，己方可以采取转身就走的策略，理直气壮地离开谈判现场，以表示抗议，甚至拒绝继续进行谈判。

（五）应依据法律和谈判的规则选择谈判策略

谈判策略的运用是为了实现法律规定的精神和体现谈判的原则和规定。当代社会文明的特点之一是人的行为法制化、规范化。因为谈判是人的行为的一种，所以，谈判策略的选择，也必须符合法律规定和谈判规则。

谈判策略不计其数，因为各种内容的谈判，如政治军事、商务、文化、求职谈判等；各种范围的谈判，如国际、国家内部谈判等，在策略上的法律约束和规则约束也不尽相同，所以，谈判策略的选择既要有利于己方和尊重对方，也要以不违反有关法律和谈判规则为前提。

二、谈判中打破僵局的策略运用

（一）对事不对人

参加谈判的人一般是国家利益的代表，或者是一个组织利益的代表，或者是个体利益的代表。谈判之所以出现僵局，是由于谈判者各执己见造成的。他们因其特定的地位和责任为维护其所代表的利益和个人的形象及尊严，而不愿动摇自己的立场，所以，在谈判出现僵局时，他们不肯退让。他们一方面是怕别人说自己软弱和无实力；另一方面是怕个人信誉扫地。那么，怎样才能打破僵局呢？这就应该对事不对人，谈判者应对争论焦点的具体问题就事论事，而不要对对方进行人身攻击，即应把人与问题分开。有一则关于发电机故障的谈判就是用对事不对人的策略打破僵局的。买方说："你们提供服务的这部轮转发电机又出故障了。这是本月内的第三次故障。本厂需要一部能发挥功能的发电机。我想请你们提供建议，要如何减少故障的发生，或是我们应该换一家公司。"这时，买方所指责的只是这部发电机，而不是针对卖方的谈判者。由于买方保全了卖方的体面，谈判因此很快打破了僵局。

（二）采取灵活的方式

在谈判中，当出现僵局时，需要谈判者能及时看出问题的症结所在。如果各方坚持的症结问题不解决，那么僵局就会持续下去，谈判就无法取得新进展，所以，谈判者需要采用灵活的方式去消解症结、打破僵局。

【案例欣赏】

我国曾获得一笔世界银行某国际金融组织贷款，用以建设一条二级公路。按理说，这对于我国现有建筑工艺技术和管理水平来说是一件比较简单的事情。然而负责这个项目的某国际金融组织官员，却坚持要求我方聘请外国专家参与管理，这就意味着我方要大大增加在这个项目上的开支，于是我方表示不能同意。我方在谈判中向该官员详细介绍了我们的筑路水平，并提供了有关资料，这位官员虽然提不出疑义，但由于以往缺乏对中国的了解，或是受偏见支配，他不愿意放弃原来的要求，这时谈判似乎已经陷入了僵局。为此，我方就特地请他去看了我国自行设计建造的几条高水准公路，并由有关专家对其进行了详细的说明和介绍。正所谓百闻不如一见，心存疑虑的国际金融组织官员这才总算彻底信服了。我方以"眼见为实"的谈判策略促成了谈判僵局的打破。

（资料来源：姚凤云．商务谈判与管理沟通[M]．清华大学出版社，2011）

打破僵局的策略、招数、套路很多。策略无穷，常用常新。作为谈判者，特别是主谈，应采取灵活多变的方式。

（三）掌握好谈判的临界点

美国谈判学家认为，"谈判有一个临界点，一旦越过这个临界点，就会发生失去控制的、毁灭性的反应"。所以，谈判者掌握好谈判的临界点会打破僵局，避免谈判的破裂和破裂后造成的损失。

例如，在美国有一位新房地产主打算盖一幢摩天大楼，这需要拆除原有的四层楼。四层楼里只剩一家房客未搬出去。那位房地产主意识到，要让这家房客搬出去，就得多付钱，因为这家房客的租约还要两年才期满。新房地产主找到房客的代理人谈判，欲付给一些钱，让房客搬出，但经过三番五次的谈判都没有达成协议。到房地产主的开价抬高到12.5万美元时，预测出此价格已接近临界点了，便同意成交，打破了僵局。他后来得知，如果再多要5美元，一架超重机就将把楼房撞成危险建筑而非拆不可，这样，房客将一无所获并且蒙受损失。所以，掌握谈判的临界点是谈判者打破僵局、避免损失的一个适宜的策略。

（四）暂时停止谈判

暂时停止谈判是指在谈判陷入僵局、相持不下，不能尽快找出解决问题的办法时，由一方提出，或各方同意的暂停休会。这样，一方面可以使各方谈判者松弛一下神经，恢复体力，养精蓄锐；另一方面可以利用空间条件的变化，使谈判各方分别重新整理思路，检查谈判的全过程，及时对谈判做自我分析与自我评价，从而研究出如何使谈判继续引向深入。等到谈判恢复时，谈判各方便可能产生新的构想，出现新的气氛和局面。

（五）变更活动场所

变更活动场所是指在暂时停止谈判期间，谈判各方为改变谈判的紧张环境，共同参加一些娱乐、体育活动或举办酒会、招待会，以及私下交谈等。谈判各方多进行一些这样的非正式场合的交往和接触，能缓和谈判场上剑拔弩张的气氛。

例如，当年芬兰的部长都是清一色的男性公民，每当会议僵持不下，便集体去洗桑拿浴，在那种赤诚相见的情况下，许多争议变得容易解决了。

（六）更换谈判者

更换谈判者是指更换个别谈判者或谈判班子。在谈判中，有时，最先参与谈判的人员可能只是代理人，在一些重大僵持的问题上，可能因权限所致或为慎重起见，而不敢轻易让步，这时他们可能会主动要求更换上司来参加谈判。有时，可能因谈判者在谈判中言辞不当，没留有退路，或因谈判人很不受对方欢迎而无法再谈下去，若这方组织还希望继续谈判时，也必须更换谈判者。有时，为打破僵局，还有必要请中间人来主持各方的谈判。

（七）利用调解人

当谈判中出现了比较严重的僵局时，谈判方彼此间的感情可能都受到了伤害，即使一方提出缓和建议，另一方在感情上也难以接受。在这种情况下，最好寻找一个各方都能接受的中间人作为仲裁人或调解人。

仲裁人或调解人可以起到以下作用：提出符合实际的解决办法，出面邀请对立的各方继续谈判，刺激启发各方提出有创造性的建议；不带偏见地倾听和采纳各方的意见，综合各方观点提出妥协的方案以促进交易达成。

最好的仲裁者应该是和谈判各方都没有直接关系的第三者，具有丰富的社会经验、较高的社会地位、渊博的学识和公正的品格。总之，调解人的威望越高，越能获得谈判各方的信任，越能缓和各方的矛盾，使各方达成谅解。

（八）提出最后期限

生活中经常出现一些这样的现象：大多数人都是在截止日期才交税；大多数学生是在最后期限才交作业；甚至像美国国会这样一个纪律严明的责任机构，它的大多数立法也是在即将休会时通过的。这就是人们大多数在最后期限的时间点才结束一项工作或完成一项任务。这似乎已成为人们处理事务的习惯性规律。据此，谈判者也应掌握最后期限这一规律,为打破谈判僵局而恰当使用提出最后期限这一谈判策略。

提出最后期限策略是指在谈判前或谈判中,规定谈判结束的时间。这样,有助于谈判各方有意识地提高谈判效率,一反以往的拖沓或相持状态,造成一种紧张的气氛,促使各方集中精力,灵活、有创造性地解决未谈妥的问题,从而使谈判加快进行,尽早打破僵局,使谈判圆满结束。

谈判者在提出最后期限时应委婉,有诚意。例如,"我们能否在4点以前结束会谈,使我能赶上飞机?如果这样,可就帮我大忙了。"另外,谈判者还应适时提出最后期限,因为过早告知对方或提出,可能会使谈判向不利于己方的方向发展。

第三节　常用的谈判策略

一、先发制人策略

这种策略是指谈判者在谈判中,趁对方不加防备或没有做好充分准备的时候,先下手实施突击,使之失去平和交手的能力;或在谈判过程中,先声夺人,以掌握谈判的主动权,使对方陷入被动,而自己却能获得先机之利。

例如,1985年7月,长沙人民织布厂与德国的依尔玛公司正式签署了购买价值180万马克旧织布机的合同。按合同规定,中方必须在当年8月底付出一半资金。后因客观原因,中方在11月30日才付出这笔资金。经谈判,德方对我方没有按时付出一半资金表示谅解。但到了12月8日,德方突然要求中方赔偿违约金和利息65万马克。这时,在联邦德国发行署印发的47万份《津茨堡城分报》在头版头条刊登出了题为"织布机引起的激烈争论——中国工人感到受骗"的长篇报道,并配发了照片,顷刻间引起了公众的强烈反应。不少德国人看了这篇报道后认为"这种商人不能代表德国人",而后,几乎每天都有人来看望在该公司拆卸旧织布机的中国工人。紧接着,中国工人积极开展联络活动,利用德国新闻界人士组成的津茨堡君子俱乐部邀请中国人参加周末午餐会的机会出示了中方与依尔玛公司签订的合同、清单,解答了许多问题,得到了公众舆论的同情和支持。这样,中方借助公众的舆论,在同德方谈判交涉中采取先发制人的策略,迫使依尔玛公司放弃了65万马克的索赔,还把购买设备的180万马克降到150万马克。再次签约后,各方握手言和,重归于好。

二、后发制人策略

后发制人策略与先发制人策略恰恰相反，它是指在谈判中，己方先按兵不动，倾听对方的要求或主张，揣摩和分析对方的意图，然后以相应的策略进行说服或驳辩，以便尽快达成协议。

有一次，在某个交易会上，一外贸部门与一客商洽谈出口业务。在第一轮谈判中，客商采取各种招数来摸对方的底，罗列过时行情并故意压低购货的数量。外贸部门立即中止谈判，通过搜集相关的情报了解到日本一家同类厂商发生重大事故已停产，又了解到该产品可能有新用途。谈判继续开始，在仔细分析了这些情报以后，外贸部门根据掌握的情报后发制人，告诉对方：我方的货源不多，产品的需求很大，日本厂商不能供货。客商立刻意识到对方对这场交易的背景了解得很透彻，甘拜下风。在经过一系列交涉之后，客商乖乖就范，接受了对方的价格，大量购买了该产品。在商业谈判中，谈判者的口才固然重要，但是最本质、最核心的是对谈判的把握，而这种把握是建立在谈判者对谈判背景的把握之上的。它是后发制人策略得以实施的重要前提。

三、以诚相待策略

这一策略是指谈判者在谈判中开诚布公、以诚取信，从而获得对方的理解和信任。

李嘉诚创办的长江实业集团也曾经历过资金不足的困境，为了走出困境，李嘉诚找到一个需要塑胶花的外商，并与其在咖啡厅里进行了谈判。李嘉诚将前一天晚上才设计出的8种塑胶花样品摆到外商面前，说："先生，这些样品是我们一夜没睡赶制出来的。其中5种我认为基本符合您的要求，而另外的3种，是我们考虑了您这批花是为圣诞节而准备的，因此在您的要求上又加了一些东方风味，我一起都拿来了，希望您会喜欢。"李嘉诚接着说，"我们现在虽然没有足够的资金和担保，但是我们保证给您提供最好的质量、最优的款式和最低的价格。如果您喜欢，这些塑胶花的样品都送给您，希望我们有机会合作。"

外商看到李嘉诚如此诚恳，自己又有这么多的款式可以选择，对他说："年轻人，我愿意和你合作。"

由以上例子可见，诚挚相待、肝胆相照也应当是谈判的重要策略之一。

四、装聋作哑策略

装聋作哑策略是指在谈判中，多听对方的陈述，让对方觉得己方有些愚昧或迟钝，而己方应把自己的注意力集中在弄清问题和制定对策上，一旦时机成熟，就以突然袭击的方式抛出自己的方案，迫使对方接受。

例如，日本的B公司与美国的S公司进行过一场许可证贸易谈判。一开始，美方代表滔滔不绝地介绍情况，日方代表则一言不发、埋头记录。美方代表讲完后，征求日方意见，日方代表却说"我们不明白"。美方代表问："哪里不明白？"日方说："全不明白，请允许我们回去研究一下。"六个星期后，B公司又派另一个代表团来谈判。他们好像根本不知道上次谈判的情况，美方代表只好耐心地再叙述一遍。日本代表仍旧以"完全不明白，要回去研究一下"为借口结束了第二轮谈判。又过了六个星期，日方故伎重演，只是结束时，日方代表告诉美方，一旦研究有结果，立刻通知美方。但半年后，日方仍无消息。正当美国人焦躁不安，大骂日本人没有诚意的时候，日本B公司的决策代表团突然飞抵美国，抛出最后方案，使美方措手不及，最后不得不同日本达成了一个明显对日本有利的协议。这是谈判者在谈判中采取装聋作哑策略取胜的一个典型案例。

五、真诚求助策略

真诚求助策略是指在己方处于弱势时，真心实意地求助对方，进而达到以诚感人效果的一种策略。

例如，20世纪60年代中期，日本松下电器公司受轻型电器业普遍不景气的影响走入低谷。在公司的全国销售会上，松下董事长并未因尚有12%的销售公司经营良好而掩盖整体性的经济困境或以此一味责备88%的销售公司工作不力，而是在最后一次会议上说："松下电器有错，身为最高负责人的我在此衷心向大家致歉，今后将精心研究，让大家能稳定经营，同时考虑大家的意见，不断改进，最后，请原谅松下电器的不足之处。"说完，松下董事长给大家深鞠一躬，此举使原先指责领导不力，对松下电器前途表示怀疑的人深受感动，并自觉反省，重新振作起来。此案例中，松下电器公司董事长在该公司走入低谷的弱势时，以真诚求助的策略争取到了对其前途表示怀疑的人的谅解、反省和再度合作。这是当时采用其他策略难以达到的效果。

六、声东击西策略

声东击西策略是指己方假装要朝某个方向行动，把对方的注意力引离己方真正的目标或对象，再在这一过程中实现自己的意图。

例如，两公司间的谈判，各方在硬件和软件上总成交后，有部分设备的价格仍高，买方想提出来不要，但按规矩又不能提。这时，卖方正好提出希望扩大散件的买卖。买方本来就准备再买些散件，于是开始计划的设备订单就不抛了，而是与卖方纠缠买散件的条件，吊他的胃口。卖方一听买方可以增订散件且量又不少，于是把注意力全放在如何卖出散件上。买方就这样通过购买散件的谈判，把不要的设备从订单上取消，并且使对方的材料价也有所降低。

七、疲劳轰炸策略

疲劳轰炸策略是指己方在谈判中趁对方疲劳、精神沮丧的时候，不间断地发起进攻，使之答应某个条件或某些要求。在谈判中，谈判者有时会碰上锋芒毕露、盛气凌人的对手。对于这类对手，如若采用针锋相对、以牙还牙的办法很容易激起对立的情绪，造成谈判的破裂，一般以采取疲劳轰炸策略为好。谈判者可以用车轮战的办法使对方感到精疲力竭，对谈判生厌。在进行谈判时，己方谈判者对于对方所提的要求采取回避实质、虚与周旋的方针，经过几次拉锯，就会使对方失去锐气。等到对方头昏脑涨、精神萎靡的时候，己方即可以守为攻，掌握谈判的主动权，促使对方接受己方的条件。

八、铁腕攻势策略

铁腕攻势策略是指谈判者在谈判中提出比期望更高的要求，并采取铁腕政策来降低对方的目标，实现自己的期望。这是英国前首相撒切尔夫人常用的谈判策略。她曾经说过："我这个女人不会转变方向，我不会为了迎合人们的欢心而改变规定的政策。"1975年12月，在柏林召开的欧洲共同体（简称欧共体）各国首脑会谈中，撒切尔夫人提出英国对欧共体负担的费用每年将减少10亿镑。这使得各国首脑瞠目结舌，他们以为英国政府可能决定减少3亿镑，就提议只能削减2.5亿镑。撒切尔夫人坚持己见，声称这10亿镑是英国的钱，如果这种预算有所改变，那么，法国和德国的损失会更大。这使各国首脑，尤其是法国、德国、丹麦等国首脑极端焦躁。她表现出不向其他各国妥协的姿态，逐渐把欧共体各国首脑的期望转向自己所期望的目标上。欧共体各国最终还是同意英国每两年削减8亿镑，遇上欧共体经济不景气的时候，则须每三年削减一次。

九、以牙还牙策略

以牙还牙策略即是"以其人之道，还治其人之身"，多用于回击或回答肆意挑衅或提刁难问题的对手。

例如，1982年秋，美国洛杉矶举行了一次中美作家的会议。在一次宴会上，美国诗人艾伦·金斯伯格请我国作家蒋子龙解个谜："把一只五斤重的鸡装进一个只能装一斤水的瓶子里，您用什么办法把它拿出来？"蒋子龙略加思索，便回答说："您怎么放进去，我就怎么拿出来。您显然是凭嘴一说就把鸡装进了瓶子，那么我就用语言这个工具再把鸡拿出来。"金斯伯格称赞说："您是第一个猜中这个谜语的人。"

十、刚柔相济策略

刚柔相济策略指的是谈判者在谈判中，既要有刚——刚强正直，在原则问题上不让步，力求辩明；又要有柔——柔和含蓄，通情达理，不说过头话，留有余地并彬彬有礼。这就是谈判中的刚柔相济策略。换言之，这一策略是指谈判者在谈判中实施硬和软两种相互配合的策略手法，使对手在硬与软的态度转换的攻势下尽快就范。

谈判者如果在谈判中，只刚不柔，态度生硬，便难以获得同情与支持，也不易使对方接受；如果只柔不刚、优柔寡断、软弱无力，则又达不到谈判的目的。最有效的方法是刚中有柔，柔中带刚，刚柔相济。

例如，在第四轮中美知识产权谈判中，中方一开始就由每个方面的专业代表分别做了长达45分钟的发言，不许美国人插话，并口气强硬地撤回以前谈判中的一切承诺，令美方目瞪口呆。但在谈判陷入僵局后，中方又传递过一个信息——还可以谈。这一手段简直可以说是标准的刚柔相济，其实际效果比较明显。首先，这表明了中国对知识产权是着力保护的，但也是根据中国国情的；其次，如果美方单方面决定采取关税报复，那么，谈判破裂的责任不在中方；最后，争取到了美国公众与舆论的支持。

刚柔相济策略还表现为在一场谈判中的一个唱黑脸和一个唱白脸的两人软硬配合的手法。

十一、以长补短策略

以长补短策略指谈判者从己方的劣势中寻找出足以令人注意的潜在优势来说服对方的一种策略。

例如，美国著名企业家维克多·金姆在办公室里接待了一个重要部门的员工。该员工声称他刚接到别的公司的录取通知，待遇远高于他目前的，因此，他准备跳槽。维克多·金姆听完他的详细介绍后说："以你目前在本公司的职位，将来的升迁潜力极大，但是，如果你转到他们那边，你就把自己困死在一个位置上，根本没有希望到达公司的权力核心甚至核心的边缘，因为我知道，那个公司是一个家庭世袭领导体制，不沾亲带故的人，别想有大作为。"这么一说，该员工犹豫了，后来他也没有跳槽。维克多·金姆用以长补短的策略说服了想跳槽到待遇高的公司的员工。

十二、以退为进策略

以退为进策略就是谈判者在谈判进行到关键时刻，如果碰到棘手问题或遇到僵持不下的局面，就要适时引退或做出必要的让步，以小的代价换取大的收获。

例如，1986年6月前后，日本东芝公司违反对苏联等国家的禁运协定，私自将一些高精密机床卖给苏联，使苏联潜艇发动机的噪声大幅度降低，让美军难以发现。这件事被揭露后，美国国会立即做出禁止进口东芝产品的决定。为平息风波，东芝公司同美国进行了谈判，诚恳地向美国道歉，并做出总经理等要员辞职的决定，终使这一事件"化干戈为玉帛"。美国原谅了日本，日本获得了美国的谅解乃至新的信任和合作之"进"。如果东芝公司不采取"退"的策略，而是硬碰硬，那么东芝的产品就进不了美国，其损失将是惊人的。

十三、反客为主策略

反客为主策略就是谈判者在谈判中通过钻空子，插脚进去，掌握对方的要害，再循序渐进，步步为营，最后变被动为主动、变劣势为优势的一种策略。

日本在商务谈判中，能较好地运用反客为主的策略。例如，为打入美国市场，日本人总是能通过谈判钻空子，变被动为主动，反客为主。

十四、以静制动策略

以静制动策略是指谈判者在谈判中，先沉着倾听对方的表述，静观谈判事态的发展，然后在关键时刻反问一两句，或在转折关头插进三言两语，以己方之静制彼方之动。

例如，1987年6月，济南市第一机床厂厂长在美国洛杉矶同美国卡尔曼公司进行销售机床的谈判。各方在价格问题的协商上陷入了僵持的状态。这时，我方获得情报，卡尔曼公司原与台商签订的合同不能兑现，因为美国对日本、韩国和中国台湾地区提高了关税的政策，使得台商迟迟不肯发货。而卡尔曼公司又与自己的客户签订了供货合同，对方要货甚急，卡尔曼公司陷入了被动的境地。我方根据这个情报，在接下来的谈判中沉着应对，卡尔曼公司终于沉不住气，向我方购买了150台机床。由此可见，在谈判中，谈判者不仅要注重自己方面的相关情报，还要重视对手的环境情报，只有知己知彼知势，静观其变，才能获得胜利。

十五、以假乱真策略

以假乱真的意思是用假的东西去冒充或混杂真的东西。谈判中也有采用这种策略的。

例如，20世纪70年代初，韩国商人郑周永计划创建蔚山造船厂，制造超大型油轮。经过他的努力，终于筹集了足够的贷款，只等客户来订货了。当时，没有一个外商相信韩国的企业能够造大船，看来订单是不易得到的。怎么办？郑周永陷入苦思冥想之中。一天，他偶然发现一张已经发黄的旧钞。这张旧钞上印有15世纪朝鲜民族英雄李舜臣发明的龟甲船，其外观与现代油轮非常相似。实际上，李舜臣发明的龟甲船是用来运兵的，与现代油轮的性质完全不同。但是，郑周永就像抓住了一根救命稻草，怀揣这张旧钞到国外游说，宣称朝鲜在400多年前就具备了造大船的能力，现在完全可以制造出现代化的大油船。经他这么一说，有个外商信以为真，很快向郑周永提供了两张各为26万吨级的油轮订单。拿到订单后，郑周永与全体职工埋头苦干，终于在两年后交出了两艘油轮。蔚山造船厂的名声因此一炮打响，订单像雪片般飞来，给郑周永带来不尽的财源。郑周永以一纸旧钞游说外商，以假乱真，令人叫绝。

故布疑阵也是以假乱真策略的重要体现。故布疑阵是指一些谈判者故意将一些所谓机密性的材料，通过一些途径透露给对方，让对方如获至宝，信以为真，最后却付出惨重的代价的策略。例如，不露痕迹地故意在走廊内、纸篓里、谈判室内"遗失"备忘录、便条、文件等"机密"材料，或是在谈判桌上做出故意要让对手知道的事情或"机密"，用大字或较大的字写出，使坐在桌子对面的对手即使倒着看也能一目了然。这些使对手信以为真的资料，将会使对手误入歧途，并最终付出代价。

谈判策略还有很多种，因篇幅所限，这里不再一一列举。

第六章　谈判经典理论

【案例欣赏】

谈判高手布莱恩的心理满足

有一位谈判高手布莱恩帮助一家大公司采办。在一项采办中，有位卖主的报价是50万美元。布莱恩委托公司的成本分析人员调查了卖方的产品，成本核算的结果表明，卖方产品只需44万美元就可以买到。布莱恩看过成本分析资料后，对44万美元这一数字也深信不疑。一个月后，买卖各方开始谈判。谈判一开始，卖方便使用了很厉害的一招，声明："先生很抱歉，对于上一次50万美元的报价，我必须做一下更改。原先的成本核算有误，以致使我报错了价格。经过重新核算，我现在要求的价格是60万美元。"他的发言语调沉稳，使人感到坚定不移，一时间反而使布莱恩对自己所做的成本估计产生了怀疑，于是买卖各方在60万美元而不是50万美元的价格上讨价还价。谈判的结果以50万美元成交。事隔几年之后，布莱恩回忆起这次谈判时说："直到现在我还不明白，60万美元的价格到底是真的还是假的。不过，我仍清楚地记得，当我最后以50万美元的价格和他成交时，我感到很满意呢。"这也是卖方在谋求本方最大可能利益的前提下给布莱恩以适当的心理上的满足。

（资料来源：李言，汪玮琳. 跟我学：谈判口才 [M]. 北京：中国经济出版社，2006）

第一节　谈判需要理论

一、马斯洛的需要层次论

1954年，美国布朗戴斯大学心理学教授马斯洛在他颇有价值的《动机与个性》一书中提出了需要层次论，把人类行为基本要求分为五种需要类型。这为研究与谈判有关的各种需要提供了一个有用的结构。

马斯洛提出的人类五大基本需要是：生理需要、安全需要、社交需要、自我尊重需要和自我实现需要。

（一）生理需要

生理需要也叫物质或生存需要。马斯洛认为，生理需要是人类最原始、最基本的需要。人的生理需要是指饥饿时有食品、渴了有饮料、冷了有衣穿、休息时有居所、病了有药物治疗等。这些物质和生存需要如不能满足，人就有生命危险，因而是人类最强烈和最低层次的需要。

（二）安全需要

马斯洛认为，当人类的物质需要得到基本满足，并逐步改善之后，就会想满足安全需要，即需要努力达到生活和工作的舒适、稳定和安全。这是指人们要求劳动安全、职业安定，希望免于灾难，希望未来的生活有保障，要求有劳动保护、社会保险、退休金保障等。

（三）社交需要

马斯洛认为，当人的生理和安全需要获得相对的满足之后，就会产生一种社交需要。这是指人们需要和亲属、同事、朋友保持友谊，希望得到信任和互爱，渴望有所归属，成为团体中的一员。人的这些社交欲和归属感得到满足，就会为所在的团体努力工作。

（四）自我尊重的需要

马斯洛认为，所有的人都有自尊心。人类一旦在物质、安全和社交的需要方面都得到相对的满足之后，就会非常注重自己的尊严了。自我尊重的需要是指人们希望别人尊重自己的人格，希望自己的能力和工作得到公正的承认与赏识，要求在团体中确立自己的地位。自我尊重的需要一旦有所满足，就会使人们增强自信心，觉得自己有地位、有价值、有实力、有发展前途。

（五）自我实现的需要

马斯洛认为，人类一旦在物质、安全和社交，以及自我尊严的需要方面得到满足之后，还会产生一种新的需要，即自我实现的需要。这是指人们希望完成与自己能力相称的工作，使自己的潜在能力得到充分的发挥，成为所期望的人物。当然，每个人的自我实现的目标是不尽相同的，有的希望成为高级领导人、有的希望成为科学家、有的希望成为工程师、有的希望成为身怀绝技的能工巧匠、有的希望成为种田能手等。虽然人们自我实现的目标高低不同，但每个人的自我实现，均是该人需要层次中最高层次的需要。

马斯洛的人类的五大基本需要虽然是由低层次向高层次上升的，但需要的层次顺序并不是固定不变的。例如，有的人为了崇高的理想，可以置生理和安全的基本的低层次的需要于不顾，这就是需要次序上的颠倒。人们还经常同时存在多种需要。另外，不是所有的人都能在这五层需要方面得到完全的满足，而且越到高层次，满足的概率就越小。

马斯洛需要层次论中的五层需要的中间一层需要是社交需要。这是人的一种基本的需要。谈判作为人际交往行为，是社交行为的一个具体行为。也可以说是人的社交需要的一个具体的驱动行为。

二、尼尔伦伯格的"谈判需要理论"

继马斯洛的需要层次论问世后，20世纪70年代末，美国律师、谈判学家尼尔伦伯格在此基础上把反映于谈判行为中的人的需要、人的动机和人的主观作用问题作为谈判理论的核心问题提了出来。

尼尔伦伯格认为："需要和对需要的满足是谈判的共同基础，要是不存在尚未满足的需要，人们就不会进行谈判。谈判的前提是，谈判各方都要求得到某些东西，否则，他们就会对另一方的要求充耳不闻，各方也就不会有什么讨价还价发生了。即使是一个只求维持现状的需要，亦当如此。各方都为各自的需要所策动，才会进行一场谈判。"

尼尔伦伯格根据谈判的需要理论，将各种谈判分为三个层次，即个人间——个人与个人的谈判；组织间（不包括国家）——大的组织之间的谈判；国家间——国与国的谈判。他认为，"需要理论"适用于所有层次的谈判，而且，在每一层次中采用的方法所针对的需要越是具体，就越有可能获得成功。

尼尔伦伯格还总结出了六种类型需要的不同适用方法：①谈判者顺从对方的需要。②谈判者使对方服从其自身的需要。③谈判者同时服从对方和自己的需要。④谈判者违背自己的需要。⑤谈判者损害对方的需要。⑥谈判者同时损害对方和自己的需要。

他认为，这些需要的不同适用方法，能使谈判者在谈判中充分利用多种选择。谈判者可以根据自己的需要和对另一方需要的推测，从这六种方法中选择他认为在该适用层次的条件下最适当的一种或几种方法。

他还论述了如何发现需要以及不同的需要、不同的场合和不同的适用方法相结合产生的谈判策略等问题。

尼尔伦伯格总结出的这六种类型的需要，在谈判实践中多有体现。

三、尼尔伦伯格的谈判需要理论在谈判中的运用

在谈判中，根据谈判者的需要特点设计谈判方案是达到理想谈判结果的有效途径。由于谈判各方都试图调控对方的需要与行为，因此，确立应用谈判需要的策略十分必要。

下面阐释尼尔伦伯格的六种类型需要的不同适用方法在谈判中的运用情况。

（一）谈判者顺从对方的需要

在谈判过程中，谈判者只是站在对方的立场上，设身处地替对方着想，从而最终达成一致的协议。这种方法最容易导致谈判的成功。

谈判者顺从对方的需要可以应用在各种谈判场合中，这是一种广义的谈判策略原则，有着广泛的谈判应用范围。

谈判者应用顺从对方的需要策略对于一些特殊形式的谈判很有效。例如，在与劫机的犯罪分子谈判时，谈判者必须采用顺从对方需要的原则，否则劫机犯有可能要炸毁飞机或杀害人质。谈判者可以先答应劫机犯的某项需要（如要求给飞机加油），再采取相应措施与其谈判，最终使飞机上的人质获救。

（二）谈判者使对方服从其自身的需要

谈判者使对方服从其自身的需要，指谈判者因特定的前提事件而要求谈判的另一方或多方必须顺从自己的意愿。

例如，1964年9月29日，《纽约时报》以半版篇幅刊载了汽车工人联合会国际联盟的一则公告。大号字的标题赫然醒目："通用为什么罢工？"副标题是："事由——为更多的尊严，而不是为更多的钱。"这次罢工，已不是劳资各方为工资问题而发生争执了。因为，通用汽车公司已经向劳方提供了与克莱斯勒公司和福特公司的劳工合同基本相同的工资利益，其中包括汽车工人在历次单独谈判中都未曾得到过的、最有吸引力的经济利益。工人尚未满足的需要，比计时报酬问题更深刻、更基本。这则公告写道："通用汽车公司的工人在工作场所得不到体面的待遇，得不到做人的尊严。对此，他们从心底感到愤愤不平……罢工的根由不在于钱，问题的核心在于通用汽车公司如何对待兢兢业业为它干活的工人。"接着，工会列举了通用公司拒不接受仲裁或调解的争议要点：最起码的人道和体面的工作条件、公平合理的生产标准、通情达理和开明的纪律、取消过量的和任意的加班工作、健全保证公司合同义务履行充分的代表制、改善工人职业保险的条件。

根据谈判需要理论的谈判者使对方服从其自身的需要，我们可以看出，工会正是试图通过强调工人安全、获得尊重和自我实现等方面的需要来对通用汽车公司施加压力的。同时，工会也间接地暗示，只要通用汽车公司能对工人致力改善人际关系，其本身也将能满足获得尊重的需要。

谈判者使对方服从自身需要的策略应用在军事上常表现在停战谈判、撤军谈判、交换战俘谈判和劝降谈判等方面。

（三）谈判者同时服从对方和自己的需要

谈判者同时服从对方和自己的需要是指谈判各方从彼此共同利益要求出发，为满足各方各个方面的共同需要进行谈判，进而采取符合各方需要与共同利益的谈判策略。

谈判者在谈判中采用既符合自己的需要，又符合对方的需要的方法是一种上策。无论在个人间谈判、组织间谈判，还是在国家间谈判都可应用此原则。

因为谈判者同时服从对方的需要和自己的需要的策略和谈判的性质与基本条件是有相似之处的。所以，这一项原则使用范围很广。例如，公司管理人员在调动职工的积极性方面可通过谈判阐明职工与公司前途的一致性，激发职工产生参与思想，提高生产效率。

（四）谈判者违背自己的需要

谈判者违背自己的需要是指谈判者为了争取长远利益的需要，抛弃眼前的利益和需要而采取的一种谈判策略。

谈判者违背自己的需要去寻求理想谈判目标的本质就是妥协。为了满足某种需要而违背自己的另一种需要，从谈判心理学的理论上看，它是人的优势需要战胜次要需要的过程。

例如，1982年墨西哥面临的债务危机严重地威胁着国家的经济命脉。当墨西哥（谈判者）要求西方国家发放贷款给予救急时，美国政府答应提供20亿美元的紧急贷款，但要求贷款的一半用来购买美国的剩余农产品，另一半作为美国购买墨西哥4000万吨优质原油的预付款。墨西哥为了满足其经济发展的需要，偿还外债的需要，接受了美国的要求，违背了多年拒绝扩大对美国出口石油的经济立场需要，墨西哥最终宣布了向美国出口的石油由原来占墨西哥出口总额的52%增加到72%。

（五）谈判者损害对方的需要

谈判者损害对方的需要是指谈判者只顾自己的利益，而不顾他人的需要和利益，是一种你死我活的谈判策略。采用这一策略的一方通常处于主动地位。

谈判者采用损害对方的需要的策略在个人之间、组织之间、国家之间的谈判中都能起作用。例如，历史上许多不平等条约、协议的签订，都是一些强国对弱国在谈判中实施损害对方需要的策略而形成的。

（六）谈判者同时损害自己和对方的需要

谈判者同时损害自己和对方的需要是指谈判者为了达到某种特定的预期目的，完全不顾各方的需要与利益，其实这是一种各方"自杀"的谈判策略。

在谈判发生争端时，谈判的一方为了迫使对方让步，而自己也做出一定的让步。各方都无法实现自我需要实现的目标。

例如，在商品贸易洽谈中，谈判各方展开价格战，买卖各方都甘冒亏本破产的危险，竞相压低价格，希望击垮竞争对手，此类场合采取的就是这种谈判策略。

采用损害他人与自己的双重需要的做法，如果是从策略方面考虑也是可以的。在商业谈判中，采用损害对方需要和自己需要的策略是为了能有效地进行讨价还价。因此，此方法这时是以退为进的策略。

四、满足各方的需要是谈判者的原则

任何一位谈判者都应明白谈判的目的是为了达到自己的目标，同时，还应满足对方某一层次的需要。从个人之间的谈判到组织之间的谈判再到国家之间的谈判，都存在一个如何使谈判各方都感到心理上、生理上的需要得到了满足的问题。人与人之间的活动交换过程所包容的利益，多于一个主体的利益。在所有主体的共同利益形成之前，各个不同主体的利益在活动交换的范围内既可能是对立的，也可能是一致的。谈判活动正是一项包容多重利益的交往活动。谈判者在谈判活动中索取某种利益，以满足各自需要。

谈判活动的本质是寻求利益。谈判实践表明，谈判者不得已坐在一块儿谈判并非是利益目标不同。相反，在许多情况下，他们的利益目标是一致的。例如，不同制度的国家领导人作为谈判者为了本国经济发展的需要而坐到一起进行谈判，既满足了本国的需要，也满足了其他参与国的需要。

（一）国家之间谈判满足各方需要的原则

国家之间谈判，欲满足各方共同需要的谈判原则是什么？是中华人民共和国成立后所奉行的外交政策的基本原则，即和平共处五项原则，1954年4月《中华人民共和国和印度共和国关于中国西藏地方和印度之间的通商和交通协定》中首次提出了和平共处五项原则：①互相尊重主权和领土完整。②互不侵犯。③互不干涉内政。④平等互利。⑤和平共处。

和平共处五项原则是针对不同的社会制度、意识形态和信仰的差异确定的，它的目标是寻求共同利益，而不是迫使对方承认自己的政治主张和生活方式。所以，谈判者依据和平共处五项原则与他国谈判能达到理想的谈判目的。

（二）个人之间谈判满足各方需要的原则

个人之间的谈判，欲满足各方的共同需要的谈判原则如下：①买卖谈判要立足于互利。②公共关系谈判要满足各方心理需要。③调解争端谈判要着眼于公平。④领导与被领导者之间谈判要在尊重的基础上，满足高低两个层次的需要。⑤日常生活中个人之间谈判要以调节生理、心理平衡为准则。

【案例欣赏】

美国商人图德拉巧施连环计

有一个不出名的美国商人，巧施连环计，击败了比他强大百倍的竞争对手，获得了成功。这个商人叫图德拉。在20世纪60年代中期，他只是一家玻璃制造公司的老板。他喜欢石油行业，自学成才成为石油工程师，他希望能做石油生意。偶然的一天，他从朋友那里得知阿根廷即将在市场上购买×××万美元的丁烷气体，他立刻决定去那里看看是否能弄到这份合同。当他这个玻璃制造商到达阿根廷时，在石油方面既无老关系，也无经验可言，只能仗着一股勇气硬闯。当时他的竞争对手是非常强大的英国石油公司和壳牌石油公司。在做了一番摸底以后，他发现了一件事，阿根廷牛肉供应过剩，正想不顾一切地卖掉牛肉。单凭知道这一事实，他就已获得了竞争的第一个优势。于是，他告诉阿根廷政府："如果你们向我买×××万美元的丁烷气体，我一定向你们购买×××万美元的牛肉。"阿根廷政府欣然同意，他以买牛肉为条件，争取到了阿根廷政府的合同。图德拉随即飞往西班牙，发现那里有一家主要的造船厂因缺少订货而濒于关闭。它是西班牙政府所面临的一个政治上棘手而又特别敏感的问题。他告诉西班牙人："如果你们向我买×××万美元的牛肉，我就在你们造船厂订购一艘造价×××万美元的超级油轮。"西班牙人不胜欣喜，通过他们的大使传话给阿根廷，要将图德拉的×××万美元的牛肉直接运往西班牙。图德拉的最后一站是美国费城的太阳石油公司。他对他们说："如果你们租用我正在西班牙建造的价值×××万美元的超级油轮，我将向你们购买×××万美元的丁烷气体。"太阳石油公司同意了。就这样，一个玻璃制造商成功地做成了×××万美元的石油交易，他的竞争对手只能自叹不如。图德拉正是凭借掌握对方需求信息，全面、准确、清楚地了解对方的利益需要，击败了比他强大百倍的竞争对手，获得了成功，在竞争中取胜。

可见，谁能更全面、准确、清楚地了解对方的利益需要，谁就有可能在竞争中取胜。参与谈判的各方的利益需求是谈判的基本动因。

（资料来源：张正忠. 三国智谋应用（修订版）[M]. 长春：长春出版社，2009）

第二节　谈判原则理论

谈判原则理论的代表人物是美国哈佛大学法律学院教授罗杰·费希尔、威廉·尤瑞和工商管理学院教授霍华德·雷法，他们的代表作是《哈佛谈判技巧》。他们在系统研究各种不同类型谈判的基础上，于20世纪70年代末提出了这种普遍适用的理论，后人将其称为"哈佛原则谈判法理论"。这种理论代表着更高水平的谈判策略，这种策略广泛适用于政治、外交、商贸、管理乃至家庭矛盾的处理。它使谈判者跳出讨价还价的老框，能洒脱自如地应付复杂事物。从国际之间的谈判到个人之间的谈判、从一个问题到多个问题的谈判、从各方到多方谈判、从固定谈判到突发情况的谈判，不管谈判对手有无经验、是否风格各异，原则谈判法都适用。一般的谈判策略如果被对方识破，就难以继续下去。原则谈判法完全相反，如果对方懂得此法，则更容易谈判。

费希尔等人提出的原则谈判法理论的精髓，在于其四大基本谈判要点：把人与问题分开、谈判重点是利益而不是立场、努力寻求有益的解决方法、坚持客观标准。这四个基本要点构成了一种几乎可以在任何情况下都能够运用的直截了当的谈判方法。这四个基本要点应贯穿于谈判过程的始终。

一、把人与问题分开

把人与问题分开强调在谈判中把人与问题分开，对事不对人。因为谈判者都是有一定感情的人，当出现意见分歧时，情感与问题的客观是非容易纠缠不清。所以，人与问题应分开，并分别处理。

原则谈判法理论极其重视心理问题的处理，重视对对方看法的引导、情绪的疏通、本意的沟通。同时谈判者也要处理自身"人的问题"。为此，原则谈判法模式提出以下建议。

（一）重视对对方看法的引导

了解对方的看法是进行引导的基础，现实中不可避免的冲突实际都是人们的看法互不相让的结果。人与人之间对问题的看法的分歧是问题的根源。原则谈判理论对此建议如下：①注意设身处地审视各自的看法；②绝对不要以自己的猜想去推测对方的意图，应当注意核实，注意弦外之音；③讨论问题而不要责怪别人；④如果对方对己方已有成见，就应找机会做出与对方看法不同的行动，以表明你的诚意；

⑤让对方参与己方的行动，使他感到自己也是事业的一分子，在他享受成功喜悦的同时助你一臂之力；⑥给对方面子。

（二）重视对对方情绪的疏通

在谈判中，特别是在激烈的争执中，感受比说话更重要。谈判各方准备较量一场的心理，可能大于准备同心协力的心理。一方的情绪会影响另一方的情绪，这种情绪如不及时疏通，就容易把谈判带入僵局，甚至使谈判破裂。原则谈判理念对此提出以下建议：①谈判者要了解对方和自己的情绪；②对了解到的各方的情绪，应作为一种客观存在来对待；③要容许对方发泄情绪；④不要对情绪性的宣泄做出情绪性的反应，情绪导致情绪是非常危险的；⑤要抓住机会，利用象征性姿态。

（三）重视对对方本意的沟通

谈判者处理"人的问题"的最佳时机是在它变成问题之前，预防胜于一切。你越能很快地把一位陌生人转变成你所认识的人，谈判就越容易进行。如果把对方当成"人"来看待，把问题按照其价值来处理，会给谈判者带来利益。

二、谈判重点是利益而不是立场

谈判中的基本问题不是立场的冲突，而是各方在需求、欲望、关切和恐惧方面的冲突，这些利益的冲突是立场冲突的更深刻的背景原因。

谈判原则理论主张谈判的重点应放在利益上，而不是立场上。立场和利益的原则在于谈判方的立场是进行决策的基础，利益则是采取某种立场的根源。

例如，一方谈判的立场可能是合同中必须包括对延期交货要严厉惩罚的条款，但它的利益却是保持原材料的不间断供应。

调和谈判各方利益而不是立场的行之有效的原因有以下两个方面。

首先，任何一种利益一般都有多种可以满足的方式。当谈判各方越过对方的立场，而去寻找使他坚持这种立场的利益时，通常就能找到既符合这一方的利益，又符合另一方利益的替代性立场。在1979年3月26日签订的《埃及——以色列和平条约》中，各方同意在西奈半岛划定非军事区，这就是一种替代性立场。

其次，在对立立场背后，各方之间的共同利益多于对立性利益，并且所存在的共同利益一般都大于冲突性利益。例如，按某一租房租约规定，室内原有设备如果不是故意损坏的，由房东负责修理、更换。有一天房客发现屋子里的电暖气坏了，房间里很冷，便去找房东要求更换。但房东说没有钱买新的更换。拖了一段时间，房东仍不肯让步，最后，房客找到房东说："我今天来通知你，我下个星期搬出你这儿，你必须在下周以前，把预交的三年租金如数退还，如果你下周前还不退钱，我将采取其他方式迫使你退。"房东心想，预收的租金已经用来盖楼房了，退不了租金可能就要被告到法庭上。房东最终做出让步，电暖气得到更换，问题得到解决。这一问题之所以能得到解决，是因为在他们对立的立场背后既存在着冲突性利益，又存在着共同的利益。

上述事例中，他们各方的共同利益如下：①各方都希望稳定。房东希望有一个长久的房客，房客希望有一个长久的住所。②各方都希望房子得到良好的维护，房客希望住条件好的房子，房东希望提高房子的价值和好名声。③各方都希望与对方搞好关系。

他们之间的冲突性利益则体现在以下几个方面：①房客因为太冷，要求房东修理电暖气，房东则不愿意负担更换的费用；②房客希望退回预交的租金，房东已把钱挪用，不能马上拿出这笔钱；③房客说要"采取其他方式"迫使房东退钱，房东则不愿把事情闹到法庭上去。

在各方权衡了这些共同利益和不同利益之后，更换电暖气的问题就容易处理了。由此可见，重要的是审视各方的利益，而不是在立场上争执。当然，谈判者在谈判中要做到这点，则不是件容易的事情。谈判方的立场具体而明确，但隐藏在立场后面的利益却可能是不明朗、不具体的，甚至可能是相互一致的。不过，大多数在立场上讨价还价的人，在表明自己的立场的同时，都会给出为何坚持这种立场的解释。这种解释也许对我们越过立场审视其背后的利益有一定的参考价值。假如你希望对方考虑你的利益，那么你也必须向他们解释。两位谈判者如果都强烈追求自己的利益，则可能激发自己的创造性思维，从而提出对彼此有利的解决方法。

三、提出互相得益的选择方案

"把人与问题分开"和"谈判重点是利益而不是立场"这两个基本要点使我们了解到，为避免立场争执，使各方达成明智的协议，应从思想上认识到如何看待人、立场和利益之间的相互关系问题。怎样解决这些相互关系问题呢？这里很重要的一点就是需要谈判者提出互相得益的选择方案。

谈判者要提出互相得益的选择方案比较难，这是因为，在大多数谈判中，有四个方面的障碍阻止着大量选择方案的产生。

第一是不成熟的谈判，即谈判者不经过深思熟虑，就断定某种办法是可行还是不可行。

第二是只寻求一种答案，有些人认为我们好不容易才达到目前协议的程度，非到万不得已，不得节外生枝。他们担心构思多种选择方案会扰乱目前的状况和拖延谈判时间。

第三是固定的分配模式，即各方把谈判看作是分一个固定大小的饼，你拿得多，我就拿得少，从而把分配模式固定化了。

第四是"他们自己的问题自己解决"的狭隘思想，即谈判者对为达成符合自身利益的协议，必须提出也符合对方利益的解决方案的重要性认识不足。一旦参与谈判的任何一方由于某个问题引发情绪反应，都会使他们无法理智地思考能满足对方利益的解决方案。

为扫除上述障碍，提出创造性的选择方案，谈判者不仅需要纠正上述不正确的思想认识，而且要注意做到以下两点。

（一）构思多种选择方案

首先，谈判者要有多种构思，可以根据各方的主客观情况做认真的分析。因为没有对方在场，所以，不必顾虑自己的想法多么愚蠢或多么离谱。

其次，谈判者可以共同构思，因为每个人的创新能力都受到自身工作环境及知识结构的限制，所以共同构思可能会更有利。例如，谈判组成员一起，或邀请有关方面的专业人员一起以即兴讨论的方式让大家畅所欲言，一种创新性意见会激发其他创新意见的产生。当然，与对方共同构思比较困难。因为，这样可能会说出与自己的利益背道而驰的话，可能会泄露秘密，也可能会使对方弄错自己的本意。所以，要把这个过程与谈判过程明确划清界限。为了减少对方把己方的设想视为要他做出承诺的可能性，你可以一次至少提两个方案，而其中一个是与己方的本意相悖的方案。

（二）选择出可行方案

选择出可行方案是指谈判者在已提出各种选择方案的基础上，判断多种方案的优劣，筛选出可行方案。

构思选择方案这项工作有四种连贯的思考形态。

第一种思考形态是思考特殊问题。如目前谈判中存在什么问题，有哪些是你不希望体现的事实等。

第二种思考形态是描述性分析，即谈判者从一般性角度去分析现实情况，把问题归纳分类，并试图找出它们的原因。

第三种思考形态则是考虑采取什么行动，谈判者经过分析判断之后，从理论角度去探求解决办法，研究各种行为构想。

第四种思考形态是研究特定而又可行的行动方案。

把以上四种思考状态动态化，就变成一种构思过程中的四个步骤，即步骤1：问题→步骤2：分析→步骤3：行动方案→步骤4：研究。

如果谈判者能保证每个步骤进行良好，则用这种方法拟定的特定行为方案就是可行方案。在有了某一可行方案之后，谈判者据此可以按路线进一步追踪获得这一方案的理论依据，然后再利用这一理论依据推出其他的选择方案，也可以先从步骤

4 构思行动方案开始,然后探求隐藏其后的理论根据。

因为方案是否可行,最终要接受实践的检验,即要看对方是否接受这一方案,所以,谈判者构思可行的选择方案,不能只狭隘地关切自己的利益,也必须关切对方的利益和要求。

四、坚持使用客观标准

不管多么了解对方的利益,不管契合各方利益的方式多么巧妙,不管多么重视与对方的关系,仍然摆脱不了各方利益冲突这一事实,而解决各方利益矛盾问题的较好途径就是坚持使用客观标准。这种方式可以促使谈判者根据原则进行谈判,即把注意力放在价值上。

客观标准,应该具有公平性、有效性和科学性的特点。它应该符合以下三个条件:①应该独立于各方主观意志之外,这样对标准的看法可以不受谈判者情绪的影响;②应该具有合法性和切合实际;③客观标准至少在理论上适用于各方。

美国的费希尔等著的《哈佛谈判技巧》一书中有这样一个案例。

杰克的汽车意外地被一部大卡车整个撞毁了,幸亏他的汽车买了保险,可是确切的赔偿金额却要由保险公司的调查员鉴定后加以确定,于是各方有了下面的对话。

调查员:"我们研究过你的案件,我们决定采用保险单的条款。这表示你可以得到 3300 美元的赔偿。"

汤姆:"我知道。你们是怎么算出这个数字的?"

调查员:"我们是依据这部汽车的现有价值。"

汤姆:"我了解,可是你们是按照什么标准算出这个数目的?你知道我现在要花多少钱才能买到同样的车吗?"

调查员:"你想要多少钱?"

汤姆:"我想得到按照保单所应该得到的钱,我找到一辆类似的二手车,价钱是 3350 美元,加上营业和货物税之后,大概是 4000 元。"

调查员:"4000 美元太多了吧?"

汤姆:"我所要求的不是某个数目,而是公平的赔偿。你不认为我得到足够的赔偿来换一部车是公平的吗?"

调查员:"好,我们赔偿你 3500 美元,这是我们可以付出的最高价。公司的政策是如此规定的。"

汤姆:"你们公司是怎么算出这个数字的?"

调查员:"你要知道 3500 美元是你得到的最高数,你如果不想要,我就爱莫能助了。"

汤姆："3500美元可能是公道的，但是我不敢确定。如果你受公司的政策的约束，我当然知道你的立场。可是除非你能客观地说出我能得到这个数目的理由，不然我想我还是最好诉诸法律途径，我们为什么不研究一下这件事，然后再谈？星期三上午11点我们可以见面谈谈吗？"

调查员："好的。我今天在报上看到一辆1978年的菲亚特汽车，出价3400美元。"

汤姆："噢！上面有没有提到行车里程数？"

调查员："49000公里。你为什么问这件事？"

汤姆："因为我的车只跑了25000公里，你认为我的车子可以多值多少钱？"

调查员："让我想想……150美元。"

汤姆："假设3400美元是合理的话，那么就是3550美元了。广告上面提到收音机没有？"

调查员："没有。"

汤姆："你认为一部收音机值多少钱？"

调查员："125美元。"

汤姆："冷气呢？"

……

两个半小时之后，汤姆拿到了4012美元的支票。

上述案例采取了以客观依据为公平的标准，结果是各方满意的。运用客观标准的好处是，它将各方主观意志力的较量（这经常是两败俱伤的事）转换成各方共同解决问题的努力，变"对方是否愿意做"为"问题该如何解决"，变各方以各种方法竞争上风为彼此有诚意的沟通。

谈判者应设法引入符合上述条件的具有公平性、有效性、科学性的客观标准。如国际标准、国家标准、专家意见、企业标准、有关先例、社会惯例、法律条文、政策规定等，这样就可能为产生明智的协议打下基础。

客观标准比较不容易受到攻击，通过对客观标准的引入和应用来逐步达成协议，有利于提高谈判效率，有助于减少各方"做出承诺"和"解除承诺"的次数。

原则谈判理论强调，在用客观标准进行谈判时，谈判者要把握以下三个基本要点：①每个问题都以各方共同寻求的客观标准来决定；②以理性来确定标准及标准的应用；③决不屈服于压力，而只服从于原则。

原则谈判法在处理国际事务中发挥了积极的作用，如埃以和谈、中东和谈等。费希尔等人认为，无论谈判对方的情况如何，如果能确切知道他们真实的价值观、判断力和政治观点等，就可以在谈判中掌握主动权。原则谈判法，更多地适用于带有价值或政治偏见的谈判，如国际争端、政治冲突等。原则谈判法对商务谈判亦有一定的指导作用。但是，由于原则谈判法所要求的坦诚、公平、不用诡计等，在现实生活中尤其是在商务谈判中并不多见，因此，原则谈判法是一种比较理想的谈判模式，对处理特定的事务更有意义。

第三节　谈判技巧理论

谈判技巧理论的代表人物是英国的谈判学家比尔·斯科特，其代表作是《贸易洽谈技巧》。比尔·斯科特曾担任英国许多大公司和政府机关的谈判顾问，并为世界许多国家培养了大量的谈判能手。

比尔·斯科特从事谈判理论研究和实践三十多年，尤其是在商务谈判领域成绩突出，他在商务谈判领域的研究中，更注重谈判技巧的研究，并形成了一套独特的谈判技巧理论。

比尔·斯科特认为，谈判技巧是指谈判者在长期的实践中逐渐形成的以丰富的实践经验为基础的本能或行为能力。谈判技巧是以心理学、管理学、社会学及政策理论为指导并在实践中锻炼成熟的。他认为谈判技巧只有通过最大限度地与对手沟通，取得各方对问题的共识，才会发挥最大的效用。

比尔·斯科特精心挑选出谋求一致、皆大欢喜、以战取胜三句话来表述他的谈判理论，也称为"谈判三方针"。他极力推崇在友好、和谐的气氛下，采取谋求一致的谈判方针，但也不妨使用在谋得己方最大利益的前提下给对方以适当的满足的皆大欢喜的谈判方针，并力求避免采取冲突型的以战取胜的方针，他在其著作中试图消除人们头脑中把谈判看作施展手腕和诡计，争个你死我活和两败俱伤的观念。

一、谋求一致

谋求一致是一种谈判者为了谋求各方共同利益，创造最大可能一致性的谈判方针，可将其比喻为各方共同制作更大的蛋糕，使自己分享到的蛋糕更多、更好。

如果谈判各方奉行谋求一致的谈判方针，那么在谈判中就要注意运用以下技巧。

（一）建立良好的谈判气氛

比尔·斯科特指出，在研究采用什么方法去影响谈判气氛之前，首先必须确定要建立怎样的谈判气氛。谈判者为建立谋求一致型谈判基础，就必须建立良好的谈判气氛。良好的谈判气氛具有诚挚、友好、合作、轻松、认真的特点。要建立这样的谈判气氛，需要用一定的时间，使各方在思想和行动上协调一致。

(二)谈判开始阶段的谈判技巧

比尔·斯科特指出,在谈判开始阶段为谋求一致,谈判者应当努力把握好四个问题,即目标、计划、进度和个人等问题。

目标是指各方需要达成的共识、原则、总体目的或阶段性目的。

计划是指谈判的日程安排表,其内容主要包括需要各方磋商的议题、原则、规程及时间安排。

进度是根据计划确定的各方会谈进度的预估值。

个人是指谈判者对各方,尤其是对方的各个成员的姓名、职务、爱好、专业、个性以及在谈判中所起作用的熟悉程度。

(三)注意谈判方式对谈判者的影响

比尔·斯科特将谈判分为纵向谈判和横向谈判两类。在这两种谈判方式中,谈判各方交流的形式对谈判者的精力产生进一步的约束。

横向谈判方式,是指将若干个谈判议题同时铺开,各方同时磋商,同时取得某些结果,同时向前推进谈判的进程。

纵向谈判方式,是指将需要谈判的议题依照各方的约定进行排序,先磋商某一个议题,待该议题有了磋商结果之后,再开始讨论下一个议题。

当谈判者选择了横向谈判方式之后,他所面临的最大问题是如何把握好他正在讨论的问题与其他议题之间的协调。他必须考虑,怎样利用此议题来推动彼议题的讨论,怎样将此议题的谈判结果转化为彼议题的谈判优势,怎样将此议题的结果引入来推动彼议题的讨论等。这对谈判者的综合协调能力及驾驭谈判方向的能力的确是一个考验。

当谈判者选定了纵向谈判方式之后,他所面临的最大问题是如何确定并与对方协调所有谈判议题的讨论顺序。他必须考虑,先磋商什么问题才会对自己更为有利一些,这样的顺序安排如何才能获得对方的同意,以什么理由去说服对方等。采取纵向谈判方式,各方可能在某个议题上长时间争执不下,一旦形成这种局面,谈判便僵持不前,从而严重影响整个谈判进程。因此,为了避免出现精力耗费的情况,谈判者要选择好适合于特定谈判方式的交流形式。在谈判各方刚开始接触时,各自提出的谈判条件会存在许多差异,处理这些差异有两种交流形式:一种是以我为准,另一种是"各抒己见"。

(四)谋求一致的谋略

谋求一致,首先表现为谈判者单方面的一种希望或一种构想,要使之变成谈判各方一致的行动,还需要谈判者小心地探索对方的真实想法并加以积极有效的引导。谈判者必须认识到,互惠互利要靠有效的沟通,谈判者应当善于分析造成交流障碍的原因，善于在谈判过程中运用沟通技巧。

比尔·斯科特针对谈判过程中为谋求一致而应采取的谋略，提出以下建议：①抓住陈述的关键；②用专业的头脑倾听对方的解释；③进行建设性引导；④分析危险因素，重新审查谈判方针；⑤对谈判日程进行作业控制；⑥努力排除交流障碍。

谋求一致是谈判中的一种至尊境界，是在谈判各方取得共识的基础上形成的。然而，谋求一致有时不得不表现为谈判某一方的一厢情愿或希望，它不能获得对方的有效呼应和共鸣，这时谈判者就应当考虑采用其他的方式来谈判。

二、皆大欢喜

皆大欢喜是一种使谈判各方保持积极的关系，各得其所的谈判方针。

比尔·斯科特指出，谈判者总是竭力为自己在谈判中争取尽可能大的利益，为此，谈判者可能会采用各种手段与技巧，但是，争取本方最大利益的目标与行为，都绝不意味着要去损害他人的利益，任何损人利己的手段与技巧都是不可取的。比尔·斯科特建议，较好的方式是谈判者使用在谋求本方最大可能利益的前提下给对方以适当满足的皆大欢喜的谈判方针。

比尔·斯科特用下面这个小故事来说明皆大欢喜的谈判方针。

杰克·琼斯想为女朋友买一枚戒指，他已攒了大约400英镑，并且每星期还继续攒20英镑，一天，他来到史密斯珠宝店，一下子被一枚标价750英镑的戒指吸引住了，但他买不起，琼斯很沮丧，后来他偶然又走进布朗珠宝店，那里有一枚与史密斯店里的那枚很相似的戒指，标价500英镑。他想买，但心里还惦记着史密斯珠宝店那枚750英镑的戒指，希望数星期后这枚戒指还没有卖出去。

很幸运，史密斯珠宝店的戒指不但还没有卖出去，价格还降了20%，减为600英镑。琼斯很高兴，但钱还是不够，他把情况向老板说了，老板非常乐意帮助他，再向他提供10%的特别优惠的现金折扣，现为540英镑。琼斯当即付了450英镑，并承诺月底付清剩余的90英镑，然后怀着喜悦的心情离开了，这样琼斯少花了210英镑，他的女朋友得到了价值750英镑的戒指，两人都满心欢喜。

当然，史密斯珠宝店也很满意，他们和布朗珠宝店一样，都是以每枚300英镑的价格从批发商那里购进同样的戒指，但史密斯珠宝店获得了240英镑的纯利，而布朗珠宝店的标价虽然一直比史密斯的低，但未吸引住杰克·琼斯。

在上例中，琼斯对这笔交易的评价是，他得到了一枚价值750英镑的戒指，而且那是个仅有的、随时有可能被别人买走的戒指。他为自己聪明地等待了数星期后获得了减价而感到愉快，还为经讨价还价后又得到的10%的优惠现金折扣而高兴。而史密斯珠宝店在这次谈判中所采取的每一个步骤，都是为了使琼斯得到满足，包括使戒指具有高价感，使他在讨价还价中有获胜感，使他有成交后的获益感等。这些感觉综合起来，使琼斯在心理上得到了满足，同时也为卖方带来了利益。

还有许多在商务谈判中买方在心理上得到了满足，认为谈判为自己带来了利益的例子。例如，一位承包商说："我的收费在600～700元。"买主认为价格是600元，卖主则以700元标价。他们彼此想的就是达成协议的基础。有时，买主虽然满怀希望，但仍会把预算定高些，他的预算可能早就定在700元了，所以最后价格确定为690元，买主会高兴，甚至觉得省了10元钱。若卖主进一步向买主说明本来价格是750元，那么买主便会更相信自己做成了一笔好买卖，甚至会慷慨而爽快地付出其他额外的费用。

总之，皆大欢喜的谈判方针应能保证对方得到满足，同时又使己方获得预期的利益。与谋求一致相比，它不是把蛋糕做到尽可能大，而是根据不同需要、不同价值观分割既定的一只蛋糕。

（一）实现皆大欢喜的原则

谈判过程以及谈判结果能不能使谈判各方感到公平，是皆大欢喜的谈判构想能否实现的关键。斯科特认为公平的标准是，要么谈判各方的需要都得到了平等的满足，要么是各方都感到不满足。为实现谈判的公平，谈判者在谈判中应遵循以下原则：①利己不损人；②积极影响对方评价事物的方法，引导对方获得满足感（合理切蛋糕）；③明确本方利益；④通过摸底分析对方利益所在；⑤恰当确定谈判议程和本方的让步方案。

（二）把握好报价与磋商技巧

比尔·斯科特指出，在以皆大欢喜的谈判方针进行谈判时，报价和磋商是两个相当重要的阶段，这两个阶段涉及许多细微的技巧问题。他总结出许多报价和磋商的技巧，这些技巧来源于他对谈判规律和公理的认识与研究。其具体内容如下：①报价应当符合公理；②首次报价应当明确、坚定、没有保留、毫不犹豫；③磋商的关键在于搞清楚对方的需求（正确判断分歧）；④遵从对等让步原则；⑤将磋商的积极结果文字化。

（三）灵活运用皆大欢喜的谈判策略

皆大欢喜的谈判策略有以下12种：①佯攻（声东击西）；②权力有限；③软硬兼施；④因势利导，变否定为肯定；⑤探询理由；⑥建议休息；⑦提出谈判时间限定；⑧多方位假设；⑨和盘托出；⑩强调有限利益；⑪"润滑剂"；⑫场外交易。

三、以战取胜

谋求一致谈判方针，是各方制造机会在谋求的基础上达成协议。皆大欢喜谈判方针，是在合作性机会很少的情况下达成各方满意的公平交易。谈判有时会遇到第三种情况，即各方通过一场尖锐的冲突，以你败我胜告终。此时，奉行的就是以战取胜的方针，即通过牺牲对方利益而取得己方的最大利益。

（一）以战取胜谈判方针的危害性

以战取胜谈判方针的危害性包括：①失去了对方的友谊；②失去了将来与对方开展更大业务往来的机会；③遭受对方顽强的反击时，首先发起攻击的一方可能会一败涂地；④由于对方是被迫屈从，因此不大可能积极履行协议。

由于这种谈判方针有上述诸多危害，因此谈判高手极少使用它，只有少数的谈判者才会去冒这个险。

（二）以战取胜的时机

比尔·斯科特极力主张应尽量避免采取以战取胜的谈判方针，他警告说："一方胜利而另一方失败的谈判性结局危害性大"，并称"只有外行的谈判者才会去冒这种风险"。

从客观上看，只有两种情况可以采取以战取胜谈判方针：①一次性谈判。即指各方在这之后不会再遇上，因而也就没有必要担心长远的买卖关系问题。②买卖一方的实力比另一方强大得多。比如，一个实力雄厚的垄断者，他可以从彼此相互竞争的任何一家供应者中买进商品，而另一方只能屈从、依附于对方。

在上述情况下，一方可能会受到另一方的攻击，但比尔·斯科特认为，即使自己处于较强的地位，也不能采取这种强权策略，而仍应坚持以皆大欢喜的方针进行谈判。

（三）如何判断对手有"以战取胜"的企图

在谈判中己方不要去制造冲突，但要做好准备，做好面对对方制造冲突以及反击准备，即要具有判断对手有无以战取胜的企图的。

谈判者在与对手打交道时，可以通过对对手谈判的姿态、目的、方针的判断和分析以确认对方是否有以战取胜的企图。有以战取胜企图的谈判者的信条是权力至上，为了完成任务，毫不顾及所采用的手段对别人的影响。他把对方看成是敌人，他的目的就是自己取胜而让对方失败，他使用的方法是强有力的。在谈判中，这种谈判者会通过各种谈判策略来加强自己的权利，他所用的方法有如下几种：①寻觅各种获得利益的机会；②在谈判进程中不断要求获得好处；③每一次让步都深谋远虑；④采取强权策略；⑤以任务为中心，不考虑对方荣誉、自尊和感情。

（四）以战取胜的谈判特征

在谈判中，如果有一方有以战取胜的企图，那么，在他的谈判行为上就会表现出以下特征：①千方百计地制造冲突，巧妙且令人难堪地将冲突的责任推给对方，使对方为了证明自己的合作姿态而不断做出让步；②没有时间和兴趣与对手进行平等友好的初始接触，甚至根本不想听取对方任何关于谈判意图的说明；③垂直安排谈判日程；④谈判态度强硬。

（五）以战取胜常用的策略

以战取胜常用的策略包括：①刺探情报；②坚持先获取后给予；③喜怒于形，富有情绪；④走上层路线；⑤"扑克牌"（面无表情）；⑥在会议记录上做手脚；⑦步步诱逼；⑧讹诈；⑨利用色相，进行欺诈；⑩采取窃听手段了解对手内情。

（六）对付以战取胜的反策略

对付以战取胜的反策略包括：①设法不让这种谈判者参加谈判；②控制谈判局势，控制讨论的议题和谈判议程；③采取灵活手段，把谈判面铺广些；④采取各种反措施；⑤不要感情冲动，保持冷静；⑥在忍无可忍的时候，起身离开会场，以示抗议。

比尔·斯科特的谈判技巧理论强调了谈判的技巧性和灵活性，对指导谈判实战和培训谈判者具有很强的实用性，但它跟任何谈判技巧一样，都局限于战术，而没有从战略高度来认识和指导谈判。同时，它更多地适用于商务谈判，而在政治、外交、军事等领域被认同的程度不高。

除了以上的谈判经典理论以外，还有谈判的结构理论、谈判的实力理论、谈判的谋略理论等经典理论，因篇幅有限，此处不再一一陈述。

第二篇　商务谈判实践篇

第七章　商务谈判概述

随着我国社会主义市场经济体制的确立和改革开放的不断深入，商务谈判已成为我国日渐广泛的谈判内容。它在国际贸易、各种经济合作竞争及国内的经济交往中，已经起到越来越重要的作用。

第一节　商务谈判的含义、特点和作用

一、商务谈判的含义

（一）商务的含义

商务也叫商事，是指经法律认可，以社会分工为基础，以提供商品、技术、设备或劳务为内容的一切有形与无形资产的交换买卖营利性的经济活动。

按照国际惯例的划分，商务行为可分为四种：第一种，商品的交易活动，如批发、零售商直接从事商品的收购与销售活动被称为"买卖商"；第二种，为"买卖商"直接服务的商业活动，如运输、仓储、居间行为、加工整理等被称为"辅助商"；第三种，间接为商业活动服务的，如金融、保险、信托、租赁等被称为"第三商"；第四种，具有劳务性质的活动，如旅店、饭店、理发、浴池、影剧院以及商品信息、咨询、广告等劳务被称为"第四商"。

（二）商务谈判的含义

商务谈判是指进行经济交往的当事人或经济实体间为达到各自的经济目的，解决各方的争议，以达成协议所进行的交流、讨论和磋商的活动过程。

二、商务谈判的特点

【案例欣赏】

罗培兹的采购谈判

美国通用汽车是世界上最大的汽车公司之一,早期通用汽车曾经起用了一个叫罗培兹的采购部经理,他上任半年,就帮通用汽车增加了净利润20亿美金。他是如何做到的呢?汽车是由许许多多的零部件组成的,其大多是外购件,罗培兹上任的半年时间里只做一件事,就是把所有的供应配件的厂商请来谈判。他说:"我们公司信用这样好,用量这样大,所以我们认为,现在要重新评估价格,如果你们不能给出更低的价格,我们打算更换供应的厂商。"这样的谈判下来之后,罗培兹在半年的时间里就为通用省下了20亿美金!

难怪美国前总统克林顿的首席谈判顾问罗杰·道森说:"全世界赚钱最快的办法就是谈判!"

(资料来源:于杨利. 谈判 [M]. 北京:中信出版社,2010)

商务谈判与其他内容的谈判相比,有如下的特点。

(一)目的的经济性和价值的转换性

1. 商务谈判具有目的的经济性的特点

任何谈判都是有目的的。例如,国与国之间的政治谈判大都是两国就某一政治问题达成一致的意见,或是为了增进两国的友谊。军事谈判多是为了维持和争取一定的政治、军事利益。商务谈判的主要目的却是维护和争取更多的经济利益,具有经济性的特点。例如,顾客购买商品时压价是为了省钱,卖主抬价是为了多赚钱;一个工厂与另一个工厂经谈判签订一项技术协议是为了发展自己企业的生产,提高其经济效益。所有的商务谈判,无一不是以取得一定经济利益为目的。所以,参加商务谈判的人员,一定要首先考虑商务谈判必须获得一定的经济利益这一谈判目的的特点。

2. 商务谈判具有价值的转换性的特点

商务谈判,产生于商品交换。根据马克思主义政治经济学,商品交换的实质是商品价值和使用价值的转换。一旦买方(商品使用价值需求者)和卖方(商品价值需求者)在谈判中签订合同,商品随之由卖方转让给买方,便实现了其价值的转换。例如,我们到商店购买厨房炊具,一旦拍板成交,付款取货,炊具就由商店的商品价值需求者之手,转换成我们这些商品使用价值需求者家里的厨具。

（二）主体的多层位性和客体的广泛性

商务谈判具有主体的多层位性的特点。

谈判的主体是指谈判的当事人。商务谈判的买卖或供求各方的当事人构成了商务谈判的主体。商务谈判具有主体的多层位性的特点。

首先，商务谈判的主体具有多层次性。商务谈判不像外交、政治和军事谈判的主体只局限于国家和政治、军事团体之间，社会各层次的主体都可以涉足商务谈判领域。如果大致地划分层次，谈判的主体可分为三层。其主体的最高层次可以是国家之间，甚至是国际组织之间，如中俄边贸谈判。其主体再低一点的层次就是企业或其他经济法人之间的各种商务谈判，如建材公司与建筑公司的材料供求谈判、各商业团体间的商业谈判等。这一层次的谈判比较普遍。其主体最低层次是可以在个人之间进行谈判，如小市场上买卖各方个人的讨价还价。各层次之间还可以相互交叉进行谈判，如个人与企业、企业与国家、国家与国际组织等。

其次，商务谈判的主体具有多位性。商务谈判的主体并不局限于各方，有时，还有多方主体共同参与谈判。像经济合作性的谈判通常都是由多方当事人参加，如欧洲共同体各国的经济合作协商、2015年10月06日美国和日本等12国进行的TPP谈判等。再有，如一些大型的设备、技术、成套项目引进的谈判，当事人也不只是各方，而可能是多方，除买卖各方外，还有政府部门代表、商业银行等金融机构或其他相关机构的参与。

最后，商务谈判具有客体的广泛性的特点。谈判的客体，是指谈判的议题和内容。商务谈判的客体是根据商业交易活动来确定的。在发展市场经济的国际国内的大环境下，商务交易活动包罗万象，多种多样。因此，商务谈判的内容和议题的范围也十分广泛，诸如货物销售、劳务、工程、技术贸易、代理和推销、租赁、投资、参股、经济纠纷等有关议题和内容的谈判数不胜数。所以，商务谈判的客体具有广泛性。

（三）对象的可选择性和关系的平等性

1. 商务谈判具有对象的可选择性的特点

因为商务谈判是处理买和卖、供与求的关系，而商品买卖的基本法则是自由贸易，所以，买者和卖者都有选择谈判对手的自由权。由于商务谈判具有对象的可选择性，因此，买卖各方都应充分行使谈判对象选择的自由权，尽量挑选适宜合作的对手作为谈判对象。

2. 商务谈判具有各方关系的平等性的特点

商务谈判的当事人的地位有时可能是对等的，有时可能是不对等的，而且谈判各方背后拥有的政治经济实力也经常是强弱不一。然而，这些并不是左右谈判的重要条件。商务谈判的各方不分地位高下、组织大小、实力强弱，其相互关系均处于平等地位。卖方可用有形或无形的商品，买方以特殊的商品——货币，各方平等地进行交换。政治和军事谈判虽然要求谈判者职位对等，但却总是以实力为后盾的，对手之间很难真正称得上是平等关系。

（四）形式的多样性和方法的科学性

1. 商务谈判具有形式多样性的特点

商务谈判不像政治和军事谈判完全需要在正式场合下面对面地进行谈判，它既可以是正规谈判，也可以是非正规谈判。比如，各方碰到一起要谈一笔生意，可以在任意的非正式场合和时间内进行洽谈，有时甚至在路上或汽车里相遇，也可以随时洽谈，拍板成交。除了面对面的直接洽谈外，商务谈判还可以通过信函、电报、电传等现代通信工具进行。这些间接的谈判方式具有快速、及时等不可替代的优点，被越来越多的谈判者所采用。

2. 商务谈判具有方法科学性的特点

随着社会经济的发展和社会文明的进步，商务活动的舞台也在不断扩展，流通的规模、结构与内容也在不断扩大、发展和变化着。随之而来的，商务谈判的内容愈来愈复杂化，商务谈判的方式也应科学化。另外，很多商务谈判内容的本身便具有科学性。如引进大型设备和技术、工程招标投标的谈判等，其科学性都很强。如果谈判者不懂其有关的科学技术常识，在谈判中又不注意谈判方法的科学性，就很难使谈判取得成功。即使有些谈判不涉及科学技术较强的内容，但也都会涉及哲学、心理学、社会学、语言学、公共关系学、运筹学、逻辑学等科学知识和科学方法。如今，在各种内容的商务谈判中，需要更多地运用辩证方法、系统方法和数学方法去把握和推进谈判的进程，如数学方法中的概率评估法、线性回归分析法、对策论等便经常在商务谈判中被运用。谈判者在商务谈判中经常采用的一些策略也都是谈判艺术和科学的火花。所以说，商务谈判的方法具有科学性。

三、商务谈判的作用

【案例欣赏】

是挑战，更是机遇

第二次世界大战之后，日本的经济经历了一个快速发展的时期，这被国际社会公认为一个奇迹。在日本战后经济增长中，一些企业也迅速地成长起来。其中松下电器的成功就是一个范例。

松下电器公司成立于1918年3月。这个企业从最初的一个小规模家族企业最终成长为世界电器行业的巨头之一。追溯这个企业的发展历程，就必然提到它的创始人松下幸之助。正是他的独特管理哲学和正确决策奠定了公司日后成长的基础。他的功勋，从松下与菲利普公司之间的谈判中就可见一斑。

在20世纪50年代，为实现公司的业务扩张，松下公司急需引进先进技术。而此时，菲利普公司已经名列世界电器厂商的榜首，具备最先进的技术和最雄厚的资金实力。在这样的情形下，松下公司就技术转让一事开始了谈判。

当时，两个公司谈判力量之间的差异是巨大的。松下公司仅仅是一个小公司，而菲利普公司却是行业的领先者。松下公司非常依赖菲利普公司来获得生产技术，所以，从一开始，菲利普公司就表现得非常强势。它提出，如想得到技术支持，松下公司除应一次性支付专利版权费550000美元之外，还应支付松下公司年销售额的7%。此外，其他的条款也对菲利普公司有利。比如，对于松下公司的违约条款就制定得相当苛刻，而同样的条款对菲利普公司却显得含混不清。

经过艰难的谈判，松下公司成功地将价格从销售额的7%降到了4.5%，但是对于一次性支付的部分，菲利普公司却拒绝再做任何让步。此时，松下幸之助面临着两难的选择。因为在当时，公司的总资产为5亿日元，而55万美元相当于2亿日元，占公司总资产的近一半。如果经营中出现意外，公司可能会走到破产的境地。然而，另一方面，如果谈判破裂，公司将失去发展的宝贵机遇。

在仔细思考和权衡之后，在现有利益和未来发展之间，松下幸之助选择了后者，决定冒险。他认为，菲利普公司拥有精良的设备、先进的研究机构和3000名优秀的研究员，如果达成协议，松下公司得到的收益，就不仅仅是55万美元了。他认为冒这个险，接受这个谈判结果还是值得的。

松下公司日后的发展证明了这是一个英明的决断。20世纪50年代的技术优势成了企业起飞的动力。这次谈判，对松下公司是一个挑战，更是难得的机遇。

（资料来源：刘园. 谈判学概论 [M]. 北京：首都经济贸易大学出版社，2006）

（一）商务谈判可以起到经济上互通有无、相互合作的作用

正如本书前面所言，谈判不是你死我活的棋盘上的角逐，而是一种合作的事业。商务谈判更是如此，它的合作体现为经济上互通有无、满足各自的需求，或通过共同合作以追求更多的经济利益。商务谈判的各方或多方当事人可通过谈判，增加对各自需求及内部情况和外部环境的了解，然后相互做出适当让步，最后取得一致，达成协议。谈判协议一经形成，便起到了经济上互通有无，或经济利益上相互合作的作用。

（二）商务谈判可以起到加深相互了解、稳定客户关系的作用

商务活动具有重复性，参与各方不可能在发生一次贸易活动后就不再从事这类贸易了。特别是那些正规的或较稳定的企业或商业团体，他们会尽量避免做一次性买卖，而是从长远利益出发，在初次谈判成交后，仍会关注后续的来往，并注重在后续的谈判中，逐渐增加对合伙人的谈判特点和贸易习惯的了解，不断巩固相互间的贸易联系，以促其在以后的商务活动中与自己多达成谈判协议。

（三）商务谈判可以起到了解市场变化、促进生产经营发展的作用

在市场竞争的大环境下，企业的生产和经营会经常受到各种经济变动因素的影响，如商品资源、购买力、价格水平、国家的经济政策、市场体系、市场组织等均处于不断变化之中。作为商务谈判者既要根据国内外市场变化的形势随机应变地参加谈判，也应通过谈判多了解市场的变化趋势。例如，有时企业通过谈判可能会了解到某种原材料紧缺、某种商品供过于求、某项新产品会在市场上走俏等。这对企业购进原材料，保证生产，及早倾销过剩商品，尽快调整产品数量型号或开发新产品，促进企业的生产经营发展都会起到很大的作用。另外，即使一次谈判不成功，但通过谈判而带来的类似以上的作用，对企业的影响也是非常可贵的。

第二节　商务谈判的原则

人类的谈判活动既是错综复杂的活动，又是人的理性的活动，是有规律可循的活动。商务谈判原则是对商务谈判实践的高度归纳和总结的结果，深刻全面地揭示了商务谈判活动的客观规律，是任何商务谈判都适用的最高规范，也是商务谈判走向成功的一般要求。

一、真诚守信原则

真诚守信原则是一个重要的谈判原则，在商务谈判中的价值不可估量，它会使谈判方由劣势变优势，使优势发挥更大作用。

常言道："人事无信难立，买卖无信难成。"因为谈判各方人员之间的信任感会决定谈判能否有一个好的发展前途，所以信任感在商务谈判中的作用是至关重要的。如果各方没有信任感，也就不可能有任何谈判，也不可能达成任何协议。只有让对方感到你是有诚意的，对方才可能对你产生信任感，只有出于真诚，各方才会认真对待谈判。真诚守信原则中的守信，则要求谈判各方在交易中"言必信,行必果"。

守信给人以信任感、安全感，使对方愿意同你打交道，甚至愿意与你建立长久的交易关系。因此，对于谈判者来说，真诚守信重于泰山。我们可以认为，谈判只有做到真诚守信，才能取得相互的理解、信赖与合作。也就是说谈判各方都坚持真诚守信的谈判原则，在很大程度上奠定了谈判成功的基础。

在谈判中注重真诚守信，谈判者一方面是要站在对方的立场上，将了解到的情况坦率相告，以满足其权威感和自我意识；另一方面是要把握时机以适当的方式向对方袒露己方某些意图，消除对方的心理障碍，化解疑惑，为谈判打下坚实的信任基础，但又并非是原原本本地把企业的谈判意图和谈判方案告诉对方。

真诚守信原则，并不反对谈判中的策略运用，而是要求谈判各方在基本的出发点上要诚挚可信，讲究信誉，"言必信，行必果"，要在人格上取得对方的信赖。真诚守信原则还要求谈判者在谈判时，观察对手的谈判诚意和信用程度，以避免不必要的损失。

二、平等自愿原则

平等自愿原则要求商务谈判的各方或多方坚持在地位平等、自愿的条件下建立合作关系，并通过平等协商、公平交易来实现各方的权利和义务。

商务谈判的平等是指在商务谈判中，无论各方的经济实力强还是弱、组织规模大还是小，其地位都是平等的。因此，在谈判桌前无论企业的大小、强弱、效益如何，都没有高低贵贱之分，相互之间都要平等对待。平等是商务谈判的重要基础，平等是衡量商务谈判成功与否的最基本标准。就这一点而言，商务谈判比外交谈判具有更高的平等性。

具体地看，在商务谈判中，各当事人对于交易项目及其交易条件都拥有同样的选择权。谈判协议的达成只能通过各方或多方的平等对话，协商一致，不能一方说了算或少数服从多数。从合作项目的角度看，合作的各方或多方都具有一定的否决权。这种否决权具有同质性，因为只要有一方不同意合作，那么交易就无法达成。这种同质的否决权在客观上赋予了谈判各方相对平等的地位。

商务谈判中的自愿是指具有独立行为能力的交易各方出于自身利益目标的追求，能够按照自己的意愿进行谈判，并做出决定，而非受外界的压力或他人的驱使来参加谈判。

商务谈判是一种自愿的活动，是谈判各方为满足各自意愿而寻求优势互补的一种自愿活动。谈判的任何一方都可以在任何时候退出或拒绝进行谈判，且任何一方没有权力以强制手段挟制另一方必须参加谈判或不得中途退场。自愿是商务谈判各方进行合作的重要前提和保证。只有自愿，谈判各方才会有合作的诚意，才会进行平等的竞争与合作，才会互谅互让，并通过互惠互利最终达成协议，取得令各方满意的结果。一旦出现强迫性行为，被迫一方就会退出谈判，谈判也就会因此而破裂。即使谈判没有破裂，被强迫的一方也不会签订合同。《中华人民共和国经济合同法》也规定，凡是通过强迫命令、欺诈、胁迫等手段签订的合同，在法律上是无效的。

贯彻平等自愿原则，要求谈判各方应相互尊重、以礼相待，任何一方都不能仗势欺人、以强凌弱，把自己的意志强加于人。只有坚持这种平等的自愿原则，商务谈判才能在互信合作的气氛中顺利进行，才能达到互利互惠的谈判目标。

三、讲求效益原则

讲求效益原则是指在商务谈判过程中，谈判各方应当讲求谈判效益，提高谈判效率，降低谈判成本。

商务谈判一定要遵循讲求效益原则，因为，使己方获取尽可能大的利益是商务活动的本性，追求较高的效益是商务谈判的首要和根本目标。这就要求谈判者必须具有较强的效益意识，如果谈判者羞于谈利益、不敢争取自己的利益、轻易牺牲自己的利益，便会使己方失去不该失去的利益或造成不必要的损失。这样，有违商务谈判的根本目的，会丧失商务活动的本性。

商务谈判为讲求效益，还必须提高谈判效率。特别是当代社会科学技术发展日新月异，产品寿命周期日益缩短，更要求商务谈判应具有较高的效率。很多企业的做法是，在企业开发的新产品还没有上市时，就开始进行广泛的供需洽谈，以利于尽早打开市场，多赢得客户，取得较好的经济效益。

讲求谈判效益，在提高谈判效率之外，谈判者也应注意降低谈判成本。加快谈判进程，有助于谈判成本的降低，也有利于谈判效率的提高；另外，选择适宜的谈判方式也有助于降低谈判成本。例如，能采用电子商务谈判方式，谈判者就不必非得远赴他乡进行面对面的口头谈判。

此外，讲求效益原则还要求谈判者不仅应看到眼前的、局部的利益，而且更要看到整体的、长远的利益，即追求更远、更大的效益。

四、互惠互利原则

互惠互利原则是指参与商务谈判的各方在利益上不仅要考虑己方利益，也要适应其他方的需要，为对方着想，与之互通有无，最终实现等价交换、互惠互利，使各方都能得到满足。

互惠互利是马克思主义经济学原理等量劳动相交换本质的体现。根据马克思主义经济学原理，价值规律是商品生产和商品交换的基本经济规律，商品交换的实质是等量劳动的交换。这种等量劳动的交换最先表现为有偿交换，即在取得对方的商品时，要用自己的商品通过交换来取得经济利益。商务谈判作为有偿贸易谈判，应体现价值规律的这一要求，不搞无偿调拨。另外，由于等量劳动相交换在商品交易中不仅要求有偿交换，还要求实行等价交换。因此，谈判者要根据市场供求状况、各方的经营目的和具体意图等，使商务谈判各方都能获得利益。

互惠互利是平等自愿原则在经济上的客观要求和直接、具体的体现结果。平等的商务谈判有别于竞技比赛，不会导致一方胜利、一方失败，一方赢利、一方亏本。如果谈判只有利于一方，则不利方就会退出谈判，胜利方也不会存在。

商务谈判的结果有四种：你赢我输，你输我赢，你输我也输和你赢我也赢。前两种结果实际上是一方侵占了另一方的利益；第三种结果表明各方相互争斗，导致两败俱伤，这是各方都不愿看到的结果；第四种结果表明各方都是赢家，互惠互利，这是谈判各方都应努力争取的结果。

互惠互利原则是谈判取得成功的重要保证。但这并不是说各方从谈判中获得的一种利益必须是等量的。互利并不意味着一种利益的相等，因为人们在同一事物上很可能有不同的利益，在利益的选择上有多种途径。

例如，两个人争一个橘子，最后协商的结果是把橘子一分为二，第一个人吃掉了分给他的一半，扔掉了皮；第二个人则扔掉了橘子，留下皮做药。如果采用将皮和果实分为两部分的方法，则可以最大限度地实现两个人的利益。互惠互利原则要求谈判者应善于发现对方真实的和重要的需要，要多考虑对方的合理利益，并善于构思多种方案，尽可能给予对方心理和利益上的满足，使各方各取所需、互利双赢。

互惠互利应是商务谈判各方的基本出发点。谈判方应把眼光放得远一些，要有现代竞争意识，不要计较一时一地的得失，不要只追求眼前利益的最大化，要立足长远，争取企业的长远发展和长远利益的最大化，要认识到只有大家都有钱赚，生意才会做长，利益才会久远。

五、灵活变通原则

灵活变通原则是指谈判者在把握己方最低利益目标的基础上，为了使谈判协议得以签署而考虑应用多种途径、多种方法、多种方式灵活地处理商务谈判。

商务谈判具有很强的随机性。因为受到多种因素的制约，商务谈判变数很多，所以，谈判者只有在谈判中随机应变、灵活应对、加以变通，才能提高谈判成功的概率。这就要求谈判者应具有全局性的和长远的眼光，敏捷的思维，能够灵活地进行运筹，即善于针对谈判内容的轻重、对象的层次与事先决定的"兵力"部署和方案设计，随时做出必要的改变，以适应谈判场上的各种变化。

具体地看，谈判者在维护自己一方利益的前提下，只要有利于各方达成协议，就没有什么是不能放弃的，也没有什么是不可更改的。谈判中，通常是利益冲突之中体现着共同利益。例如，产品的交易谈判，各方的利益冲突是卖方要抬高售价、买方要降低售价，卖方要延长交货期，买方要缩短交货期。各方的共同利益却是各方都有要成交的强烈愿望，各方都有长期合作的打算，也可能是各方对产品的质量、性能都很满意。由此可见，各方的共同利益还是存在的。为此，谈判者可以采取一定的方法调和各方的利益冲突，使不同的利益变为共同的利益。如果买方一次性付清货款，则可能换来卖方的优惠价；反之也可能是卖方的售后服务使得买方乐意出高价。许多时候，恰恰是因为谈判各方利益的不同，才会使协议成为可能。交易各方的一方想要得到金钱，一方想要得到物品，于是交易就做成了。

然而，如果在谈判中，虽然己方经各种努力，对方的主张仍没有一点变通的余地，那么，所要考虑的应是不接受这种不公平要求的结果，因为这不是自己的最佳选择。这种谈判即使达成协议，也是以牺牲一方利益换取另一方利益的谈判，而不是各方都满意的谈判。

六、遵守法律原则

经济活动的宗旨是合法营利，任何商务谈判都是在一定的法律约束下进行的，法律规范制约着商务谈判的内容和方法，所以，商务谈判必须遵循遵守法律原则。

遵循遵守法律原则，是指在商务谈判及合同签订的过程中，必须遵守国家法律和政策，对外商务谈判还应当遵循国际法则及尊重对方国家有关法律。商务谈判的遵守法律原则具体体现在以下三个方面：①谈判主体合法，即谈判参与的各方组织及其谈判者具有合法的资格。②谈判论题合法，即谈判所要磋商的交易项目具有合法性。对于法律不允许的行为，如买卖毒品、买卖人口、走私货物等，其谈判显然是违法的。③谈判手段合法，即谈判各方应通过公正、公平、公开的手段达到谈判目的，而不能采用某些不正当的，如行贿受贿、暴力威胁等手段来达到谈判目的。

总之，只有在商务谈判中遵循遵守法律原则，谈判及其协议才具有法律效力，当事各方的权益才能受到法律的保护，这也体现了经济活动合法营利的宗旨。

现代人经商时，仅仅知法、懂法还不够，重要的是会用法，可以通过法律来维护自己的权益。

长期以来，不少单位守法和用法观念淡薄，其表现之一是一些企业和事业单位有意无意地触犯和违反了政策、法律和条令；其表现之二是有些企业的利益受到侵犯，却不知依法向对方追究责任，尤其是在与外商交易时更是如此。因此，商务谈判必须遵循遵守法律原则，否则会害人害己。

第三节 商务谈判的分类

一、按商务谈判的具体内容分类

商务谈判按具体内容可分为商品购销谈判、技术贸易谈判、工程承包谈判、租赁业务谈判、合资经营谈判、资金借贷谈判、劳务合作谈判、损害及违约赔偿谈判。

（一）商品购销谈判

商品购销谈判是指就一般商品的购销而进行的谈判，包括国内货物买卖和国际货物进出口业务谈判。

这类谈判包括以下内容：价格、质量、规格型号、预付款、最终付款、原材料生产工艺、包装、运输方式、保险、进口关税、许可证和交货日期等。

这类谈判在商务谈判中占有很大的比重，是企业商务活动中较为重要的一部分。商品购销谈判一般包含商品购进和商品销售两个主要环节。这种谈判交易的动机较确定，标的较清楚，手续也较简单，因而能迅速决定交易是否达成。

（二）技术贸易谈判

技术贸易谈判是指有偿的技术转让，即通过买卖方式，把某种技术从卖方转给买方而进行的谈判。

技术贸易谈判一般分为两个部分，即技术谈判和商务谈判。

技术谈判是指供受各方就有关技术和设备的名称、型号、规格、技术性能、质量保证、培训、试生产、验收等问题进行商谈。受方通过谈判可进一步了解供方的情况，摸清技术和设备是否符合本单位的实际和要求，最后确定引进与否。

商务谈判是各方就有关价格支付方式、税收、仲裁、索赔等条款进行商谈。通过商务谈判确定合理的价格、有效的途径与方法，以及如何将技术设备顺利从供方转移到受方。

技术贸易谈判包括以下内容：明确协议项目及转让技术的范围，明确供方必须提供相关的技术数据和技术资料，并规定不提供资料的责任；明确转让技术的所有权问题；明确提供的技术属于供方所有并正在使用，技术服务条款，培训技术受方的技术人员，安装试用与考核验收，技术保密，价格与交付方式和不可抗力等。

（三）工程承包谈判

工程承包谈判是指工程项目承包单位通过投标或接受委托等方式与工程项目的使用单位签订合同或协议而进行的商务谈判。

工程承包谈判包括以下内容：人工成本、材料成本、保险范围和责任范围、进度报告、承包公司的服务范围、工程设计调整、价格变动、设备保证书、工程留置权。

工程承包谈判是最复杂的商务谈判之一。

1. 谈判主体多元化

谈判通常是由两方以上的人员参加，即使用方、设计方、监理方、承建方。承建方又可能有分包商、施工单位。使用方还可能有投资方、管理方等。

2. 涉及面广，程序复杂

（1）在技术上，工程承包谈判包括勘察、设计、建筑、施工、设备制造和安装、操作使用，直到生产。

（2）在经济上，包括商品贸易、资金信贷、技术转让，以及招标与投标项目管理等。

所以，无论从技术、经济，还是从法律角度看，工程承包谈判都比一般的商品购销谈判难度要大。

3. 所承担的风险较大

由于工程营建时间长、金额大，各方由此承担的风险也大，因而谈判各方都会小心谨慎、仔细研究，使谈判持续的时间相应延长。

（四）租赁业务谈判

租赁业务谈判是指承租方（用户）与租赁公司或其他企业为租用机器和设备而进行的商务谈判。

租赁业务谈判涉及以下内容：机器设备的选择，交货情况，维修保养责任，租期到后的处理，租金的计算方式以及支付方式，租赁期内租赁者与承租者的责任、权利、义务关系等。

租赁业务谈判应注意的问题是，租赁设备的财产所有权与使用权截然分开，设备所有权属于出租方，承租方仅享有使用权和收益权。在法律上，出租方的所有权不可侵犯。租赁期满后，租赁设备应退还出租方或按合同规定处理。

（五）合资经营谈判

合资经营谈判是指两个或多个组织就签订合作协议而共同拥有企业进行的谈判。

1. 合资经营谈判的特点

合资经营谈判的特点：①合资经营企业以货币计算各自投资的股权和比例，并按股权比例分担盈亏和风险。②合资各方实行共同投资、共同经营、共担风险、共负盈亏。投资各方共同组成董事会，聘任总经理，组成经营管理机构，共同负责企业的经营活动。

2. 合资经营谈判的内容

合资经营谈判的内容包括：①合资项目的可行性。②合资各方在合作过程中所应承担的义务和责任以及享有的权利。③合资各方的违约责任。

3. 合资经营谈判应注意的问题

合资经营必须建立具有法人地位的合营实体。合资企业的组织形式为有限责任公司。合资企业仅以自己公司的财产承担责任，投资者对企业债务所负的责任也仅以自己的投资额为限，股东之间互相不负连带责任，债权人不能追索股东投资以外的债务。由于这种有限责任制易为合资各方所接受，因此，目前在国际上已被普遍采用。

（六）资金借贷谈判

资金借贷谈判是指借贷各方就资金借贷有关问题进行的谈判。

资金借贷谈判包括以下 6 个方面的主要内容：①货币。资金借贷，特别是国际的资金借贷，涉及货币兑换，各方可按国际汇率的变化确定兑换的比例，规定应对货币的升值或贬值所采取的补偿措施。②利率，即利息率。借方必须按利率向贷方返回所借资金及利息。贷款一般分为低息贷款、高息贷款和无息贷款。贷款的利率不但取决于贷款的类型，也取决于贷款的期限、项目等。各方可根据国际惯例、行业标准洽谈。③贷款期限。贷款期限是资金谈判中的重要内容。各方不仅应明确贷款期限，还应明确如延期还款应承担的责任及相应的赔偿。④保证条件。在资金借贷中，担保是必不可少的。为了保证借方信守协议，贷方不受损失，借方可委托保证人或银行以某种形式担保并督促借方履行协议。⑤宽限期。谈判条款中一般附带贷款宽限期，如借方在资金使用、偿还期间发生意外或其他原因致使贷款不能如期归还时，可在宽限期内偿还。⑥违约责任。为保证协议顺利履行，还必须规定借贷各方的违约责任。

贷方违约责任主要是：如不能按协议的期限提供贷款，应根据借贷数额和延期天数按比例向借款方偿还违约金。

借方违约责任主要有：不按协议的用途使用款项应负的责任及处理办法；逾期不偿还本息的处理办法；借方因生产经营不善，不能履行协议的处理办法。

（七）劳务合作谈判

劳务合作谈判是指谈判各方就劳务合作相关事宜所进行的谈判。

劳务合作谈判涉及以下内容：劳务提供的形式、内容、时间、价格、计算方法，劳务费的支付方式以及有关合作各方的权利、责任、义务关系等。

（八）损害及违约赔偿谈判

损害是指在商务活动中，由于一方当事人的过失给另一方造成的名誉损失、人身伤害和财产损失。违约是指在商务活动中，合同一方的当事人不履行或违反合同的行为。在上述两种情况下，负有责任的一方要向另一方赔偿经济损失。

为受损失损害的一方挽回损失所进行的谈判就是损害及违约金赔偿谈判。

在损害及违约金赔偿谈判中，谈判者首先必须根据事实和合同的规定分清责任的归属，再根据损害的程度，协商谈判经济赔偿的范围和金额，以及其他善后工作的处理。

二、按商务谈判主体的性质分类

商务谈判按主体的性质可分为民间谈判、官方谈判和半官半民谈判。

（一）民间商务谈判

民间商务谈判是民间私营者的业务活动而不涉及政府活动，交易的内容纯属两个或多个私营主体经济利益的谈判。

民间商务谈判的主要特征是相互平等、机动灵活、重视私交、更注重经济利益。

（二）官方商务谈判

官方商务谈判是指国际组织之间、国家之间、各级政府及职能部门之间，或者是贸易企业属政府管辖（资本和法人代表来自政府）且有政府代表参加（来自政府主管部门或驻外国使馆的外交官），以及所有执行政府之间科技合作和经济贸易合作项目的谈判。

官方谈判的主要特征是：谈判者职级高、实力强；谈判节奏快、信息处理及时；注意保密、注重礼貌。

（三）半官半民商务谈判

半官半民商务谈判是指谈判议题涉及官方和民间两方面利益，或者指官方人员和民间人士共同参加的谈判。

半官半民商务谈判的特征是：兼顾民间和官方谈判的特点，谈判兼顾官民两方的意见和利益，制约条件多，回旋余地大。

三、按商务谈判达成协议的形式分类

商务谈判按达成协议的形式可分为非合同谈判、意向书与协议书谈判、准合同与合同谈判、索赔谈判。

（一）非合同谈判

非合同谈判又称为协商谈判、一般性商业谈判，它是合同谈判的前提和基础，主要目的是与可能参与谈判的各方建立关系、沟通信息、探测摸底。

这种谈判的特点主要是：形式灵活、方法多样，谈判气氛比较平和。

这种谈判的表现形式主要为一般性会见和技术性交流等。

所签意向书或协议书对谈判各方均无法律约束力。如果各方对意向书中的内容条款有分歧，可以写成"甲方认为就第七条款采取……而乙方要求是……"这在合同条款中是绝对不允许的。

一般性会见是指谈判方相互拜见、礼节性地会晤和交流，是谈判的初级阶段或准备阶段。

技术性交流是指谈判各方就有关商品的特征或合作项目的技术概况进行的交流，是交易的前奏。它的表现形式可为报告会、讨论会、演示或展示等。

（二）意向书与协议书谈判

意向书与协议书谈判是指交易各方谈判意愿和特定立场达成一致时就所需的书面记录而进行的谈判。为了明确各方交易的愿望，保持谈判的连续性，保证交易的可靠性，谈判各方可以提出要求签订意向书或协议书。这可能是一场谈判的目标，也可能是结果。

意向书谈判是一种简单的意向表述，主要表明签字各方的一种意愿或带有先决条件的承诺，具有提示、备忘的作用。意向书谈判的主要特点是轻松随意、公正公平等，意向书不具有法律效力。

协议书谈判是谈判各方在特定阶段对其立场的阐述，较详细的协议书也是一种框架协议。协议书的谈判涉及交易达成的所有议题，是商务谈判的一个重要阶段，有预备性、保留性和针对性特征。由于协议书只是确立各方就交易达成的原则性立场，对解决实质性问题没有做出细节上的规定，因此，协议书也不具有法律效力。

（三）准合同与合同谈判

准合同与合同谈判是指谈判各方为实现交易并就达成的交易条件草拟成文件而进行的谈判。

准合同是带有先决条件的合同。该先决条件是指决定合同要件成立的条件，如许可证落实问题、外汇筹集、律师审查或者最终正式文本的打印、正式签字（相对草签而言）等。准合同是合同的前身，有时是达成合同的一个阶段。

合同谈判是谈判各方为实现某项交易并使之达成契约进行的谈判。商品买卖合同谈判最基本的要件包括商品特性、价格、交货期。倘若不是商品买卖，那么，广而言之，合同要件就可理解成标的、费用、期限。一旦就这几个要件达成协议，合同谈判也就基本结束。合同谈判，实质上就是各方对准合同中先决条件进行的谈判。合同是完成了准合同设定的先决条件的正式文本，具有法律约束力。

准合同与合同谈判的特点是：目标明确，谈判争议力强，谈判策略多变，多以批准手续为回旋。这是指在合同谈判中，除了简单商品或交易涉及内容的谈判外，一般谈判者多会在谈判结束时明确留有申请批准的余地。尤其是复杂的、大型的交易，即便谈判者地位较高，也常留此条件作为保护手段。当谈判时间紧迫，谈判者地位较低时可用此"法宝"以防大意失误。

谈判方进行准合同与合同谈判应注意的问题是：准合同与合同均是在交易诚意下所进行的谈判，所以从谈判的角度讲，二者无本质区别，它们所表现的谈判特征也相似；从合同形式上也无根本区别，内容格式均一样，只有草本和正式文本之区别。但是，准合同与合同从法律上说，是有根本区别的。准合同可以在先决条件丧失时自动失效，而无须承担任何损失责任；而合同则必须执行，否则叫违约。

（四）索赔谈判

索赔谈判是在合同义务不能或未能完全履行时，合同当事各方进行的谈判。在众多的合同履行中因各种原因违约或部分违约的事件屡见不鲜，从而形成了一种特定的商务谈判形式——索赔谈判。

索赔谈判的特点是，索赔的处理方式是谈判的主要内容。无论是由于合同中涉及的商品数量、质量，还是交货期限、支付手段等引起的纠纷，或者是因为生产条件、运输过程等问题的争议而产生的索赔谈判，均具有针锋相对、对抗性比较强等特点。

谈判方进行索赔谈判应注意以下问题。

1. 重合同、重证据

重合同，即注重合同中相关条款的规定。违约是相对守约而言的，"违与守"均以"约"，即合同为依据。合同是判定违约的唯一基础条件。

重证据，即注重履行合同时的相关证据。违约与否除依合同判定外，许多时候需要当事方提供证据来使索赔成立。例如质量问题，需要技术鉴定证书；数量问题，需要商检的记录；还有一些索赔问题需要传真、信件、照片等证据。索赔情况多种多样，所需证据难以一一罗列，证据是确立索赔谈判的重要法律手段。

2. 重时效、重关系

重时效，即注意违约的时效性。不论是什么商品、什么服务或合作项目，索赔的权利均不是无限的。出于公平，也出于安全或低风险，交易人视不同合同目的，均定有有效索赔期，过期则不负责任。任何合同签订时，当事人都要注意索赔期。

重关系，即注重处理好各方的关系。索赔毕竟不是一件令人愉快的事，谈判各方处在问题的两端，十分难受。所以，在谈判时，关系的影响不可忽视。谈判者应处理好签约各方的关系及索赔后各方的关系。

四、按商务谈判的起因分类

商务谈判按起因划分，也可以说是按商务谈判发生的时间划分，可分为签约前的商务谈判和签约后的商务谈判。

（一）签约前的商务谈判

签约前的商务谈判是指谈判当事各方签订合同前进行的一系列磋商活动。合同条文及其附件的谈判均属于这一类谈判。进行签约前的谈判，谈判各方不受规定的合约条文约束，相互间的了解也不够深入，所以，应当在不断加强了解的基础上，签订能够满足各方需要的合同。关于签约前的商务谈判，可参考"准合同与合同的谈判"。

（二）签约后的商务谈判

签约后的商务谈判是指谈判当事各方在合同签署后，围绕合同履行中的有关问题进行的磋商活动。根据谈判发生的时间，签约后的谈判又可分为签约后，合同生效前的谈判和合同生效后的谈判。这两者最大的区别是谈判者选择谈判对手的自由度及其所受约束程度的不同。在合同签订后，特别是合同生效后，当事各方对所签的合同必须承担一定的责任。谈判各方通过签约前的谈判已经建立了合作关系，也有了一定的了解，但由于某些因素的变化，使得合作关系受到威胁，使再谈判成为一种必要。签约后谈判的成败，直接关系到谈判各方既得利益的维持和未来利益的实现。

签约的协议和环境条件有冲突，需要进行签约后的商务谈判。例如，因为不同国家的法律体系大不相同，各国、各地区的法律、法规多少存在一定程度的差异，有时同一法律术语在不同国家的法典里的解释是不同的，所以，很有可能导致合同规定的项目与某一国家或地区的相关法律、法规相冲突，导致合同履行失败。

合同生效执行的条件发生了变化，需要进行签约后的商务谈判。例如，许可证的问题是导致整个合同不能履行甚至撤销的重要因素之一。卖方在谈判时保证能获得出口许可证，买方因此与他签订了协议，但事实上，卖方最终没有申请成功出口许可证，这就使已经成立的合同成为无根之本。再如，买方国家突然遭遇大幅度的通货膨胀，而失去了原有的支付能力，使合同不得不终止。因为合同生效执行后的这些条件发生了变化，所以当事方需要进行签约后的商务谈判。

签约后商务谈判应注意的问题是，在签约后的谈判中，面对各种原因所引起的合约争议，谈判当事人应采取的态度不能只是简单地终止合同或者提出索赔，而应该充分考虑到对方发生此变故的主客观原因，做出最恰当的决定，从而将由此可能造成的损失降到最低。

五、按商务谈判的范围分类

商务谈判按范围分类，可分为国内商务谈判和国际商务谈判。

（一）国内商务谈判

国内商务谈判是国内各种经济组织及个人间所进行的商务谈判。

国内商务谈判包括国内的商品购销谈判、商品运输谈判、仓储保管谈判、联营谈判、经营承包谈判、资金借贷谈判和财产保险谈判等。

国内商务谈判的各方都处于相同的文化背景中，各方语言相同、观念一致，因此谈判的主要问题就在于怎样协调各方的不同利益，寻找更多的共同点。这就需要谈判者充分利用谈判的策略和技巧，发挥自身的能力和作用。

（二）国际商务谈判

国际商务谈判是指本国政府及各种经济组织与外国政府及各种经济组织之间所进行的商务谈判。

国际商务谈判包括国际产品贸易谈判、易货贸易谈判、补偿贸易谈判、各种加工和装配贸易谈判、现汇贸易谈判、技术贸易谈判、合资经营谈判、租赁业务谈判和劳务合作谈判等。

不论是就谈判形式，还是就谈判内容来讲，国际商务谈判远比国内商务谈判要复杂得多。这是由于各方谈判者来自不同的国家，在语言、信仰、生活习惯、价值观念、行为规范、道德标准乃至谈判的心理上都有极大的差别，而这些方面都是影响谈判进行的重要因素。

第八章　商务谈判的内容和形式

第一节　商务谈判的内容

商务谈判的基本内容大致包括商品的品质、价格、服务以及与合同执行相关的一些问题。

一、品质

商品的品质具体表现为商品的物理、化学属性，如商品的化学成分、物理性能、造型、结构、色泽和味觉等。商品的品质是价格的主要影响因素，关系到谈判中买方需求能否得到满足和卖方所花费成本的大小，是商务谈判能否成功的关键。

（一）商品品质对谈判结果的作用

1. 商品品质是决定价格高低的关键因素

为了获得竞争优势，以适应竞争激烈的市场经济环境，企业都在不断地追求高品质的产品。成本是影响价格的主要因素之一，一般来说，商品的品质高，其成本就高。因此，品质的高低能直接影响商品的价格。因为商品品质能影响到价格，而价格反馈到市场上又能影响到商品的销量，所以，企业既要注重商品品质，又应在商品品质的选择上谨慎，一定要根据企业的实际情况来确定。

2. 商品品质是左右谈判结果的重要因素

在很多商务谈判中，特别是在关于技术含量较高的商品的谈判中，买方对商品品质的敏感度超过对价格的敏感度。因为，高技术产品的维护成本是很高的，一旦质量出现问题，不但维护费用高，而且还会影响企业的生产运作。所以，在谈判过程中，企业非常重视产品的质量，商品品质是左右谈判结果的重要因素。

3. 商品品质事关商品提供者的长远利益

商品品质是在长期使用过程中体现出来的，如果卖方着眼于长期利益的追求，那么其提供的商品必须要有过硬的品质。这不仅是因为买方能在使用过程中得知商品品质的情况，更重要的是商品品质的情况还会通过买方的使用反馈到市场上，会创造或流失卖方潜在的一些顾客。由此可见，商品品质事关商品提供方的长远利益。

（二）商品品质的表示方法

1. 样品表示法

样品指的是最初设计加工出来或者从一批商品中抽样抽取出来的，能够代表贸易商品品质的少量实物。凭样品表示品质的商品是不容易规格化、标准化的商品，这类商品多半是不易用语言或文字简短地表述其品质的，例如服装、丝绸、工艺品等。

2. 规格表示法

商品规格是反映商品的成分、含量、纯度、长度、大小等品质的技术指标，因各种商品的品质特性不同，所以规格也有差异。如果交易各方用规格表示商品的品质，并作为谈判的条件，就称作凭规格买卖。

3. 等级表示法

商品等级是对同类商品质量差异的分类。等级表示法是表示商品品质的方法之一，这种表示法以规格表示法为基础。一般来说，质量相同的商品属于同一个等级。但是，同类商品由于生产厂家不同，就会有不同的规格，所以，同一数码、文字、符号表示的等级的品质内涵就不尽相同。

4. 标准表示法

商品品质标准是指政府机关或有关团体，统一制定并公布的规格或等级。不同的标准反映了商品品质的不同特征和差异，商品贸易中常见的有国际公认的通用标准，即"国际标准"，我国有国家技术监督局制定的"国家标准"和国家有关部门制定的"部颁标准"，此外，还有供需各方洽商的"协议标准"。明确商品品质标准，以表达供需各方对商品品质提出的要求和认可。

5. 商标或牌名表示法

商标是生产者或商号用来识别所生产或出售的商品的标志，可以由一个或几个具有特色的单词、字母、数字、图形等组成。

牌名是指企业给其制造或销售产品所冠以的名称，以便与其他企业的同类产品区别开来，如戴尔电脑、欧米茄手表等。一个牌名可用于一种产品，也可用于一个企业的所有产品。有些商品由于生产企业长期一贯地追求高品质，知名度和荣誉度都很高，在消费者心目中享有非常高的地位，为消费者所熟悉和赞誉，在谈判中只要说明其牌名或商标，各方就能明确商品品质情况。

6. 说明书和图样表示法

机械、电器、仪表等技术密集型产品，由于其构造复杂，对材料、设计的要求严格，用以说明其性能的数据众多，很难用几个简单的指标来说明其品质的全貌。有些产品，即使名称相同，但由于所使用的材料、设计或技术的某些差别，也会在功能方面产生很大的不同。因此，对这类产品的品质，一般需要凭样本或说明书，并附以图样、照片、设计图或分析表及各种数据来说明其具体的性能及构造的特点。按这种表示商品品质的方法进行的交易就称为凭说明书买卖。

二、价格

商品价格是商务谈判中最重要的内容，是商业活动的核心问题，是价值的货币表现。商品价格的高低直接影响着贸易各方的经济利益，商品价格是否合理是决定商务谈判成败的重要条件。

价格通常是指商品的单价，即商品的每一计量单位以某一货币来表示的价格，是买卖各方需要洽谈的一个重要内容。因此，谈判者必须理清商务谈判中关于价格的各个问题。这其中就包括价格的分类问题。商务谈判中的价格一般可分为统一价格、浮动价格和协议价格。

（一）统一价格

1. 统一价格的含义

统一价格是指商务谈判主体在合同中明确规定具体的交易价格，并且价格一经确定，在合同期内就不能更改。

2. 统一价格适用的范围

在商务谈判中运用统一价格结算具有一定的优势，在市场行情瞬息万变、存在许多风险的情况下，谈判者可考虑在一定范围内运用统一价格。

（1）谈判的标的是社会基本的生活资料。例如，粮、棉、油等社会基本生活资料，无论是什么国家或地区，都会得到政府的一定保护。因此，如果商务谈判标的是这类产品，市场价格一般不会在短期内出现大幅度的波动。

（2）谈判的标的是国际市场上被完全垄断或是寡头垄断的产品。对垄断性的产品，经营者基本上是具有完全的控制能力。因此，为了维护利润的稳定和长期的发展，这些经营者在一定时期内，基本上不会任意地降低或抬高该产品的价格。

（3）国际市场中谈判的标的所属行业稳定。如果在国际商务谈判中谈判标的所属行业是稳定的而且签订的合同属于中短期，那么就可以使用统一价格。因为在国际市场中，产品价格的波动一般都会事前出现征兆。较为稳定的行业从其发展惯性来看，产品价格都会维持一段时间。在这种情况下，国际商务谈判所签订的相关的中短期协议，基本上不会受到产品价格波动的影响。

（二）浮动价格

1. 浮动价格的含义

浮动价格是指交易各方在合同谈判时，并不规定具体的交易价格，而是规定按照实际交易时的市场价格为标准。

2. 浮动价格的确定范围

在商务谈判中，浮动价格的确定可以通过三种形式来表现。

（1）谈判协议中规定了基准价和上下浮动的幅度，允许交易各方在浮动幅度内自行确定和调整价格。目前，很多商务谈判都采取这种形式管理价格。

（2）谈判协议中规定了最高限价，允许各方在限价以下自行制定和调整价格，但不得突破最高限价。这种形式适用于某一段时间供不应求、价格偏高的商品，而且通过最高限价，可以控制一些商品价格的过度上涨，保护一方的利益。

（3）谈判协议中规定了最低保护性限价，允许谈判者在最低限价以上收购或销售商品，但不得低于最低限价。这种形式适用于资源少、再生周期长，但一时供过于求的商品。制定最低保护价，可以保护生产者一方的利益，维持其正常生产，保护资源，避免产品价格过低而打击生产。

（三）协议价格

1. 协议价格的含义

协议价格是指在签订合同时，购销各方只规定一个初步价格，同时规定未来价格调整的条件和方法，一旦未来行情变化符合条件，则按调整条款中规定的方法对价格进行调整。

2. 协议价格的确定原则

（1）在协议价格中，购销各方应根据市场供求状况，贯彻共同协商议定的原则。

在供求大体平衡的条件下，协议价格应该略低于当地、当时的市场贸易价格水平，以生产者能够接受、收货方愿意购进而且销得出去为准。

在供不应求的情况下，协议价格应参考市场贸易价格水平来确定，一般不超过市场贸易价格。对于个别生产周期长、产量少，而且属于保留品种的商品，可以灵活协商议定价格。

在供过于求的情况下，某些商品因不适合市场需要而滞销积压，协议价格应从低掌握。

（2）在协议价格中，购销各方应遵循统算、保本、微利的原则。协议价格以协议为基础，按照商品的合理流向加上必要的费用和适当的利润制定，一般不会高于当时、当地市场贸易同种商品的销售价格。协议价格不仅要有合理的地方差价和季节差价，而且要按市场供求的变化及时进行调整。同种商品在不同地区、不同季节，允许有不同的价格，销售时允许有赔有赚，只要最后统算做到保本盈利就可以了。

三、服务

著名管理大师德鲁克曾经说过:"某种意义上,服务决定着企业的命运。"

随着科技的飞速发展和社会的不断进步,服务在社会经济生活中发挥着越来越重要的作用。在工作和生活中,人们越来越离不开各种形式的服务,服务在现代营销中占据着越来越重要的地位,会对企业的生存发展产生重要影响。

服务是指谈判一方能够向另一方提供的以无形性和不导致任何所有权转移为基本特征的行动或表现,它的生产既可能与某种有形产品相关联,也可能与之毫无关系。在商务谈判中,服务同商品的品质和价格一样,成为谈判的主要内容之一。

(一)服务对商务谈判效果的影响

1. 完善的服务能保证谈判的顺利进行

商务谈判的目的是为了促使交易的达成,而交易是否能够达成、能否持续进行,会受到商品的资源、商品的需求、价格水平、消费者的认可程度等企业营销的外部环境的影响和企业管理水平的高低、劳动者的素质、劳动者对企业的认同感和归属感的强弱等内部环境的影响。

在商务谈判中,即使上述条件都充分满足,交易能否持续进行还要看在交易过程中服务质量的高低。服务不仅是商务谈判必不可少的环节,而且关系到商品交换规模的大小、效率的高低。例如,价格、优惠条件等因素完全相同的交易,有的可能成交了,并且各方还愿意以后继续合作,而有的则可能会告吹,这可能是服务质量导致了不同的结果。

2. 完善的服务能加强谈判各方的友谊

商务谈判的利益主体之间尽管有竞争,但依然是以合作为前提的。谈判的出发点是为了满足各方互相的需要,各方通过互通有无,以获得自己的最大需要和满足。当然,这种需要和满足是以不损害对方的利益为前提的。所以说,谈判要本着合作的目的来进行。谈判是为了合作,而不是为了扩大分歧、强化冲突,服务能促进利益主体之间的合作,加强彼此的友谊。良好的服务会让对方感觉到你的真诚,更重要的是对方也会用同样的真诚来回敬你,这样才有利于贸易交往的健康发展。

(二)商务谈判中服务的主要内容

1. 技术服务

(1)技术服务的含义。技术服务是指谈判各方通过洽谈协商,制定同交易有关的一系列技术条件,并在今后的交易过程中加以实施。

现代社会的任何商务交易都会涉及或多或少的技术问题。以比较简单的单项设备的购买为例,交易各方至少需要解决设备的技术性能、货物清单、安装调试以及是否需要培训等一系列技术问题。这些技术问题既复杂又重要,而且在这些问题上,买方的意愿和卖方所提供的商品之间经常存在不小的差距。因此，为避免纠纷的发生，就需要在谈判过程中加以协商，对复杂的技术问题达成共识，以确保交易各方的利益。

（2）技术服务的方式。技术服务一般采用两种形式，即培训买方人员或是卖方专家到现场进行技术指导。

在技术服务的谈判中无论交易各方采用哪种形式，一定要有针对性，不管是参加培训的实习生，还是现场指导的技术专家，其任务都应明确具体，防止出现人浮于事的现象。

技术服务追求经济实惠。经济是指买方派遣的实习人员数量、培训内容、实习时间要适当，卖方派遣的技术专家人数、业务水平、指导时间应合理。实惠是指在经济的前提下，合同所规定的技术服务能有力地帮助买卖各方顺利实现合同目标，从而给买卖各方都带来实惠。

总之，按照战略的眼光来看，谈判各方必须认真签订和履行技术服务条款，为长期合作做准备。

2. 追踪服务

追踪服务是指企业为了了解新老客户对产品的各种意见与要求，而对产品用户的追踪服务与管理。

追踪服务对商务谈判各方来说都是非常必要的。对买方来说，通过追踪服务可以得到卖方的技术指导，使得企业的生产运营能顺利进行，同时，追踪服务还可以解除买方的后顾之忧，促使谈判交易顺利达成。对卖方来说，通过追踪服务，一方面可以了解产品在使用过程中出现的各种问题，以便及时反馈到产品的设计和生产中，加以改进；另一方面，可以发现使用者对产品的实际需求状况或发现潜在客户，继而增加或减少产能，以避免不必要的损失。

3. 财务服务

财务服务是指商务谈判各方在资金方面达成的协议，主要是指买方在财务方面得到卖方的一些支持和服务。财务服务是现代贸易中最主要的服务之一，其重要程度甚至超过了技术服务。

现代社会中，由于交易各方为了节约交易成本，每一次的交易量都非常大，因此，所涉及的资金量也非常大。在这种情况下，如果买方不能立即提供足够的资金，就需要卖方提供财务支持和服务，其手段主要有卖方允许买方分期付款或延期付款、卖方为买方争取银行贷款。

（1）分期付款。分期付款是指买方支付给卖方的资金不是一次性付清，而是分几次。对买方来说，分期付款有巨大的好处，能减轻其资金运作的紧张程度，是买方极力争取的。但对卖方来说，从经济利益的角度来看，分期付款是一种损失，会减少卖方的财务收入。因此，在有些商务谈判中，买方是不是要求分期付款会对谈判结果产生关键影响。

当然，虽说分期付款会影响到卖方直接的经济收益，但是，如果彼此合作是长期的贸易往来，而且买方资信状况良好，分期付款的形式是能给卖方长期发展带来益处的。

（2）争取银行贷款。争取银行贷款是指在商务谈判中，卖方以自己的信誉或资产为保证，让银行贷款给买方。在有些交易中，买方的实力规模比较小或者是正处在发展阶段，银行出于安全考虑，不会贷款给买方。而卖方基于对自己利益的考虑，在衡量风险与收益的前提下，会尽力说服银行贷款给买方。这对买方来说，无疑是巨大的帮助。争取银行贷款的服务可以更加紧密地连接买卖各方的关系，促使谈判协议的签订。

四、保证条款、索赔和不可抗力

（一）保证条款

在现代商务谈判中，除产品的品质、价格和服务需要认真地进行商谈外，为了保证谈判各方能按照既定的方案实施，必须在合同中制定一个保证条款。

1. 保证条款的含义和作用

保证条款是指销售方对购买方所允许的在成交后所承担的某种义务的一种协议。例如，销售方明确对交易目标的品质保证以及实现该保证的前提，在有的交易合同中，该保证条款为一系列保证，如保证标的物用料全新，品质、性能先进，保证寿命，保证结果以及相应各种保证的先决条件。

保证条款可以减少买方所冒的风险，树立卖方的信誉和良好的形象，同时，保证条款又可以使卖方对产品所负的责任限制在一定范围内，超出保证条款所包括的情况，卖方即可表示不负责任，从而保护自己。诸如，销售方保证一定的有效期及过期不负任何责任的时间限制，在保证书中说明，必须在规定的条件下发生问题时，销售方才负责任等。

2. 订立保证条款的注意事项

保证条款作为商务谈判中一种专门订立的条款，作保证的人不能凭空保证，而应合理明确地体现保证的前提与条件。当然，作为买方要求保证的前提是有力的，那就是"支付"；而卖方做出相应保证也是应该的，在许诺"应该"的同时，可以声明保证的必要性及提出合乎情理的前提条件。例如，培训效果要注意考虑实习生的素质，没有一定的学历和工作经验就难以达到预期效果；技术指导的效果与买方的业务人员能否听取意见有关，如果不听从指导则无法保证该人员能尽快掌握技术能力。需要强调的是，所有条件的提出要合情合理，如果提出的条件超过己方的正常增长水平或同行业水平也是不可取的。

（二）索赔

索赔是交易的一方认为对方未能全部或仅部分履行合同规定的责任时，向对方提出索取赔偿的要求。引起索赔的原因除买卖一方违约外，还有由于合同条款规定不明确，一方对合同某些条款的理解与另一方不一致而认为对方违约。一般来讲，买卖各方在洽谈索赔问题时，应洽谈索赔的依据、索赔期限和索赔金额的确定等内容。

1. 索赔的依据

索赔的依据是指提出索赔必须具备的证据和出示证据的检测机构，索赔方所提供的违约事实，必须与品质、检验等条款相吻合，且出证机关要符合合同的规定，否则，都要遭到对方的拒赔。

2. 索赔的期限

索赔的期限是指索赔一方提出索赔的有效期限。索赔期限的长短，应根据交易商品的特点来合理商定。

3. 索赔的金额

索赔的金额包括违约金和赔偿金。只要确认是违约，违约方就得向索赔方支付违约金。违约金带有惩罚的性质，赔偿金则带有补偿性，如果违约金不够弥补违约给对方造成的损失，违约方则应当用赔偿金补足。

（三）不可抗力

不可抗力，通常是指合同签订后，不是由于当事人的疏忽过失，而是由于当事人所不可预见、也无法事先采取预防措施的事故，如地震、水灾、旱灾等自然原因或战争、政府封锁、禁运、罢工等社会原因造成的不能履行或不能如期履行合同的全部或部分。在这种情况下，遭受事故的一方可以据此免除履行合同的责任或推迟履行合同，另一方也无权要求其履行合同或索赔。不可抗力的洽谈内容主要包括不可抗力事故的范围，事故出现的后果和发生事故后的补救方法、手续、出具证明的机构和通知对方的期限。

第二节 商务谈判的形式

商务谈判的形式是指谈判各方在交换谈判内容时所采取的方式。商务谈判的形式一般分为口头谈判、书面谈判和电子商务谈判。

一、口头谈判

口头谈判是指谈判各方面对面地用语言进行谈判，或者用电话商谈。这种形式的谈判在实际工作中通常表现为谈判方派出人员主动登门谈判、邀请客户到本单位所在地谈判或在第三地谈判。

口头谈判是商务谈判的主要形式。它适用于首次交易谈判、同城或相同地域的商务谈判、长期谈判、大宗交易谈判或贵重商品的谈判。

（一）口头谈判方式的主要优点

1. 当面陈述、解释，便于相互间及时、直接、灵活地沟通

在口头谈判中，谈判各方面对面地洽谈交易，谈判各方可当面直接提出条件和意见，也可当面做出详尽的说明，还可解释清楚当场提供的文字性或图表性的说明材料。

谈判各方直接接触，能随时察言观色，掌握对方心理，便于施展己方的谈判技巧。

谈判各方直接接触，有利于审查对方的为人及其交易的诚信度，避免做出对己方不利的决策。

谈判各方直接接触能较多地获得新信息，可据此及时调整己方既定的谈判战略和计划，留有较大的回旋余地，从而灵活地应付各种谈判局面，使得谈判各方更容易协商，提高谈判的成功率。

2. 直接接触，便于相互间培养良好的思想感情

各方谈判者随着日常的直接接触，会在知识、能力、经验等方面相互影响，会由"生人"变成"熟人"，相互间产生一种情感或相互间构成一种互惠要求。

在某些谈判中，有些交易条件的妥协让步，就完全是出于谈判者感情的原因。在一般情况下，在面对面的谈判中，因为情感因素，即便是实力再强的谈判者也难以保持整个交易立场的不可动摇性，或者拒绝做出任何让步。

（二）口头谈判方式的主要缺点

第一，口头谈判要求在一定的谈判期限内做出成交与否的决定，使得各方都不能有更多的时间考虑，因而要求谈判者具有较高的决策水平。一旦决策失误，就可能给己方造成经济损失或者失去成交的良机。

第二，口头谈判在主动上门谈判时，由于登门一方人员的身份已经明确，而接待一方人员的实际身份、权限都不易确定，这很可能引起各方特殊的心理反应，对谈判造成不利影响。

第三，在面对面的交锋中，由于紧张谈判气氛的影响，谈判者很容易在语言表达上出现失误，导致己方的被动或遭受损失。

第四，主动上门一方一般要支付往返差旅费，接待一方要礼节性招待来者而支

付招待费，因而谈判费用开支较大。

改革开放以来，我国许多企业一般采用走出去的形式进行口头谈判，组织众多的推销队伍，奔走各地登门寻找客户，洽谈销售业务。这种形式对实现企业销售任务，开拓销售渠道，及时调整产品的适应性，都起到了较好的作用。但是这种做法有时也会由于企业的管理不善而带来一系列问题。比如，外出谈判者过多，大幅增加了费用和开支；谈判者四处盲目奔走，对客户情况不甚了解，往往徒劳一场；路线长、周期长、信息反馈不及时，难以综合汇总情况，也不利于全面提高谈判者的素质。因此，企业不能把"走出去"这种口头谈判形式作为唯一的形式，而应与其他形式结合起来使用。

（三）口头谈判较好的形式——交易会谈判

近些年来，随着市场经济的发展，市场日益活跃，出现了各种形式不同的交易会谈判。这种谈判形式一般规模较大，隆重而热烈。同时，由于参加交易会的单位很多，便于沟通情况，便于企业选择，因此，谈判成交额较大。正因为这种形式有其明显的优势，所以交易会谈判被广大企业认为是一种较好的口头谈判形式。交易会谈判的作用主要表现在以下几个方面：

第一，有利于买卖各方广泛地了解市场动态，开展多方面的商品行情调研。谈判各方通过多方面直接接触的机会，可以全面深入地了解客户的性质、地位、资金、经营活动、信用情况及谈判者的地位与谈判风格，了解客户生产经营的商品在市场上的营销情况，从而有利于调整自己的经营计划和营销策略。

第二，有利于买卖各方广泛地选择交易对象和交易商品，促使谈判各方较快地达成交易，从而有利于谈判时间的缩短和争议问题的协商解决。

第三，有利于信息反馈，加快产品更新换代。交易会一般举办的时间较长，各企业除派谈判者到会洽谈外，有时为了听取客户对产品的反映和要求，还会派科研、设计、生产人员参加，这样有利于产品的改进和产品质量的提高。

第四，政府有关经济管理部门一般也要派员参加，这样既有利于政府人员指导企业的业务，又有利于各企业了解政府人员带来的信息，更好地进行面对面的口头谈判。

二、书面谈判

书面谈判是指商务谈判当事人利用信函、电报、传真等书面形式，对谈判的各项条款进行磋商。书面谈判经常作为口头谈判的辅助方式而被谈判各方采用。

由于书面谈判的谈判各方所提供的观点和意见通常是经过深思熟虑的，因此，相对口头谈判而言比较正规。在某些情况下，书面谈判所形成的文件可作为最终的正式谈判协议，具有一定的法律效力。例如，在国际贸易中，买方或卖方发盘就可以被视为正式的合同条件，一旦发出，在有效期内发盘人对其不能轻易修改。

书面谈判方式只适合于交易条件比较规范、明确，内容比较简单，谈判各方彼此比较了解的谈判以及跨地区和跨国界的谈判。对于一些内容比较复杂、随机多变、而各方又缺少必要了解的谈判，书面谈判是不适用的，这样的谈判应采用口头谈判。

（一）书面谈判的主要优点

1. 思考从容，利于慎重决策

在书面谈判预定的答复期内，谈判各方有较充足的时间考虑，不必像口头谈判那样须当场做出决策。各方在谈判过程中可以自由地同助手和领导进行讨论和分析，以便做出慎重的决策。

2. 表达准确、郑重

书面谈判方式在阐述谈判一方的主观立场时，比口头谈判形式显得更为确切，郑重其事，坚定有力。

3. 方便向对方拒绝

书面谈判方式在向对方表示拒绝时要比口头谈判方式方便得多，可以减少不必要的矛盾或使矛盾弱化。特别是在与对方人员已建立起个人交往的情况下更是如此。

4. 谈判者的精力可集中在交易条件的洽谈上

由于进行书面谈判时，具体的谈判者互不见面，他们互相代表的是自己的企业，各方都可不考虑谈判者的身份，把主要精力集中在交易条件的洽谈上，从而避免因谈判者的级别、身份不对等而影响谈判的开展和交易的达成。

5. 有利于把握合适谈判对象和机会的选择

因为书面谈判的谈判者可以坐镇企业，对不同客户的回电（回函）进行分析比较，所以，有利于把握合适的谈判对象和机会。

6. 开支比较节省

书面谈判，只需谈判各方支付通信费用，开支一般较为节省，有利于提高谈判的经济效益。

（二）书面谈判的主要缺点

第一，谈判各方的文字交往大多较简洁、精练，但一味贪图文字简练，很容易引起各方对某一问题的不同解释。如果文不达意，更容易造成争议和纠纷。因此对谈判者的书面表达能力有较高的要求。

第二，由于各方互不见面，无法观察对手的神态、表情、情绪的变化，因而也无法了解谈判对手的心理活动，从而难以运用行为语言技巧达到沟通意见的效果。

第三，书面谈判所使用的信函、电报需要邮电、交通部门的传递，如果这些部门发生故障，则会影响各方的联系，甚至丧失交易的时机。

为了发挥书面谈判的作用，便于对方了解己方的交易要求，作为卖方，可以把事先印好的具有一定格式的表单寄给客户。在表单上比较详细地展示卖方商品的名称、规格、价格、装运等条件，可以使客户对卖方的交易意图有一个全面、清楚的了解，避免因文字表达不周而引起误解。同时，谈判各方都要认真、迅速、妥善处理回函和来函，能达成的交易要迅速通知对方，不要贻误时机，即使不能达成交易，也要委婉地答复，搞好与客户的关系，"生意不成人情在"。书面谈判最忌讳的是函件处理不及时，也忌讳有求于人时，丧失企业品格；而人求于我时，又冷眼相待。这不仅关系到企业购销活动的持续开展，而且关系到企业的经营作风和商业信誉。

综上所述，书面谈判形式有利有弊。谈判形式利用的好坏，完全在于对各种谈判形式掌握得如何，谈判各方应根据交易的需要和各种谈判形式的特点加以正确选择。在实际工作中，不要把谈判形式截然分开，可以把它们结合起来，取其长、避其短。

在一般情况下，适用书面谈判的交易，在特殊情况下也可以改用口头谈判。

在实际工作中，企业既要正确选择谈判形式，又要灵活运用谈判形式。例如，在实际工作中，企业之间在刚开始接触时采用书面谈判方式，等各方有明确意向时，再派人员当面谈判，签订协议。又如，经常有交易往来的各方，当原来的约定条件不变时，通常采用书面谈判形式，若情况发生变化时，则用口头谈判。

三、电子商务谈判

电子商务谈判是利用电子化手段（电话、电传、互联网等）进行的商务谈判。这是一种介于口头谈判与书面谈判之间的新的谈判类型。

（一）电子商务谈判的优势与不足

1. 电子商务谈判有利于谈判各方的信息交流

从谈判的性质来看，谈判各方之间存在一个如何将己方的信息传递给对方，同时又将对方的信息接收过来的问题，而电子商务谈判在这方面占有很大的优势。

（1）谈判中信息传递快。特别是在谈判各方地理位置距离较远的情况下，传统的谈判中花费在使各方坐到一起的时间，也许用在电子商务谈判中已足以达成目标，这种谈判方式又特别适于国际商务谈判。

（2）谈判中信息传递广。商务本身在朝着国际化、全球化发展，在网络环境下，电子商务谈判真正意义上实现了"世界就是一张偌大的谈判桌"，这使得谈判信息传递范围广，促进了电子商务的国际化、全球化。

（3）谈判中的信息来源广、多、杂。谈判各方所需信息须经过认真的研究、鉴别。

2. 电子商务谈判改变了传统的谈判模式

（1）谈判不受时空限制。即不需要安排谈判的时间、场地。传统谈判中因时间、地点无法确定而引起的麻烦已不存在。由于不安排场地，各方在网络空间中谈判，既不涉及谈判主场对主方的有利因素，也避免了客方的不利条件，因此，保证了谈判各方的公平性。由于不考虑谈判适宜的时间，不布置谈判环境，不做接待工作，各方不用到一张实物的桌子上谈判，因此，可以简化谈判环节，减少人、财、物的消耗。

（2）信息渠道单一。确立了谈判各方后，他们不用面对面坐到一起来，各方之间的信息渠道单一，使各方都不受复杂的人际关系的影响。谈判中"人"与"问题"掺杂会使各方关系与讨论的实质问题纠缠不清。电子商务谈判使各方能将"人"与"问题"分开，将各方的关系建立在正确的认识、清晰的沟通、适当的情绪上，保障了公平竞争。

（3）谈判方式由横向转向纵向发展。由于电子商务谈判是在互联网上传输信息，因此必然有一定的时滞，使人的思维有一定延迟。这种情况下，电子商务谈判宜采用纵向的谈判方式。

纵向谈判方式适合于链条状或复合式问题的谈判；横向谈判方式适合于面对面的谈判。

由于网络的交互式环境远不如人与人之间的直接交流灵活，因此，为保证谈判的效率，采用链条状的纵向谈判方式更适合电子商务谈判。

（4）谈判班子的组织自由度更大。传统谈判中由于人力、财力、物力的因素，必须选派有限的人员组成谈判班子，还必须进行谈判前的合作训练。电子商务谈判不需谈判者亲自前往，因此，对人员数量限制不大，并可随时调拨人员，能最大限度地发挥集体智慧。

3. 电子商务谈判获取隐含信息更困难

由于电子商务谈判是在网络上进行的，因此，谈判者不必在一定的场所会面。在传统谈判中，谈判者除了从语言获取信息之外，在谈判现场还可以获取其他隐含信息来辅助决策，从人的仪态、举止、目光、面部表情获取无声信息，从人所用的道具、动作中获取更多信息。而在电子商务谈判中，各方谈判代表无法接收到这种肢体语言所传达的信息，谈判的气氛控制也与传统谈判有很大的不同。

（二）电子商务谈判应注意的信息问题

1. 应注意信息的可靠性

电子商务谈判是建立在信息流的运动之上的，只有信息流动畅通，才能使谈判继续下去。因此，谈判各方都必须提供准确可靠的信息。为此，谈判各方要解决由于平台不一致，软、硬件不一致所带来的信息交流障碍，还要有效清除网络故障、操作错误、硬件故障、系统软件故障及人为破坏产生的不可靠信息。

2. 应注意信息的一致性、完整性

谈判各方在信息传输时的意外差错或欺诈行为，可能导致信息丢失、信息重复或信息传递的次序差异，也会导致谈判各方获取信息的不同，而信息的完整性将影响到谈判方式、策略。保持信息的一致性、完整性是电子商务谈判应用的基础。因此，谈判各方要防止对信息的随意生成、修改和删除，同时要防止数据传送过程中信息的丢失和重复，并保证信息传送次序的统一。

3. 应注意信息的安全性

任何商务谈判都必须保护企业的商业秘密，避免在谈判中泄露，在开放的网络环境中，尤其要做好商业信息的保密工作。企业在谈判中要预防非法的信息存取，提防信息在传输过程中被非法窃取。企业要加强保密技术，强化安全管理，保障信息的安全。

4. 应注意信息环境

电子商务谈判是源于电子商务的，如果缺乏电子商务发展的环境，就谈不上谈判问题了，而电子商务的应用与发展是与互联网的普及程度，企业的介入程度，网民的数量、购买力、购买趋向息息相关的，它会随着整个互联网环境和电子商务环境的完善而不断改善。

5. 应注意电子商务谈判后签订合同

在电子商务环境下，网上谈判取代了传统谈判，纸质合同也将被电子合同所取代。那么，电子合同签订的方式及技术问题，电子合同的有效性，均是开展电子商务的保证，必须给它们提供可靠的标识。

第九章　商务谈判的过程

商务谈判的过程也指商务谈判程序。它是指以谈判双方或多方坐在谈判桌前作为开始，以最后签订合同或协议为结束，在这期间所经历的一个连续的而又阶段分明的过程。商务谈判的各项准备工作就绪以后，就可以进行正式的、连续的、阶段分明的谈判了。一般来说，一场正式的、连续的、阶段分明的谈判过程由四个连续的阶段衔接而成，分别是开局阶段、报价阶段、实质性磋商阶段和结束阶段。有经验的商务谈判者都十分注意商务谈判程序的安排和运用。本章主要就商务谈判的过程，分四节分别对四个阶段加以阐述。

第一节　商务谈判的开局阶段

商务谈判的开局阶段，一般是指从谈判各方坐在谈判桌边起，到开始对谈判内容进行实质性讨论之前的一段时间。开局阶段是实质性谈判的第一个阶段。在这一阶段，商务谈判的各方开始进行初步的接触、互相熟悉，并就此次谈判的目标、计划、进度和参加人员等问题进行讨论，在尽量取得一致的基础上就本次谈判的内容分别发表陈述。

一、商务谈判开局阶段的作用

开局阶段意味着整个商务谈判的正式开始，但是一般来说，谈判的开局阶段并不涉及谈判的实质性内容，持续时间也比较短。尽管如此，商务谈判的开局阶段对于整个谈判进程仍然具有相当重要的作用，甚至在某些方面将决定谈判的走向。

（一）能够树立良好的第一印象

在人与人第一次交往中留给对方的印象，会在对方的头脑中成型并占据主导地位，这种印象在心理学上被称为第一印象，而该效应被称为第一印象效应。在商务谈判中，同样存在着第一印象效应，而且往往是由谈判者带给对方的。在商务谈判的开局阶段，在对方心目中树立起良好的第一印象，对顺利开展谈判具有相当重要的作用。

（二）可以营造适当的谈判气氛

所有的谈判都是在一定的谈判气氛下展开的，良好适当的谈判气氛对谈判的进程起到一定的推动作用，有助于提高谈判的有效性和效率。反之，如果谈判气氛不佳或不适当，往往会阻碍谈判的顺利进行，并影响最后谈判结果的达成。所以，在商务谈判开局阶段营造适当的谈判气氛，对于谈判的成功具有相当重要的作用。

二、商务谈判开局阶段应注意的几个方面

（一）应掌握正确的开局方式

开局的方式是制定开局策略的核心问题。

从谈判内容、程序和谈判者方面来看，谈判者的所作所为是左右谈判开局的重要因素。这里所说的谈判者的所作所为是泛指谈判者之间相互作用的方式，谈判者的各自性格融合或冲突的方式，谈判者影响谈判的方式以及谈判一方对另一方影响的措施等。因此，积极主动地调节对方的所作所为，使其与己方的所作所为相吻合，即主动地对谈判者这个影响谈判的重要因素施加影响，创造良好的谈判气氛，是顺利开局的核心。

最为理想的开局方式是以轻松、愉快的语气先谈些各方容易达成一致意见的话题。比如，"咱们先确定一下今天的议题，如何？""先商量一下今天的大致安排，怎么样？"这些话从表面上看好像无足轻重，但这些要求往往最容易引起对方肯定的答复，因此比较容易创造一种"一致"的感觉。如果能够在此基础上，悉心培养这种感觉，就可以创造出一种"谈判就是要达成一致意见"的气氛，有了这种"一致"的气氛，各方就能比较容易地达成互利互惠的协议。可见，良好的开局方式可谓成功了一半。

（二）应避免一开局就陷入僵局

商务谈判各方有时会因彼此的目标、对策相差甚远而在一开局就陷入僵局。这时各方应努力先就谈判的目标、计划、进度和人员达成一致意见，这是掌握好开局过程的基本策略和技巧，实践证明这适合于各种谈判。若对方因缺乏经验而表现得急于求成，即一开局就喋喋不休地大谈实质性问题，这时我们要善而待之，巧妙地避开他的要求，把他引到谈判的目的、计划、进度和人员等基本内容上来，这样各方就很容易合拍了。当然，有时候谈判对手出于各种目的在谈判一开始就唱高调，那么我方可以毫不犹豫地打断他的讲话，将话题引向谈判的目的、计划等问题上来。总之，不管出于哪种情况，谈判者应有意识地创造出"一致"感，以免造成开局即

陷入僵局的局面，为创造良好的开局气氛创造条件。

（三）应考虑开局阶段的一些因素

不同内容和类型的谈判，需要有不同的开局策略与技巧与之对应。为了结合不同的谈判项目，采取恰当的策略与技巧进行开局，需要考虑以下几个因素。

1. 看谈判各方的业务关系

根据谈判各方之间的关系来决定建立怎样的开局气氛、采用怎样的语言，以及何种交谈姿态。具体有以下四种情况。

（1）谈判各方有过良好的业务合作。在这种情况下，开局阶段的气氛应是热烈、友好、真诚、轻松愉快的。谈判各方的语言应热情洋溢，内容上可以畅述各方的友好合作关系，亦可适当称赞对方企业的进步和发展，姿态上应比较自由、放松、亲切，可以较快地将话题引入实质性谈判。

（2）谈判各方有过业务往来，但关系一般。那么，开局的目标仍要争取创造一种比较友好、随和的气氛，但谈判者在语言上的热情程度应有所控制，内容上可以简单地说说各方过去的业务往来，亦可谈些各方人员在日常生活中的兴趣和爱好，姿态上可以随和自然。在适当的时候，自然地将话题引入实质性谈判。

（3）谈判各方有过不尽如人意的业务往来。那么，开局阶段的气氛应是严肃、凝重的。语言上在注意礼貌的同时，应比较严谨，甚至带一点冷峻。内容上可以对过去各方业务关系表示遗憾，以及希望通过本次磋商来改变这种状况，也可谈论一下途中见闻、体育比赛等中性话题。姿态上应充满正气，并注意与对方保持一定的距离。在适当的时候，可以慎重地将话题引入实质性谈判。

（4）谈判各方从未有过业务往来。那么，开局应力争创造一个友好、真诚的气氛，以淡化和消除陌生感，以及由此带来的防备甚至略含敌对的心理，为实质性谈判奠定良好基础。在语言上应表现得礼貌友好，但又不失身份。内容上多以途中见闻、体育消息、天气状况、个人业余爱好等比较轻松的话题为主，也可以就个人在企业的任职情况、负责范围、专业经历等进行一般性的询问和交谈。姿态上应不卑不亢，沉稳中不失热情，自信但不骄傲。在适当的时候，可以巧妙地将话题引入实质性谈判。

2. 看谈判各方的个人感情

谈判是人们相互交流思想的一种行为，个人感情会对交流的过程和效果产生很大的影响。如果各方谈判者过去有过交往和接触，并结下了一定的友谊，那么开局即可畅谈友谊，也可回忆过去交往的情形，或讲述离别后的经历，还可以询问对方家庭的一些情况，以增进相互间的个人感情。实践证明，一旦谈判各方建立了良好的个人感情，则对谈判的妥协、让步、成交会有所促进。

3. 看谈判各方的实力

就各方的谈判实力而言，有以下三种情况。

（1）各方谈判实力大致均衡。为防止一开始就强化对方的戒备心理和激起对方的敌对情绪，以致使这种气氛延伸到实质性阶段而使各方互不买账、一争高低从而造成两败俱伤的局面，开局阶段要注意创造一个友好、轻松的气氛。谈判者的语言和姿态要做到轻松而不失严谨、礼貌而不失自信、热情而不失沉稳。

（2）己方谈判实力明显强于对方。为使对方清醒地认识到这一点，并在谈判中不抱过高的期望值，从而产生威慑作用，同时又不致将对方吓跑。开局阶段的谈判，己方在语言和姿态上，既要表现得礼貌友好，又要充分显示出己方的自信和气势。

（3）己方谈判实力弱于对方。为不使对方在气氛上占尽上风而影响实质性谈判，开局阶段己方在语言和姿态上，既要表示友好和积极合作，也要充满自信、举止沉稳、谈吐大方，而使对方不至于轻视己方。

第二节 商务谈判的报价阶段

商务谈判主要是围绕商品的价格展开的，当谈判进入报价阶段，也就意味着实质性谈判的开始。这里所说的报价，不仅指对于价格的要求，还泛指一方对另一方提出的所有要求，包括谈判标的物的数量、质量、价格、支付条件、包装、责任条款等各方面的交易条件。

所以，报价阶段在商务谈判全过程中具有非常重要的作用。报价的合理与否、成功与否，关系到整个价格谈判的成败，从而也关系到整个商务谈判的成败。

一、商务谈判报价的含义和特点

由于报价对于整个商务谈判过程和结果都具有相当重要的影响，而且报价本身包含对于商品价格、数量、质量等多种因素的确定，所以，报价是一项非常复杂的工作。谈判者在报价前后，需要做很多准备，并了解相关的注意事项。

（一）商务谈判报价的含义

商务谈判的报价不同于其他经济活动中的商品价格，这种报价是后面价格磋商的前提工作。商务谈判有很多特别的类型，不同类型的商务谈判报价的含义都有所差别，下面将介绍几种主要类型的商务谈判的报价含义。

1. 商品购销谈判报价

商品购销谈判是最常见的一种商务谈判，其报价的核心便是商品的价格，并结合商品的质量、数量、包装、交货、运输、支付方式、售后服务等一系列的相关条款。

2. 技术贸易谈判报价

技术贸易，就是一般所说的知识产权转让。技术贸易谈判是围绕不同形式的知识产权转让而展开的谈判，包括工业产权和著作权。工业产权又包括对专利、专有技术、产品式样、商标等的独占权。技术贸易谈判报价的核心，是知识产权转让的费用，此外还包括标的物的内容、转让的方式等条款。

3. 工程承包谈判报价

工程承包谈判，主要是工程建筑企业通过投标或接受委托等方式，与发包人进行谈判以达成承包的协议。其报价的核心是承包的费用，此外还包括工程的性质、质量、数量、材料成本、支付方式等条款。

4. 租赁业务谈判报价

租赁业务谈判与商品购销谈判类似，只不过形式从买卖交易变成了租赁交易。其报价核心是租赁的价格即租金，此外还包括商品的质量、数量、租用时间、支付方式、服务等条款。

5. 劳务合作谈判报价

随着市场开放程度的不断扩大，劳务合作的机会也越来越多，劳务合作谈判也日益成为一种常见的商务谈判形式。劳务合作谈判报价的核心在于各方利益的分配，即利润的分配，此外还包括各方的合作方式、义务、责任等条款。

6. 合资经营谈判报价

合资经营谈判报价与劳务合作谈判类似，合资经营谈判也是目前日益常见的一种商务谈判形式，只不过其谈判的对象从劳务的合作变为了资金的合作。其核心也是各方利益的分配，此外还包括各方合作方式、义务、责任等条款。

7. 加工装配业务谈判报价

加工装配业务主要出现在国际贸易中，也就是常说的"三来一补"中的"三来"，来料加工、来样加工和来件装配。在加工装配业务谈判中，报价的核心是加工费或装配费，同时还包括质量、数量、包装、交货、支付方式等条款。

加工费或装配费，同时还包括质量、数量、包装、交货、支付方式等条款。

（二）商务谈判的报价原则

由于价格磋商是整个商务谈判的关键问题，所以，报价成功与否对谈判的进程有着实质性的影响。要成功地完成报价，谈判者要遵循以下一些主要原则。

1. 采取最高报价（卖方）或最低报价（买方）的报价方式

对卖方来说，开盘价应该是最高的，对买方来说，开盘价应该是最低的，这是报价的首要原则。

（1）作为卖方来说，开盘价为要价确定了一个最高限额。一般来说，开盘价提出之后，没有特殊情况，就不能再提出更高的要价了，而最后成交的价格通常在这个价格之下。而作为买方来说，开盘价为要价确定了最低限额，最后成交的价格也通常在这个价格之上。

（2）由于多数人信奉"一分价钱一分货"的观念，如果卖方开盘报价较高，容易给买方留下商品质量较好的印象。

（3）如果卖方开盘报价比较高，则能够为以后的讨价还价提供更大的余地，使得己方在价格磋商中更加富有弹性，便于把握成交的时机。

（4）开盘价的高低往往会对最终成交的价格产生实质性的影响。即开盘价高，最终成交价格也高；开盘价低，最终成交价格也低。换言之，开盘时要求越多，最终获得的往往也越多。

2. 开盘报价必须合乎情理

卖方的报价尽可能高，买方的报价尽可能低，是商务谈判报价的一般原则，但是这并不意味着报价时可以漫天要价。报出的价格必须合乎情理，并且有足够的理由支持己方的价格。

3. 报价应果断坚定、明确完整而不主动做解释和说明

开盘报价应该果断、坚定、毫不犹豫，这样能够给对方留下己方诚实认真的好印象。如果报价拖泥带水、欲言又止，会使得对方对己方产生不信任感。

开盘报价应该明确、清晰而完整，以使对方准确了解己方的期望。如果报价含糊不清，会使对方对己方产生误解。

报价的时候不应对所报价格主动做出解释和说明，因为无论己方的报价是否符合对方的期望，对方都是会对其提出质询的。如果在对方提问之前便主动就报价做出解释和说明，会提醒对方意识到己方最关心的问题，其中可能包括对方先前并没有意识到的问题，从而露出破绽，为对方提供了突破口。所以，主动的解释和说明，会使己方落入被动的境地。

二、商务谈判报价模式的选择

只有掌握了正确的报价程序，才能够有效地发挥报价阶段的作用，在价格谈判中占据有利的地位。商务谈判报价的程序问题，包括报价的先后顺序和报价模式的选择这两个主要方面。

报价的先后顺序在后面的商务谈判策略技巧中将阐释，此不详述。这里主要谈报价模式的选择。

国际上有两种通用的报价模式，即所谓的西欧式报价和日本式报价，两种报价模式在原则和方法上有着本质的差别，具体在实际操作中也有各自的用途和适用范围。

（一）商务谈判报价模式

1. 西欧式报价

西欧式报价的一般模式是，首先报出一个对己方有利、对对方不利的交易条件，并留出较大的余地，然后通过各方的磋商，以让步的形式，使对方最终接受交易条件，达成最后的交易。西欧式报价也是平时谈判中惯常使用的报价模式，一般这样的模式也能够为谈判各方默认，以利于顺利开展价格磋商。

2. 日本式报价

日本式报价的一般模式是，先报出一个对对方有利、对己方不利的交易条件，以引起对方的兴趣，但是，在正式进行价格谈判时，表示这个交易条件无法满足对方的全部要求，如果想要满足，需要逐步改变交易条件，并向着有利于报价方的方向发展。所以，就卖方提出日本式报价的价格谈判来说，最后达成的交易条件往往高于开始提出的交易条件，相反的，如果是买方提出的，最后的交易条件会低于开始提出的交易条件。

（二）怎样选择商务谈判报价模式

在商务谈判中，通常采用的是西欧式报价，有利于各方在一个比较熟悉的谈判模式基础上开展价格谈判，并且有利于达到各方都期望的谈判结果。而日本式报价容易在一开始就出乎对方的意料，打乱对方的战略部署。但是，随着谈判的深入，后报价方会有一种被欺骗的感觉，往往不利于后面的谈判在一个友好的气氛中继续展开，要达到一个令各方都满意的结果也比较困难，而且谈判结果往往都是有利于先报价一方的。

所以，如果谈判的气氛是友好的，各方的态度是合作的，一般都应该采取西欧式报价。只有在那些特定的情况下，需要用一定手段来完成谈判目标，那么可以考虑采用日本式报价。同时，在谈判时，如果是后报价的一方，应该尽量避免落入日本式报价的圈套。

为了避免落入日本式报价的圈套，谈判者应注意以下几个问题。首先，应仔细检查对方报价的内容，看其是否符合己方的需要；其次，如果同时与多个客商进行谈判，应将他们不同的报价进行比较，比较各自交易条件的异同；最后，不要轻易信任较优惠报价的客商，而终止其他的谈判，以避免陷入被动的局面。

第三节　商务谈判的实质性磋商阶段

在谈判各方做出明示并报价之后，商务谈判就进入了对于实质性内容进行谈判的阶段，也就是商务谈判的磋商阶段。磋商阶段是商务谈判的中心环节，也是在整个过程中占时间比重最大的阶段。

商务谈判的实质性磋商，主要还是围绕价格展开的，也就是一个讨价还价的过程。在此期间，将会出现的问题有谈判各方的价格争论、冲突甚至僵局，也包括各方为了最后达成交易而各自做出的让步。

一、关于交易条件的磋商

商务谈判中关于交易条件的磋商，就是平常说的讨价还价。讨价还价的内容，不单单是指商品的价格，而是指全部的交易条件，包括商品的数量、质量、价格、支付条件、包装、责任条款等各方面的交易条件。整个讨价还价的过程，就是对谈判中所涉及的交易条件的讨论和确定。

（一）讨价

讨价，是指在谈判中一方首先报价之后，另外一方认为该价格离己方的期望价格比较远，从而要求报价方改善其报价的行为。讨价是一种谈判策略，可以误导对方对于己方价格期望的判断，并改变对方的价格期望，为己方还价做准备。作为讨价阶段的第一步工作，应让对方就报价做出一定的解释，即价格解释。

1. 价格解释

由于对方的报价一般是简单而概括的，对于报价的理由、组成、条件等都不会做充分的解释和说明，如果对于这些不做完整的了解的话，将会给今后的讨价还价工作带来困难。所以，必须首先要求对方对其报价的理由、组成、条件等做出充分的说明，然后，在此基础上对对方的报价做出评价，进而开始正式的讨价还价过程。

另外，在某些时候，对于对方不合理的报价甚至是漫天要价，应及时地要求对方做出合理价格解释也可以起到适当的提醒和警告作用，甚至可以用一些比较强硬的问题来直接拒绝对方的报价。

2. 价格评论

在对方对报价做出解释之后，就可以对对方报价做出评论了。价格评论是进行讨价的基础。在对方报价之后，己方讨价之前，首先应对对方的报价进行评论，这种评论一定是消极的,并据此提出讨价的要求。

具体评价时,可以单就对方报价的整体或者具体部分做出评论,例如,"我方觉得贵方提供的技术已经相对落后,价格水平却非常之高,是我方所无法承受的"。

此外,也可以采取横向比较的方式进行评论,例如,"我方发现,贵方在提供的设备并没有明显优于目前市场上大多数设备的情况下,价格却远远高于市场通行价格"。

总之,价格评论明确提出对对方报价的不满意之处,以获得足够的理由进行随后的讨价。

3. 讨价的阶段和方式

在进行评价之后,就可以进行讨价,要求对方修正其报价,以更加接近己方的价格期望。具体说来,讨价一般分为三个阶段,下面以买方讨价为例,分别说明这三个阶段的讨价方式。

(1)讨价刚开始的阶段。此时对卖方价格的具体情况尚比较模糊,缺乏清晰的了解,所以,该阶段的讨价方式是全面讨价,即要求对方从总体上改善其报价。需要注意的是,该阶段的讨价不一定是一次性的,可以视具体情况进行多次讨价,以获得更加接近己方期望价格的报价。

(2)讨价的实质内容阶段。此时己方对卖方价格内容已经有了一个大致的了解,该阶段的讨价便是有针对性地讨价。即在对方报价的基础上,找出明显不合理、水分较大的项目,有针对性地进行讨价。目的是通过讨价,将这些项目中的不合理部分和水分挤掉,从而获得更有利的报价。

(3)讨价的最后阶段。此时己方对卖方价格已经有了比较清晰的了解,该阶段可以在第二阶段有针对性讨价的基础上,进行最后的全面讨价,要求对方给出改善后的最终报价。这一阶段的讨价同样可以视具体情况进行多次讨价,以获得最终最优化的报价。

(二)还价

还价是指谈判中一方根据对方报价,结合己方的谈判目标,提出己方的价格要求的行为。在谈判中,还价是一个比较关键的阶段,因为还价是谈判各方真正针对价格进行正面交锋的阶段,还价策略运用得成功与否,直接关系到能否达成最后协议以及己方谈判目标是否能够实现。

为了使谈判进行下去,一方在进行了数次的价格调整后,会要求另一方还价;而另一方在讨价目标实现后,为了表示己方的诚意,也应该接受还价的邀请,进行还价。此时,价格谈判就结束了讨价阶段,而进入了还价阶段。所以,在进行还价时,作为任何一方都应该谨慎,以避免还价不当而影响谈判的进程或损害己方的利益。

1. 还价时机的选择

这里仍然以买方为例。买方何时回应卖方的还价邀请，结束讨价开始还价，时机的选择是一个比较重要也比较微妙的问题。还价的时机选择得好，一方面，可以保证谈判顺利进行；另一方面，也可以减少还价的次数，提高还价的效率，有利于谈判目标的最终实现。还价是以讨价为基础的，所以，还价的时机也主要决定于讨价的结果。一般来说，卖方在回应买方讨价要求，对报价做出改善之后，会向买方发出还价的邀请。此时，如果卖方只是对报价进行了微小的调整，或者改善的幅度不大，买方应继续讨价，为还价建立更有利于己方的基础，而不是急于还价。而当卖方已经做出较大的或者实质性的让步时，买方便应该考虑开始还价，因为如果还是一味地坚持讨价，拖着不还价的话，会给卖方造成己方无谈判诚意的印象，影响谈判的顺利进行。

2. 还价方式的选择

采取何种还价方式首先要看是基于什么依据来进行还价。在商务谈判中，还价的依据主要有两种类型，一种是按价格评论还价，另一种是按项目还价。

（1）按价格评论还价。根据价格评论的不同，又可以分为按分析比还价和按分析成本还价两种方式。

按分析比还价是指买方按同类商品的价格或者竞争者商品的价格作为参考进行还价。这种还价方式的关键在于选作参考的商品是否具有可比性，而能够使对方信服。

按分析成本还价是指买方根据自己计算出的商品成本，再加上一定百分比的利润作为还价的依据进行还价。这种还价方式的关键在于买方所计算的成本是否准确，并能够使对方信服。

（2）按项目还价。根据每次还价项目的多少，又可以分为单项还价、分组还价和总体还价三种方式。

单项还价是以商品报价的最小项目单位进行还价。如果是独立商品，可以按照计量单位进行还价；如果是成套设备，可以按主机、辅机、备件等不同部分进行还价；如果是服务费用，则可以按照不同的费用项目进行还价。

分组还价是把谈判对象分成若干项目，并按每个项目报价中所含水分的多少分成几个档次，然后逐一还价。对于水分含量较大的项目，就多还一些；水分含量少的项目，就少还一些。

总体还价又叫一揽子还价，是将整个报价按照一定的百分比进行还价，而不考虑报价中各部分所含水分的差异。

在商务谈判中，具体按照以上哪一种还价方式来进行还价，首先取决于谈判标的商品的特征。例如商品的规格、数量、市场供求状况以及替代品现状等。此外，还取决于谈判当时的一些其他具体情况。例如谈判各方的实力对比、己方所掌握信息量的多少、己方的谈判经验等。总之，在确定还价方式时，要本着哪一种方式更有说服力、更容易为对方所接受的原则来选择。

3. 还价起点的确定

在还价时，另一个需要决定的重要因素是还价的起点，也就是买方第一次提出的希望成交的条件。还价起点的确定，从原则上讲要低，但是又不能太低，要接近谈判的成交目标。因为讨价还价的基本原则之一便是还价要尽可能地低，如果还价高了，会使得己方必须在还价之上成交，从而损害了己方的利益；如果还价过低了，又会引起对方的不满，认为己方无谈判诚意，从而影响谈判的顺利进行。所以，还价的起点不宜过高也不宜过低，要接近己方所期望的成交目标。

二、商务谈判磋商过程中对谈判局势的正确评估

商务谈判的磋商过程主要就是讨价还价的过程，但是，一味盲目地讨价还价也不可取。在磋商的过程中，还应该不断地对谈判局势进行评估，这样才能实施最有效的讨价还价策略。所谓谈判局势，也就是谈判的形势。在商务谈判中，谈判局势主要是根据当时的交易条件能否被谈判各方接受来判断的。

（一）交易条件各方显然都可接受的情况

在这种情况下，谈判一方提出的交易条件或者各方协商的交易条件对于谈判各方来说都很理想，是谈判各方都乐意接受的。此时，只要谈判各方愿意就此达成协议，谈判就可以马上进入结束阶段，各方签约。但是，同样有一些问题是需要谈判各方注意的。

1. 不可过分讨价还价

无论谈判的哪一方，都希望谈判的结果尽量有利于己方，在谈判中都会争取尽可能大的利益。所以，即使当时的交易条件已经能够为己方接受，各方仍然都希望通过进一步的讨价还价来争取更大的利益。但是，此时再做过分的讨价还价显然是不合时宜的，因为在交易条件明显符合各方期望的情况下，过分地讨价还价会让对方认为己方在得寸进尺，容易引起对方的反感。特别是在对方已经做出一定让步的情况下，很可能会使本来已经接近成交的谈判陷入僵局甚至破裂。

此时，如果想获得更有利于己方的谈判结果，可以在一些不触及对方关键利益的条款上向对方寻求一些额外的利益，而不是一味地讨价还价。

2. 欲速则不达

很多时候，当交易条件显然能够被谈判各方接受时，有一方往往会因为想尽快结束谈判，而催促对方签订协议，这是不可取的。因为虽然谈判有了签约的条件，

却仍然需要遵循原先商定的议程继续进行，直至签约。仓促结束谈判，会导致许多隐藏的问题被忽略，为将来合同的履行埋下隐患。而且如果操之过急，会让对方怀疑交易条件中有漏洞，从而要求修改交易条件，并且在谈判桌上产生一种不信任的气氛。

所以，正确的做法应该是按部就班，根据事先商定好的谈判议程，一步步走向最终的签约。

（二）交易条件可能为各方接受的情况

第二种情况是交易条件可能为各方接受，也就是说谈判一方或者各方可能接受目前的交易条件，但是必须对交易条件做出一定的修改，否则无法被各方都接受。在现实谈判中，大多数时候处于这样一种局面，这也是谈判继续进行、各方继续磋商的原因和动力。在这种情况下，为了最终达成交易，需要遵循以下几个步骤。

1. 明确进一步磋商的范围

既然各方都愿意达成最终的交易，且有这个可能，那么，关键问题就在于如何通过进一步的磋商来获得各方都能接受的交易条件，也就是明确各方进一步磋商的范围。在明确各方进一步磋商的范围的时候，需要考虑以下一些主要因素。

（1）沟通的障碍。在各方磋商的时候，很多分歧来自于沟通的障碍，也就是各方就同一问题的表述、传达和理解上的差异。此时，明确各方沟通的障碍所在，就有助于消除一些不必要的分歧，从而更好地达成共识。

（2）讨价还价的表现。很多时候，可以通过对方在讨价还价时的表现来判断对方对交易条件的接受程度以及达成交易的意向。如果对方对一些主要问题或核心条款还抓住不放，说明对方希望目前的交易条件有较大的修改，其达成交易的意向并不明显；如果对方只是在一些细枝末节的问题上讨价还价，则说明对方对于目前交易条件的绝大部分都能够接受，其达成交易的意向也比较明显。根据对方的意向，就可以与对方展开有针对性的进一步磋商，以尽快达成交易，结束谈判。

（3）真正的分歧。很多时候，谈判各方表面的分歧或冲突并不是无法达成共识的症结所在，各方需要透过表面发现彼此之间真正的分歧，也就是我们常说的"根本矛盾"。找到这个"根本矛盾"，就能据此寻求达成一致的途径，从而为各方达成交易扫清障碍。

2. 进一步磋商直到达成协议

明确各方进一步磋商的范围之后，就应该积极地开始进一步磋商的工作，以求达成各方都能够接受的交易条件。此时的磋商不应再以讨价还价为主，而是各方本着互谅互让的精神，通过一定的让步或者寻找合理的替代方案来取得一致。

（三）难以达成交易的情况

还有一种情况就是各方难以达成交易，也就是说，目前的交易条件与一方或者各方的心理底线差距比较大。此时，简单的磋商或讨价还价是不足以使各方达成共识的，必须通过其他方法来寻求一致，否则，谈判很可能会陷入僵局或破裂。一般可以采用的方法有以下两种。

1. 修改原来的谈判计划

这是从己方入手的一种方法，即通过修改己方的谈判计划，来调整己方的谈判期望，从而寻求与对方达成一致的可能。具体包括修改己方的谈判目标、谈判底线以及谈判策略等，以适应谈判局势的要求，通过一定程度的让步来向对方表示己方达成交易的意向。但是，这种修改也不是无原则的，还是要建立在己方的利益之上，并根据谈判组的权限来操作。

2. 争取让对手向其上级要求"扩权"

这是从对方入手的一种方法，通过说服对方，让其请示上级，对其谈判权限范围做出修改，也就是扩大其权限，并且，通过说服对方通过修改其谈判计划来做出一定的让步，从而为谈判各方继续谈判创造条件。但是，在现实谈判中，这种方法往往很难实现，因为在说服对方的工作上需要花费大量的时间和精力，并且己方也应做出相应的让步来回应。

三、商务谈判磋商过程中的叫停

商务谈判是高度紧张的智力活动，要求谈判者自始至终保持高度的精神集中，在谈判中及时做出最合理的反应，即采用避免和化解冲突的种种策略。但是，任何谈判者，哪怕能力再强、经验再丰富，也难免会遇到由于注意力无法集中、个人能力不够或者对方的突然发难等原因产生的一时难以应付的问题。在这个时候，需要采取对谈判叫停的策略，来获得一段时间的缓冲和喘息，同时在己方和对方之间创造出一定的距离，以求缓解一时的不利局面，寻找有利的解决途径。在商务谈判中，叫停作为一项相当有效的策略性机制，被广泛使用。

一般来说，在谈判中，用以下一些借口来要求暂停谈判是非常有效的。

（1）向对方申请一个晚上来仔细考虑，把问题留到第二天解决，大多数人都不好意思拒绝这个提议。

（2）借口能够做决定的人不在，或者自己没有权力做这个决定，要求回去同自己的上级领导或者顾问商量之后再给出决定，这样的借口往往也是对方无法拒绝的。

（3）提议休会一天，大家一起去参加某项休闲娱乐活动，为谈判赢得时间，同时增进各方感情。这样的借口，往往被谈判的主方利用，因为"客随主便"，对方也不太好拒绝。

（4）借口去卫生间，没有人会拒绝这样的要求。

……

第四节　商务谈判的结束阶段

在商务谈判的结束阶段，谈判各方会签订合同或者协议。在有些商务谈判中，谈判各方可能在谈判期限内无法达成协议，就可能选择中止谈判或者使谈判破裂来结束谈判。

一、商务谈判结束的方法

在实际的商务活动中，并不是所有的商务谈判都是以签约或者成交作为结束的，很多谈判会由于各方无法取得一致而暂时中止，甚至最终破裂。成交、中止和破裂是谈判结束的三种主要方式。

（一）成交

商务谈判的磋商不是无止境的，随着磋商的不断深入，各方经过了多个回合的讨价还价以及各自的让步。各自的利益和观点逐渐趋于一致，此时谈判也接近了最后的成交和签约。这时谈判各方需要进行最后的努力，使得彼此的观点完全达成一致，促成谈判的成交。

成交的标志体现为签约。虽然谈判各方就交易的主要条款达成一致便可视为谈判成交，但是为了明确这种一致，并明确谈判后各方各自的权利和义务，谈判的结果还应形成书面文件，即商务合同或协议。签订商务合同或协议的过程就是商务谈判的签约阶段，一般把签约作为商务谈判成交的标志，同时签约也标志着商务谈判的正式结束。

由于合同具有法律效力，合同一经各方签字并批准生效，就成为约束各方的法律文件。各方必须履行合同中规定的各自应尽的义务，不然就要承担法律责任。所以，商务谈判的签约应该是一个非常严肃、谨慎的过程。在签约的时候，通常要注意以下一些问题。

（1）争取由己方来起草合同文本。最后的商务合同文本，一般是由一方来起草的，并经过另一方的检查，确认无误后各方签字。一般合同文本由哪一方来起草，哪一方就相对掌握了主动权。所以，在签约前，应尽量争取由己方来起草合同文本。

即使做不到这一点，也要尽量争取与对方一起起草合同文本。

（2）保证合同的主客体以及签订过程合法。由于合同具有法律效力，所以签订合同的主体、合同涉及的客体以及合同的签订过程都应该合法。否则，所签订的合同就无效。

（3）保证合同条款严密、详细。为了便于商务合同的履行，在合同中必须对交易过程中涉及的所有会影响到合同履行方式和效果的条款做出明确而详细的规定，如对价格、数量、质量、交货时间、交货地点、交货方式、交货期限以及违约责任等做出详细的规定，否则可能会因为对方钻了合同的空子，而给己方带来损失。

（4）争取在己方所在地签约。对于比较重要的商务谈判，特别是国际商务谈判，应该尽量争取在己方所在地签约。因为，如果今后发生了有关合同的纠纷，按照国际惯例，法院和仲裁机构一般会根据合同缔结地所在国家的法律来做出判决或仲裁。所以，在己方所在地签约，可以规避合同纠纷带来的法律风险。

（二）中止谈判

谈判的中止是指由于谈判外部或者内部的原因，造成谈判短期内无法继续，各方协议暂时停止谈判进程的行为。因为是中止，所以在一段时间后，谈判还是有继续进行的可能，而且各方此前为谈判所做的努力以及谈判中止前所获得的成果还是基本能够得到保留的，这也就为谈判的恢复提供了可能。

通常谈判中止的时候，谈判各方会就谈判中止的期限做出一定的声明，包括有约期中止和无约期中止。

1. 有约期中止

有约期中止指的是谈判各方在中止谈判时，约定在一定的时间后恢复谈判。一般当谈判由于一些突发情况不得不暂停的时候，谈判各方会选择有约期中止。有约期中止由于约定了恢复的时间，所以往往不会影响日后继续谈判的可能，更像是一种长时间的暂停。

2. 无约期中止

无约期中止指的是谈判各方在中止谈判时，未约定日后恢复谈判的时间，一般会说成是"无限期延期"。无约期中止往往发生在谈判各方利益无法弥合，或者产生了阻止谈判继续进行的不可抗力的时候。无约期中止在日后恢复的可能性一般比较小，更像是谈判破裂的一种委婉说法。

（三）谈判的破裂

谈判的破裂是指谈判各方由于无法弥合的分歧，无法就交易条款达成一致而提前结束谈判的行为。与谈判的中止不同，谈判的破裂意味着谈判的失败，而且今后再无继续的可能。

一般来说，谈判破裂的原因比较单一，即各方利益的根本对立，且这种对立没有调和的可能。所以，虽然谈判的破裂是谈判各方都不愿意看到的，但是一般无法避免。在实际情况中，如果谈判有破裂的迹象，谈判各方应首先仔细分析各方利益的差距是否有弥合的可能。如果矛盾可以调和却被误认为无法调和而导致谈判破裂，是非常可惜的。

谈判破裂分为友好破裂和对立破裂两种，两者对于谈判各方日后的继续合作有着截然不同的影响。

1. 友好破裂

友好破裂是指谈判虽然破裂，谈判各方的关系却并未因此受到影响，反而为日后的合作创造了一定的可能。所谓"买卖不成仁义在"，谈判各方可以借助此次谈判所累积起来的合作关系，今后在其他领域展开新的谈判合作。

友好破裂的原因一般比较简单，即各方在此次谈判的问题上无法达成一致，利益无法弥合，但这并不意味着以后在其他问题上的谈判也无法达到一致，所以，今后还有合作的可能。

2. 对立破裂

与友好破裂相反，对立破裂的谈判各方的关系也会随着谈判的破裂而变得对立，日后一般也不会再有合作的可能。

对立破裂的原因相对于友好破裂比较复杂，除了各方在利益和对谈判问题看法上的不一致外，还有其他的原因，如谈判手段的使用、谈判道德和法律的遵守，甚至谈判者的个人作用等。也正是因为这些复杂的原因，使得各方日后合作的可能性变得微乎其微。

二、商务谈判结束后的谈判总结

谈判的签约虽然意味着整个商务谈判过程的终结，但是，谈判者的工作并不是就到此为止了。谈判结束后，无论谈判成功与否，都应该对谈判工作进行全面的、系统的总结，以对将来的谈判进行指导。商务谈判的总结主要涉及以下几部分内容。

（一）商务谈判结果的具体表现

通常人们将是否签约作为评判商务谈判结果的唯一标准，其实这是不全面的。事实上，商务谈判结果的表现不仅仅在于是否签约，谈判后各方彼此的关系也是其重要的表现之一。

1. 签约和彼此的关系

一般来说，商务谈判签订了己方理想的协议，即视为达成了目标，获得了积极的结果。

但是，签约后各方会形成不同的关系，友好的、普通的和对立的。如果能够在签约后与对方形成友好的关系，就可以视为最理想的一种结果，不仅在此次谈判中达成了一致，还为今后继续友好的合作奠定了基础。如果在签约后跟对方关系一般，也不失为一种理想的结果。如果签约换来的是与对方关系的对立，则这样的谈判结果是不完美的，甚至可以说是一种失败。

2. 没有成交和彼此的关系

谈判最终破裂，未能与对方成交，就本次谈判来说应该是失败的，但是，如果结合谈判后与对手的关系变化来看，则可以有新的评判标准。如果谈判后，与对手建立了良好的关系，就等于为下一次谈判提供了可能，从公共关系的角度来看，这次谈判还是成功的。但如果谈判后与对方关系并没有改变或者变差了，则这场谈判就彻头彻尾地失败了。

(二) 谈判过程的经验总结

谈判过程中的经验总结同样是商务谈判总结的重要内容之一，谈判过程的经验总结主要包括两部分内容，成绩与教训的总结以及对谈判对手的评价。

在整个谈判过程中，应有专门的人员对谈判过程进行记录，并在每一场谈判后及时整理。这一方面可以对谈判的继续开展进行指导，另一方面也为最后的谈判总结提供材料。

在对谈判进行总结之后，应该将谈判总结的内容，结合对于谈判的总体评价和对今后谈判的建议，写成书面总结报告，作为谈判的成果之一，为今后的谈判工作做出指导。

1. 成绩与教训

谈判的总结从很大意义上来说就是对于谈判得失的总结，这种得失不单单指谈判结果的得失，也包括谈判全过程中的各种经验和教训。对于商务谈判过程的总结包括从谈判准备阶段到谈判结束阶段的整个过程，分析其中的成功经验和失误教训。

总结谈判的成绩和教训，目的在于为今后的商务谈判积累经验、提供参考，从而为今后谈判的成功增加砝码。

2. 对谈判对手的评价

对谈判对手的评价也是商务谈判总结中的一个重要方面，这涉及以后各方的长期合作以及与类似客户打交道时需要注意的问题。对谈判对手的评价指标包括对谈判对手的整体印象、对方的工作效率及风格、对方的好恶以及对方的优劣势。客观合理地对谈判对手评价也有利于己方取长补短。

第十章　商务谈判的策略

在商务谈判中，谈判者要想在谈判中获得成功，很重要的一点就是在谈判过程中注意运用谈判策略技巧。因为，谈判策略技巧的运用是谈判者主观能动性的体现，它对于谈判的成功与否关系重大，是商务谈判中不容忽视的，是任何谈判者都应注重的问题。

在这一章里，我们将分六节论述商务谈判的策略技巧。

第一节　商务谈判的探测方法

在商务谈判中，谈判各方的底价、时限、权限及最基本的交易条件等内容，均属机密。谁掌握了对方的这些底牌，谁就会赢得谈判的主动。因此，在谈判初期，谈判各方都会围绕这些内容施展各自的探测技巧，以了解对方的虚实。

【案例欣赏】

善于扩大选择范围的推销员

下班的时候，商场经理问其中一个营业员接待了几位客户。当得知这个营业员一天只接待了一位客户时，经理很生气，因为其他营业员都接待了好几位客户，而他只接待了一位客户。之后经理继续问，那你的营业额是多少？营业员说卖了58000美金。经理觉得很奇怪，询问这位营业员究竟是怎么回事。

这个营业员说客户买了一辆汽车，又买了一艘游艇，还买了不少其他东西，一共花了58000美金。刚开始这位客户是来买阿司匹林的，他说他的太太头疼，需要安静地休息。营业员在卖给客户药的同时与客户聊天，得知客户一直很喜欢钓鱼，营业员就不失时机地给他推荐了鱼竿。接下来营业员问客户，喜欢在哪儿钓鱼？客户说他家附近的河流、池塘里的鱼太少，他喜欢到大概开车需要3个多小时的海边去钓鱼。营业员又问客户是喜欢在浅海钓鱼还是喜欢在深海钓鱼。客户说他希望在深海钓鱼。营业员又问客户怎么去深海钓鱼，之后建议客户买艘钓鱼船，并向他推荐了商场里卖的钓鱼船。客户买了船后，营业员又问客户，去海边需3个小时的路程，船怎么运过去，他现在的车是否能够把船拉过去。客户后来一想，他现在的车拉不了这艘船，需要一辆大车，聪明的营业员又不失时机地给客户推荐了一辆大卡车，建议客户用这辆大卡车把刚买的钓鱼船拉过去。就这样，客户前前后后在这个营业员手里买了58000美金的东西。当然，这个营业员也得到了经理的赏识。

（资料来源：姚凤云，龙凌云，张海南. 商务谈判与管理沟通. 第2版[M]. 北京：清华大学出版社，2016.）

一、火力侦察法

火力侦察法是指谈判的一方先主动抛出一些带有挑衅性的话题，刺激对方表态，然后，再根据对方的反应判断其虚实的方法。比如，甲买乙卖，甲向乙提出了几种不同的交易品种，并询问这些品种各自的价格。乙一时搞不清楚对方的真实意图，甲这样问，既像是打听行情，又像是在谈交易条件；既像是个大买主，又不敢肯定。面对甲的期待，乙心里很矛盾，如果据实回答，万一对方果真是来摸自己底的，那自己岂不被动？但是自己如果敷衍应付，有可能会错过一笔好的买卖，说不定对方还可能是位可以长期合作的伙伴。在情急之中，乙想："我何不探探对方的虚实呢？"于是，他急中生智地说："我这货真价实，就怕你一味贪图便宜。"我们知道，在商界中奉行着"一分钱一分货""便宜无好货"这样的准则。乙的回答，暗含着对甲的挑衅意味。除此而外，这个回答的妙处还在于，只要甲一接话，乙就会很容易地把握甲的实力情况，如果甲在乎货的质量，就不怕出高价，回答时的口气也就大；如果甲在乎货源的紧俏，就急于成交，口气也就会显得较为迫切。在此基础上，乙就会很容易确定出自己的方案和策略了。

二、投石问路法

投石问路法是指买主在谈判中为了摸清对方的虚实，掌握对方的心理，通过不断询问来了解从卖方那里不容易直接获得的，如成本、价格等方面尽可能多的资料，以便在谈判中做出正确的决策的方法。

比如，一位买主想购买3000件产品，他可先问如果购买100件、1000件、3000件、5000件和1万件产品的单价分别是多少。一旦卖主给出了这些单价，买主就可以从中分析出卖主的生产成本、设备费用的分摊情形、价格政策、谈判经验丰富与否。最后，买主能够得到比直接购买3000件产品更好的价格，因为很少有卖主愿意失去数量这样多的买卖。

当然，投石问路法并非全能，如果卖方的应变能力强，棋高一筹，决不暴露自己的最低价，那么买方只好改用其他办法。

反过来说，如果买方采用投石问路法，那卖方又该如何聪明地应付对方并以较高的价格（最大极限值）成交呢？

首先，当买方拿出"石子"时，不要立即回答对方的问题，要争取充分的时间考虑，弄明白对方的"石子"所指的部位在哪里，对方是否急于成交。

其次，对方投出"石子"时，己方可以立即回敬他一个，要求对方以订货作为满足他的条件。例如，当买方询问西装数量与价格之间的优惠比例时，可以立即让他订货，这样他就不能轻易提问。

再次，并非对方提出的每一个问题都要正面回答或马上回答。假如对方的问题切中要害，这时，你还没有找出回答的方式，你可以答非所问。例如，你的西装确实好销，你就不必急于抛售了，一定要对方给出相当的价才答应成交。当然这个价也要让对方有利润可得。

最后应当反客为主，使对方投出的石头为己探路。例如，买方询问订货数量为多少时的优惠价是多少，你可以反问："你希望优惠多少呢？"在试探和提议阶段，这种发问的方法，不失为一种积极的方式，它将有助于各方为了共同的利益而选择最佳的成交途径。然而，如果谈判已十分深入，再运用这个策略只能引起分歧。如果各方已经为报价做了许多准备，甚至已经在讨价还价了，而在这时，对方突然说："如果我对报价做些重大的修改，会怎么样？"这样就可能有损于已经形成的合作气氛。因此，投石问路这个策略，用在谈判开始时的一般性探底阶段，较为有效。

三、抛砖引玉法

抛砖引玉法是指同样是要获得对方的基本观点或者倾向，有的时候，不妨先大方地将己方的一些观点和看法告诉对方，然后等待或者要求对方回应。

抛砖引玉的策略适用于谈判各方以往关系比较良好，或者谈判开局气氛比较和谐友好的情况。此时，谈判对手为了保持这种良好的关系或者气氛，一般会对己方的主动报以回应，就己方关心的一些问题表明其观点和倾向。

谈判者在使用抛砖引玉策略的时候，最关键的是要注意"砖"与"玉"的区别，即以小换大，用己方较少的表示换得对方较多的表示，这也是使用该策略的基本原则。一定要避免"丢了西瓜，捡了芝麻"的情况发生，即用己方较多的表示换回对方较少的表示。一旦发现对方没有回应的意思，谈判者就应该立刻停止这种表示，以避免将更多的信息透露给对方。

四、迂回询问法

迂回询问法是指谈判的一方通过迂回或不间断提问使对方松懈，然后趁其不备，巧妙探得对方的底牌的方法。在主客场谈判中，东道主通常会利用自己在主场的优势，实施这种技巧。例如，东道方为了探得对方的时限，就极力表现出自己的热情好客，除了将对方的生活做周到的安排外，还盛情邀请客人参观本地的山水风光，领略风土人情、民俗文化，然后在客方感到十分惬意之时，就会有人提出帮客方订购返程飞机或车船票。这时，客方往往会随口就将自己的返程日期告诉东道方，在不知不觉中落入了对方的圈套里。至于东道方的时限，客方却一无所知，这样，在正式的谈判中，自己受制于人也就不足为奇了。

五、旁敲侧击法

很多时候，谈判者为了了解谈判对手的谈判目的和谈判能力，需要获得对方对于某些关键问题的基本观点和倾向。但是，直接向对方提出这些问题容易过早地暴露己方的意图，引起对方的警觉。所以，可以通过旁敲侧击的策略来了解对手。

旁敲侧击，即指谈判者向对方提出一些无关谈判，却和己方关心的问题有关，并能从其答案中获得提示的问题。例如，如果想要了解谈判对手所获得的授权限度有多大，谈判者可以借口与对方领导关系较好，询问其近况如何，借以观察对方主要谈判者与其高层决策者的关系。一般来说，谈判者与高层决策者关系越为密切，所能获得的权限范围也就越大。

谈判者在使用旁敲侧击策略的时候，要注意不温不火，提问的时候要自然，装作顺口提及的样子，而不能表现得太急切，对对方的答案也不能表现得太在乎。如果对方并不想回答问题，己方切忌步步紧逼，以免打草惊蛇，引起对方的警觉和戒备，而是应该表示出理解，并伺机换种方式试探。

六、聚焦深入法

聚焦深入法是指谈判的一方先就某方面的问题做扫描式的提问，在探知对方的隐情所在之后，再进行深入的探问，从而把握问题的症结所在的方法。例如，一笔交易（甲卖乙买）各方谈得都比较满意，但乙还是迟迟不肯签约，甲感到不解，于是他就采用这种方法达到了目的。首先，甲证实了乙的购买意图。在此基础上，甲分别就对方对自己的信誉、对甲本人、对甲的产品质量、包装装潢、交货期、适销期等逐项进行探问，乙的回答表明上述方面都不存在问题。最后，甲又问到货款的支付方面，乙表示目前的贷款利率较高。甲得知对方这一症结所在之后，随即进行深入分析，他从当前市场的销势分析指出，乙照目前的进价成本，在市场上销售，即使扣除贷款利率,也还有较大的利润。这一分析得到了乙的肯定,但是乙又担心,销售期太长,利息负担可能过重,这将会影响最终的利润。针对乙的这点隐忧,甲又从风险的大小方面进行分析,指出即使那样,风险依然很小,最终促成了签约。

七、示错印证法

示错印证法是指谈判的一方有意通过犯一些错误,比如念错字、用错词语,或把价格报错等各种示错的方法,诱导对方表态,然后己方再借题发挥,最后达到目的。

例如,小黄为买一台录像机,跑了几家电器商店,这几家电器店的录像机价格都介于 2800～3000 元之间。为了购买到更便宜一点的录像机,他又询问了几家商店,最后来到了一家门面装饰不凡的电器公司。店员十分客气地同他打了招呼。他询问了录像机的价格,店员拿出一张价目表让他看,他所要的那种型号的录像机价格是 3000 元,但店员报价 2800 元,小黄觉得应该买,店员随即开写货单。这时从旁边过来另一位店员,看过货单后说价格应该是 3000 元而不是 2800 元,正在试机的店员立即查看价格表,转身对小黄说:"真对不起,我刚才看错了,将 3000 元看成了 2800 元。"说完,店员就将购货单上的 2800 元改成了 3000 元。店员在此用的就是示错印证法。

八、顺水推舟法

顺水推舟法是指有些时候,如果对方并不想很明确地表达某些己方感兴趣的信息时,己方可以借自己之口把对方的意思说出来,然后通过征询对方的意见或态度,来了解对方的真实想法。

在实际操作中,可以在对方陈述结束之后,顺势将己方的一些想法作为对方陈述的补充提出来,把它们变成对方的意思,并观察对方的反应。例如,谈判的一方可以说"根据我方对贵方表述的理解,贵方的意思是不是……"此时,如果对方赞同或者不置可否,就说明对方的观点与己方表述的一致或者基本一致;如果对方否认或者驳斥,就说明对方的观点与己方相异或相反。

谈判者使用顺水推舟策略的时候,应注意要自然,对于对方意思的补充阐述要合情合理,而不能弄得生硬而突兀。否则,会引起对方的猜疑,使其给己方一些具有误导性的回答。

第二节　商务谈判的砍价方法

在商务谈判中，商品的报价、回价既应注意其合理性，也应注意其策略性和艺术性。如果卖方报价巧妙、讲究方法，就能迎合买者心理，成交率就会大幅度提高。下面介绍一些报价的技巧和方法。

一、优惠法

优惠法即销售者在报价的前后附加有关优惠的内容。例如，这台摄像机5500元一台，一年内出现质量问题，可凭信誉卡免费保修。这种方法通过附加内容，避免报价生硬，能冲淡价格的刺激性。

二、补充说明法

补充说明法指在报价时销售者以补充说明的方法罗列出商品的优越之处。例如，卖主介绍说："这种'三宝酒'，才259元6角一瓶，内有名贵人参，是上等的滋补酒。酒瓶造型别致，形同花瓶，还上盖个酒杯。酒喝光后，酒瓶可做花瓶，酒杯可做酒具……"这种方法把商品及购买商品的好处加在一起，强调出来，能使购买者产生多方面得到"实惠"的心理，有了这种心理，就比较容易接受销售者的报价了。

三、"按灶增锅"法

"按灶增锅"法指在报价时销售者把虚头打进价格中，巧妙地为商品抬高价格而设置防线的方法。常见的乱摊成本乱摊费用，巧立名目，不报实数报虚数，抬高价格，就是使用的此种方法。例如，在进出口设备贸易中，一些外商把设备主件、附件、配件、安装调试、人员培训、运输、包装等各种费用列出来。可明眼人一眼便可看出，附件本来就在主机上，怎么能另加费用呢？我们做生意不提倡采用此法，但应能鉴别出对方是否用此法蒙蔽自己。

四、回顾价格法

回顾价格法即指当对方要你当面出价时，则提及一下过去类似的交易，来表示你希望达成交易的价格的方法。例如，"我们工程处上个月给50号住宅楼内装修抹灰是92元5角一平方米"。这种报价法并不包含有挑战性，只不过是回顾以往价格，供对方参考，以争取达成一个更好的价格协议。

五、对比法

对比法指报价时销售者将其商品与同类商品价格做比较的方法。例如，"这是山木耳，才 73 元一斤，那边卖的家木耳还 63 元钱一斤呢！"这种货比货的对比报价法容易争得购买者对商品价格的认同心理。

六、损失法

损失法指报价时销售者引导购买者把商品价格未来变化的因素考虑在内，使对方产生不买就可能蒙受损失的心理的方法。例如，"鸡蛋 4 元 8 角一斤，现在鸡饲料涨价了，很快鸡蛋价格就会上涨，你不如这次多买点。"害怕损失，是每个购买者都有的心理，一听说要涨价，就会抢着买。

七、"小数点"法

"小数点"法即指所议价格不是整数，而是带有小数点数字的报价方法。这是一种通过运用精确的数字来争取对手信任的技法。例如，买方劝告对方签约时说："如果贵方同意签约，你们所得到的利润是 580266.9 元。"这使对方感到其数字精确细致，此人是个精打细算、经营有道的人，进而愿意与其做成生意。

八、除法报价法

除法报价法指销售者将报价的单位，除至最小单位，以隐藏价格的昂贵性，使对方陷入"所贵不多"的错觉中，从而达到转化价格异议的目的的方法。

例如，100 袋一盒的无花果是 50 元钱，将报价单位缩小到每袋 5 角，这是缩小了数量单位；如果正常收的电话费每年为 480 元，用除法报价法将它缩小为每月收费 40 元，这是缩小时间单位；住宅开发部门对个人购房者实行分期付款，这不但给予购房者付款方便，而且还暗示着房价合理，这是用除法报价法将时间和付款数量（金额）双重缩小的结果。用户听到这种形式不一样而实质一样的报价，其心理感受会大不相同。

九、折算法

折算法指在报价时销售者将商品的价格与购买者较熟悉的消费品的价格做折算。例如，卖扇子的说："这扇子才 2 元钱一把，两个'雪人'（一种冰淇淋）的价钱，'雪人'能解一时之热，而一把扇子扇凉可用它几个夏天。"这种价格折算法，会让购买者产生买扇子划算的感觉。

十、搭配法

搭配法指将好坏商品搭配出价的方法。卖方在报价里要求对方对几样商品要买一起买，不买全不买。一般是两样或三样商品搭配出价，有时是一种俏货搭配一种滞销商品，有时是一种俏货搭配两种滞销品。搭配法的优点在于能使买卖各方的心理具有平衡性。买方虽然不愿买搭配的滞销品，但毕竟买到了哪里也买不到的俏货，卖主虽然感到俏货价格不够高，但却把滞销货带出去了。

十一、钓鱼法

钓鱼法是指采用以小的损失促成大利的做法。例如，某国公司在谈判中先与卖方讨论其技术费用（报价 2.3 亿日元），并以 0.96 亿日元成交。卖方比较满意。但是在谈设备的费用时（报价 12.5 亿日元）就收紧了，最后以约 7 亿日元成交。卖方说："要不是早定了技术费，设备费就不这么谈了。"而卖方正是采用以"小头"的让步去求"大头"得利的做法。

十二、虚而虚之法

虚而虚之法即指买方先用一个动人的提议（虚假的提议）来引诱对方降低价格，一旦对方同意签订合同，再运用许多不同的原因和理由推翻原先的承诺的方法。例如，在一家销售风衣的商店里，买主与卖主砍价。买主问："风衣多少钱一件？"卖主答："180元。"买主说："我是上货的，成批买，150元一件吧！"卖主说："批发可以便宜一点，但150元太少了，还不够本。你再多给点。"买主说："152元一件，不卖就算了！"卖主说："你要多少？"买主说："我要200件，不过，今天只拿一件回去做样品。我的老板满意了，我马上来成批上货。"卖主说："既然这样，那就先卖给你一件吧！"买主走后，一去不复返。他在谈判中故意捏造一个"虚而虚之"搞批发的小插曲而大功告成。

十三、吹毛求疵法

吹毛求疵法即指交易一方故意挑剔毛病，迫使对方做出让步的方法。

例如，美国谈判专家科思先生到席尔斯百货商店购买冰箱。他看中了一台，但希望价格能降低几十美元，可店员不肯。科思绕着冰箱转了几圈，然后说："这冰箱看起来很好，可是质量并不过关，我不买了。"店员紧张地说："这是一流产品，有什么毛病呢？"科思先生说："你瞧，这面有一个小斑点，光线较强时，这小斑点难看极了。现在店里不显眼，搬回家就太显眼。"店员也开始顾虑起来。科思先生又说："我又看过冰箱的内部，结构的某一处不是很合理，存放东西不方便……"就这样，他吹毛求疵地指责一番后，店员最后同意降低冰箱价格。

吹毛求疵与故意敲诈不同，它是一种正当的谈判艺术，是按质论价的具体体现。

十四、承认反击法

承认反击法即指交易一方先认可对方的观点之后，随后提出更具体的相反事实，促使对方改变用自卫反应采取的拖延购买的态度的方法。例如，"关于您对价格的意见，我们无话可说，但您不要忽略我们产品的功能，这些才是您应关注的"。卖方首先对对方不买的理由给予承认，然后再强调价格对应的价值（产品的特性功能），以解除对方因价格问题所产生的自卫反应。

十五、反问逼退法

反问逼退法指在对方刚一提出价格异议时，另一方就马上采用反问的方式迫使对方自省，使其得以转化的方法。例如，当对方说："价钱太贵了。"我们可不妨问他："贵吗？那你认为什么价更合适呢？"类似这种价格异议，对方若事先未经深思，仅是随口说说而已，必然被突如其来的反问弄得不知所措。对方若是真有依据，己方不妨要求其提出证据，然后再做调价准备，或用其他方法使其转化。

第三节 商务谈判的应变对策

【案例欣赏】

库尔曼推销寿险

库尔曼有位朋友是费城一家再生物资公司的老板。他是从库尔曼手中买下今生第一份人寿保险的。一次，他对库尔曼说："我突然想起来，我是怎么从你那里买下今生第一份人寿保险的。你对我说的那些话，别的推销员都说过。你的高明之处在于，你不跟我争辩，只是一个劲地问我'为什么？'你不停地问，我就不停地解释，结果把自己给卖了。我解释越多，就越意识到对我的不利，防线最终被你的提问冲垮。不是你在向我卖保险，而是我自己'主动'在买。"朋友这番话提醒了库尔曼，原来，不断提问会如此重要。原来，一句"为什么"，竟像一台探测仪，让你在一番寻寻觅觅之后，终于发现客户内心的需要。

有时候即便客户自己，也不一定了解他内心的需要。那么，作为推销员，有必要通过不断提问来帮助对方发现这种需要，如果你能帮助对方发现自己内心的需要，那么，你的推销就变得易如反掌。

斯科特先生是一家食品店的老板。库尔曼通过一番提问，向他推销了自己所在保险公司有史以来最大的一笔寿险"6672美元"。下面是两人的对话记录。

库尔曼："斯科特先生，您是否可以给我一点时间，为您讲一讲人寿保险？"
斯科特："我很忙，跟我谈寿险是浪费时间。你看，我已经63岁，早几年我就不再买保险了。儿女已经成人，能够好好照顾自己，只有妻子和一个女儿跟我一起住，即便我有什么不测。她们也有钱过舒适的生活。"

换了别人，面对斯科特这番合情合理的话，足以使其心灰意冷，但库尔曼不死心，仍然向他发问："斯科特先生，像您这样成功的人，在事业或家庭之外，肯定还有些别的兴趣，比如对医院、宗教、慈善事业的资助。您是否想过，您百年之后，它们就可能无法正常运转？"

见斯科特没说话，库尔曼意识到自己的提问，问到了点子上，于是趁热打铁说下去："斯科特先生，购买我们的寿险，不论你是否健在，您资助的事业都会维持下去。7年之后，假如您还在世的话，您每月将收到5000美元的支票，直到您去世。如果您用不着，您可以用来完成您的慈善事业。"

听了这番话，斯科特的眼睛变得炯炯有神，他说："不错，我资助了3名尼加拉瓜的传教士，这件事对我很重要。你刚才说如果我买了保险，那3名传教士在我死后仍能得到资助，那么，我总共要花多少钱？"库尔曼答："6672美元。"最终，斯科特先生购买了这份寿险。

一般而言，人们买保险是为了让自己和家人的生活有保障，而库尔曼通过不断追问，终于发现了连斯科特自己也没意识到的另一种强烈需要——慈善事业。当库尔曼帮助斯科特找到了这一深藏未露的需要之后，购买寿险来满足这一需要，对斯科特而言就成了主动而非被动的事。

还有一次，库尔曼向一家地毯厂的老板推销寿险。老板态度坚决地对他说："无论如何我们都不会买。"库尔曼问："能告诉我原因吗？"老板说："我们赔钱了。资金短缺，财政赤字。而你的保险每年至少花我们8000到10000美元。所以，除非我们的财政好转，不然我们绝不多花一分钱。"在谈话陷入山穷水尽之际，库尔曼追问："除此之外，还有别的什么原因吗？换句话说，到底是什么原因使你这么坚决？"老板笑了，他承认道："确实有点别的原因。是这样的，我的两个儿子都大学毕业了，他们都在这个厂工作。我不能把所有的利润都给了保险公司，我得为他俩着想，对吧？"当真正的原因浮出水面，问题就将迎刃而解。库尔曼为他设计了 TW 方案，向他保证财产不会流失。当然，这个方案也使老板的两个儿子有了保障。既然儿子有了保障（老板最关心的），老板就没有理由不购买库尔曼向他推销的寿险。

如果你能分清什么是表层原因什么是深层原因，当然好；如果你无法辨别，那么，就像库尔曼那样，问一句"除此之外，还有什么原因"，相信你不会空手而归。

库尔曼告诉我们："只要你能让顾客不停地说话，就等于他在帮助你找关键点。"这是库尔曼推销寿险能谈判成功的很重要的策略技巧。

（资料来源：赵燕，李文伟. 谈判与辩论技巧 [M]. 北京：中国法制出版社，2007.）

在商务谈判正式开始后的"短兵相接"的较量中，谈判场上的变化往往是风云莫测的。面对难以预料的变化势态的出现，谈判者必须及时做出应变对策。这一节将阐释几种商务谈判的应变对策。

一、对方过分谨慎保守时的对策

在商务谈判的概说明示阶段，为了防止过早地"亮底"，都应尽量保守秘密，这是正常现象。然而，有时也会发生对方过于固执，在交锋之前就把口封死，不给回旋余地的现象。例如，有的卖主说："这是进口货，很抢手，就这个价，不能减一分一厘！"再如卖方把报价表摊给买方后，摆出一副"你爱买不买"的样子，不愿再多费口舌。如果遇到这种架势的对手，可在保持较高兴趣的姿态下，转入进攻性的积极提问："请你说明一下这个价格的根据，好吗？"你的本意并不在于所谓"根据"，主要是摆脱被动境地，并以此使对方脑子忙起来：是说呢，还是不说？当你已进入提问状态，你已成功了一半，就像踢球，你接过又将其踢给对方。

在遇到对方过分谨慎、保守甚至是苛刻时，采用积极进攻和避实就虚的对策，往往能像踢足球一样，只要找准方向，便能将球攻进对方的球门。如 1992 年 11 月，北京艾克日用化工有限公司的副经理章某到上海一家化工公司购买 7 种化工原料。当各方坐下来谈判时，沪方代表拿出了高于原来所说的新的报价单，并阐述了一大堆涨价的理由。章某见新报价比其他省市的还高出一块，便与对方激烈地争论起来。一阵之后，他感到正面交锋战胜不了对方，便决定改变策略。章某在前面的交谈中觉察到对方公司的经营状况不太好，员工工作效率不高，进货渠道虽畅通，但资金紧张，故库存有限，有两种产品的库存量比章某欲购的数量还少几吨。于是，章某就主动缓和了价格争议，把话题转移到交货期、交货量、付款方式等问题上，要求对方在这几方面有所保证，并提出了较低的订金额度和分期付款的意见。章某估计这些要求对对方来说是难以接受的。果然，对方再次据理力争，各方在这些问题上又僵持不下。章某见火候差不多了，便提出了"最后的方案"：可以适当降低这些要求标准，甚至取消某些要求，但须按以前的报价才能成交。章某接着又明确表示只要这一笔生意成交，收到货之后便立刻与对方签订第二笔购货合同，否则，只好去找别的卖主了。最后，沪方在价格上"投降"了，以货发付款和两笔生意的合同一起签为由达成了协议。

二、对方占据优势时的对策

在谈判中，有时对方会占据很大的优势，甚至是所有的优势都掌握在对方手中。这时，应注意做到以下几点。

（一）要考虑好后果，沉着冷静，不去签自己不想签的协议

因为商务谈判具有可选择性，与此谈不妥，可以再去找彼谈，不应在一棵树上吊死，使自己蒙受不应有的损失。

（二）可以给自己限定最低的限度和标准

因为有了最低限度和标准，就容易抵制对方的优势的压力。如卖主有一批质地较高、款式新颖、做工精细的畅销西服。其批发价为1000元一套，而买主欲给的批发价最高是600元一套。而后，不论卖主如何讨价，买主便一直坚持住这个最低限度的标准。当然，这个最低限度还可以变通一下，即可以给价略高于600元，但须附加另一个分期付款的条件，这样，易于让对方接受。

（三）要舍得降低自己的身份去攀高求人

一般来说，人都是有自尊心的。对方占据优势时，你不可在其面前摆架子，相反，有时还有必要自贬一两句，再加上请求对方的态度要诚恳些，对方很可能因此产生一种受到尊重的良好感觉，接下来的谈判可能会有所缓和。

（四）也可以自尊的姿态化解对方

一些"个体户"在做生意时，总好把自己摆在居高临下的地位。与这样的占一定商务优势的对手谈判，若为维护自己的面子反唇相讥或拒绝做交易的话，对自己毫无利处。但与这些人谈判却又不能过于自贬，这样，他们会更看不起你。然而，只要你显示出自己所具有的而对方所没有的优点，却很可能会化解一下对方的傲气。然后，你再恭维一下对方，称赞其有商场经验、能挣会花等，他很可能就愿意和你成交这笔买卖。

（五）尽量利用自己的优势

人们总以为商务谈判的实力是金钱和权势，其实并不完全如此。实力的强弱并不完全由资产的多少和权力的大小来决定，如技术力量、经营水平、占有的信息、

对市场的预测、创新意识等都可以体现为强大的实力优势。如果能对这些实力进行很好的运用，便有可能出现"蚂蚁吞大象"的奇迹。如前两年曾有一条爆炸性新闻，一家民办的科技公司登报征求兼并一家濒临破产的企业，只为找块存身之地，不料却招来了数百家大大小小的企事业单位主动上门请求被"吞吃"，其中竟有三家是国有大型企业。

三、自己出现失误时的对策

由于商务谈判的势态千变万化，谈判场上所做的决策多是应急性的经验决策，在新情况下有时根本来不及做论证，所以难免出差错。而当发现自己在谈判中出现失误时，既不应将错就错，也不应打退堂鼓，而应积极地采取挽救的对策。

（一）及时做补充纠正

比如你失口认可了对方的报价，如果发觉得及时，可马上纠正说："当然，这个价格尚未计入关税税额。"如果发现较迟，你可通过助手补充纠正："请注意，刚才王先生所允诺的价格是按去年底的不变价格计算的，因此，还需把今年头8个月的涨价比率加上去。"

（二）转移对方视线

如在劳资各方的交涉中，劳方说："关于上个月的资金问题，请回答！"劳资科的同志知道，这笔钱因为单位急需而另派它用，而暂时又不能公开，所以，就不能正面针对对方的话回答。而且，对方正虎视眈眈地等待你认账或献丑，而准备猛烈地攻击。对于这样的谈判对手最有效的办法是先说："我不知道我的回答是否可以直接成为你们的问题中的答案。"然后，转移对方的视线，再说和问题周围有关的话题。也许你的话不能成为直接的答案，但它意味着有"间接关系"，所以，对方不得不听。这些话要令对方感到有间接关系而有仔细倾听的必要。能够转移对方视线，是谈判者在特定情况下应很好运用的策略。它可以将对方的注意力引到有利于己方的问题上来，使己方由劣势变为优势。

四、对方使用诡计时的对策

谈判要求各方开诚布公、忠诚老实地进行交流沟通以取得双胜。但是，现实中总有一些谈判者使用一些诡计来对付对方，如讹诈虚晃，迷惑窃密，酒、色、礼品引诱陷害等。这些伎俩和诡计的目的都是为了超越正常较量而轻取某些利益。如果对其轻心大意，就很容易受骗上当。常言道："害人之心不可有，防人之心不可无。"同这样的对手谈判，一定要保持高度的警惕，要谨防坠入谈判诡计的陷阱。

当识破对方的讹诈虚晃的诡计后，可把问题明白地提出来，对其来不得"斯文"，用不上"厚道"。这样，不仅使对方诡计失效，而且还会使对方感到难堪和不安。但为了着眼于利益，一开始不要太激愤地质问对方当事人，而应把人和问题分开，妥善地、不温不火地反击。如当发现对方讹诈虚晃时，应委婉地表明，自己不是个容易上当的人。可以谈谈自己未上当的经历；或者要求各方把条款订细、订严；或者拍板时坚持一手钱一手货的立场。如果对方确实想坑你，一般就不会再与你谈下去了。反之，通过揭穿诡计，会使谈判得以顺利进行。如果对方的诡计被揭穿后，仍然不思悔改，继续抵赖或再耍新招，就可理直气壮地离开现场，表示抗议。对待对方的窃密伎俩和使用酒、色、礼品引诱陷害的诡计，应早在心理上就有所防备，时时预防，使其不能得逞。

第四节　商务谈判中的拖延战术和拒绝方法

一、商务谈判中的拖延战术

在商务谈判中，如果对方提问的动机不明，或觉得从实招来对我方不利，或问题很棘手而我方又不便回答，则可施展"缓兵之计"拖延回答，即采用拖延战术。

商务谈判中的拖延战术，形式多样，目的也不尽相同。由于它具有以静制动、少留破绽的特点，因此成为谈判中常用的一种战术手段。

拖延战术按目的划分，大致可分以下四种。

（一）为清除障碍而拖延的战术

这是较常见的一种目的。当各方谈不拢造成僵局时，有必要把洽谈节奏放慢，看看症结到底在什么地方，以便想办法加以解决。

当然，有的谈判中的阻碍是隐性的，往往隐蔽在各种堂而皇之的借口之下，不易被人一下子看破，这就更需要我们先拖一拖、缓一缓，从容处理这种局面。

在实际谈判中，隐性阻碍很多，对付它们，拖延战术是颇为有效的。不过，必须指出的是，这种"拖"绝不是消极被动的，而是要谈判者通过"拖"得到的时间收集情报、分析问题、打开局面。消极等待，结果只能是失败。

（二）为消磨意志而拖延的战术

人的意志就好似一块钢板，在一定的重压下，最初可能还会保持原状，但一段时间以后，就会慢慢变形。拖延战术就是对谈判者意志施压的一种最常用的办法。突然地中止，没有答复（或是含糊不清的答复）往往比破口大骂、暴跳如雷更令人不能忍受。

20 世纪 80 年代末，硅谷某家电子公司研制出一种新型集成电路，其先进性尚不能被公众理解，而此时，公司又负债累累，即将破产，这种集成电路能否被赏识可以说是公司最后的希望。幸运的是，欧洲一家公司慧眼识珠，派三名代表飞了几千公里来洽谈转让事宜。诚意看起来不小，一张口，起价却只有研制费的 2/3。电子公司的代表站起来说："先生们，今天先到这儿吧！"从开始到结束，这次洽谈只持续了三分钟。岂料，下午欧洲人就要求重开谈判，态度明显"合作"了不少，于是电路专利以一个较高的价格进行了转让。

硅谷公司的代表为什么敢腰斩谈判呢？因为他知道，施压有两个要点，一个是压力要强到让对方知道你的决心不可动摇；另一个是压力不要强过对方的承受能力。他估计到欧洲人飞了几千公里来谈判，绝不会只因为这三分钟就打道回府。这三分钟的会谈，看似打破常规，在当时当地，却是让对方丢掉幻想的最佳方法。

（三）为等待时机而拖延的战术

拖延战术还有一种恶意的运用，即谈判的一方通过拖延时间，静待法规、行情、汇率等情况的变动，掌握主动，要挟对方做出让步。一般来说，为等待时机而拖延的战术可分为以下两种方式。

一种是拖延谈判时间，稳住对方。例如，1986 年，香港地区一个客户与东北某省外贸公司洽谈毛皮收购生意，条件优惠东北外贸公司却久拖不决。转眼过去了两个多月，原来一直兴旺的国际毛皮市场货满为患，毛皮价格暴跌，这时港商再以很低的价格收购，东北外贸公司吃了大亏。

另一种是在谈判议程中留下漏洞，拖延交货（款）时间。

总的来说，防止恶意拖延，谈判者要做好以下几点工作：①要充分了解对方信誉、实力，乃至谈判者的惯用手法和以往事迹。②要充分掌握有关法规、市场、金融情况的现状和动向。③要预留一手，作为反要挟的手段。如要求资金本位制结汇、信誉担保及预付定金等。

（四）为赢得好感而拖延的战术

谈判是一种论争，是一个各方都想让对方按自己意图行事的过程，有很强的对抗性。但大家既然坐到了一起，想为共同关心的事达成一个协议，说服对方与之合作还是很重要的基础性问题。因此，凡是优秀的谈判者，无不重视赢得对方的好感和信任。

例如，有这样一位谈判专家，在各方刚落座不久，寒暄已毕，席尚未温，此君就好客道："今天先休息休息，不谈了吧，我们这儿的风景名胜很多的。"当谈判相持不下，势成僵局，此君忽然又好客道："不谈了，不谈了，今天的卡拉 OK 我请。"于是莺歌燕舞之际，觥筹交错之间，心情舒畅，感情融洽了，僵局打破了，一些场外交易也达成了。此君奉行的这一套，据说极为有效，许多次谈不下的业务，经他这么三拖两拖，不断延期，居然不多时间内就完成了。

心理学家认为，人类的思维模式总是随着身份的不同、环境的不同而不断改变，作为对手要针锋相对，作为朋友促膝倾谈则肯定是另一番心情。当各方把这种融洽的关系带回到谈判场中，自然会消去很多误解，免去很多曲折。

二、商务谈判中的拒绝方法

谈判者在谈判中经常会遇到这样的情况，面对突如其来的提问和不合理的要求，感到束手无策，无以对答，这时就只有拒绝。

谈判中的拒绝应讲究策略技巧，是指谈判者在拒绝对方时，不能板起脸来，态度生硬地回绝对方。相反，应选择恰当的语言、恰当的方式、恰当的时机，而且要留有余地。这就需要我们把拒绝作为一种手段、一种学问来探究。

（一）商务谈判中常见的拒绝方法

1. 问题法

所谓问题法，就是面对对方的过分要求，提出一连串的问题。这一连串的问题足以使对方明白你不是一个可以任人欺骗的人。无论对方回答或不回答这一连串的问题，也不论对方承认或不承认，都已经使他明白他提的要求太过分了。

例如，在一次中日双方关于某种农业加工机械的贸易谈判中，中方主谈面对日本代表高得出奇的报价，巧妙地采用了问题法来加以拒绝。中方主谈一共提出了4个问题：①不知贵国生产此类产品的公司一共有几家？②不知贵公司的产品价格高于贵国某品牌的依据是什么？③不知世界上生产此类产品的公司一共有几家？④不知贵公司的产品价格高于某品牌（世界名牌）的依据又是什么？

这些问题使日方代表非常吃惊。他们不便回答也无法回答，他们明白自己报的价格高得过分了，只能设法自找台阶，把价格大幅度地降了下来。所以，运用问题法来对付上述这种只顾自己的利益，不顾对方死活而提出过分的要求的谈判对手，确实是一副灵丹妙药。

2. 借口法

现代企业不是孤立的，它们的生存与外界有千丝万缕的联系。在谈判中也好，在企业的日常运转中也好，有时会碰到一些无法满足的要求。当对方或者来头很大，或者过去曾经有恩于你，或者是你非常要好的朋友、来往密切的亲戚，如果你简单地拒绝，那么很可能你的企业会遭到报复性打击，或者背上忘恩负义的恶名。对付这类对象，最好的办法是用借口法来拒绝他们。

3. 补偿法

补偿法，顾名思义是谈判一方在拒绝对方的同时，给予某种补偿。这种补偿通常不是"现货"，即不是可以兑现的金钱、货物、某种利益等。相反，可能是某种未来情况下的承诺，或者提供某种信息（不必是经过核实的、绝对可靠的信息）、某种服务（如产品的售后服务出现损坏或者事故的保险条款等）。这样，如果再加上一番并非己所不为而乃不能为的苦衷，就能在拒绝了一个朋友的同时，继续保持各方的友谊。

例如，自动剃须刀生产商对压价的经销商说："这个价位不能再降了，这样吧，再给你们配上一对电池，既可赠送促销，又可另作零售，如何？"另有一位房地产开发商对电梯供销商报价较其他同业稍高极为不满，供货商信心十足地说："我们的产品是国家免检产品，优质原料，进口生产线，相对来说成本稍高，但我们的产品美观耐用，安全节能，况且售后服务完善，一年包换，终身维修，每年还免费两次例行保养维护，解除您的后顾之忧，相信您能做出明智的选择。"自动剃须刀生产商和电梯供销商均是采用了补偿法。

4. 条件法

在谈判中赤裸裸地拒绝对方必然会恶化各方的关系。不妨在拒绝对方前，先要求对方满足我方的条件，如果对方能满足，则我方也可以满足对方的要求，如果对方不能满足，那我方也无法满足对方的要求。这就是条件拒绝法。

这种条件拒绝法经常被外国银行的信贷人员用来拒绝向不合格的发放对象发放贷款。这是一种留有余地的拒绝。银行方面的人绝不能因要求借贷的人"信誉不可靠"或"无还款能力"等而拒绝放贷。那样既不符合银行的职业道德，也意味着断了自己的财路，因为说不定银行方面看走了眼，这些人将来飞黄腾达了呢？所以，银行方面的人总是用条件法来拒绝不合格的发放对象。

拒绝了对方，又能让别人不朝你发火，这就是条件法的威力所在。

5. 幽默法

在谈判中，有时会遇到不好正面拒绝对方，或者对方坚决不肯谈要求或条件的情况，谈判者可以不直接加以拒绝，而全盘接受。然后根据对方的要求或条件推出一些荒谬的、不现实的结论来，从而加以否定。这种拒绝法，往往能产生幽默的效果。

例如，某洗发水公司的产品，在抽检中被发现有些产品分量不足，对方趁机以此为筹码不依不饶地讨价还价。该公司代表微笑着娓娓道来："美国一家专门为空降部队伞兵生产降落伞的军工厂，产品不合格率为万分之一，也就意味着一万名士兵将有一个在降落伞质量缺陷上牺牲，这是军方所不能接受和容忍的，他们在抽检产品时,让军工厂主要负责人亲自跳伞。据说从那以后,降落伞合格率为100%。如果你们提货后能将那瓶分量不足的洗发水赠送给我,我将与公司负责人一同分享,这可是我公司成立8年以来首次碰到使用免费洗发水的好机会。"这样拒绝不仅转移了对方的视线,还阐述了拒绝的理由,即合理性。

(二)采用拒绝方法应注意的问题

怎样开口拒绝,才不会伤害到对方,谈判者应该从以下几个方面进行考虑。

第一,当你在说"不"之前,务必让对方了解自己拒绝的苦衷,态度要诚恳,语言要温和。

第二,避免模棱两可的回答。例如,"我再考虑考虑"等这种讲法,讲话的人或许认为这是表示拒绝,可是有所求的一方却认为对方真的替他想办法。这样一来,反而耽误了对方。所以,谈判者切莫使用语言含糊的字眼。

第三,把不得不拒绝的理由以诚恳的态度加以说明,直到对方了解你是爱莫能助,这是最成功的拒绝。

第四,要明白拒绝本身是一种手段而不是目的。这就是说,谈判的目的不是为了拒绝,而是为了获利,或者为了避免损失,一句话,是为了谈判成功。这一点似乎谁都明白,其实不然。纵观谈判的历史,尤其在激烈对抗的谈判中,不少谈判者被感情所支配,宁可拒绝也不愿妥协,宁可失败也不愿成功的情况屡见不鲜。他们的目的似乎就是为了出一口气。

第五,有的谈判者面对老熟人、老朋友、老客户时,该拒绝的时候不好意思拒绝,生怕对方面子下不来。这是应该注意克服的一点。其实,该拒绝的时候不拒绝,是你可能没有面子。因为你应该拒绝的地方是你无法兑现的要求或条件。你不拒绝对方,又无法兑现,这不意味着你马上就要失信于对方、马上就要没有面子了吗?

第十一章　商务谈判的语言艺术

【案例欣赏】

杰克"推销钞票"

一位美国保险业务员在整理名片时，发现一张总经理的名片，看到注明的公司地址距离自己不远，值得走上一回。但是和这位总经理只有一面之缘，估计他早把自己忘记，于是心生一计。

业务员来到这家公司，对前台的接待小姐说："我是杰克，想拜访贵公司的总经理弗兰克先生，麻烦你通报一下。"

接待小姐说："杰克先生，请问您有预约吗，您是在哪家公司工作啊？"

杰克一脸诚恳地告诉接待小姐："马尼（Money）公司。我的专职是推销钞票，请你转告弗兰克总经理。"

接待小姐诧异地看着杰克，那眼神流露出的全是不信任的信息，如果不是囿于职业道德，也许她会说"你是个精神病"，但她还是打电话向总经理做了报告。

杰克获许来到总经理办公室，弗兰克站起身来："你说是来推销钞票的，我倒想听听你是怎么个推销法？"

"弗兰克先生，我的确是来推销钞票的，请问贵公司有什么需要吗？"杰克说。

弗兰克小心翼翼地说："那要看你推销的钞票需要我们公司付出什么样的代价。"

"弗兰克先生，我刚从另外一家公司过来，以这家公司情形来说，我们收费只有百分之三而已，但是我向您收费的标准要看实际条件而定。"

弗兰克显然不愿绕圈子，直截了当地说："杰克先生，请问你到底要推销什么东西？"

杰克说："我说过了，我是推销钞票的，这是当你在最需要的时候，可以帮助你解围的钱。"

弗兰克说："你的话让我更加难以理解了，这到底是怎样的一桩生意？"

"我是来推销退休保险金的。"杰克终于说出了来意。

弗兰克一脸不屑："你是说替公司里那些游手好闲的人买退休金吗？"

杰克说："这倒不一定，退休金计划本身并没有什么差别待遇和歧视，况且它也没有限定你不能另外设立一项基金，使公司那些重要的主管能够享受到这项特别的福利，请你仔细考虑一下，贵公司 5 年以上工龄的高级主管有多少人，还有多少人是已经服务超过 20 年，但是还没有满 55 岁的？"

弗兰克说："差不多十来个。"

杰克说："这些人就是你应该特别考虑的啦。你可以买一套非常好的退休金保险，使你本人和那些高级主管都得到额外的福利，而且税务局规定，这一种退休金可以免税。"

弗兰克倒也觉得言之有理："你的这份退休计划很好，可以让我的公司一举两得。从某种意义上说，你的确是给我送钞票来了。我这就把相关人员的资料给你，你尽快做一份详细计划给我……"

如果杰克直接说自己是来推销保险的，估计连弗兰克都见不到，而早被接待小姐婉言拒绝了。用推销钞票这个新奇创意的词语，解除了接待小姐和弗兰克的防范心理，然后再向弗兰克和盘托出能给他公司带来双重利益的退休保险计划，遂告成功。

（资料来源：李言，汪玮琳．跟我学：谈判口才 [M]．北京：中国经济出版社，2006．）

语言是人际交往的重要工具。商务谈判又是一种人类经济交往的重要形式。在商务谈判中，谈判者对语言的驾驭能力和语言艺术水平的高低是商务谈判能否顺利进行的关键因素之一。

本章将分四节来逐一对商务谈判语言概述、商务谈判有声语言的运用技巧、商务谈判中倾听的运用技巧和商务谈判无声语言的运用技巧进行阐释。

第一节　商务谈判语言概述

一、商务谈判语言艺术的重要性

（一）语言艺术是商务谈判成功的必要条件

美国企业管理学家哈里·西蒙曾说，成功的人都是一位出色的语言表达者。以此而论，成功的商务谈判也都是谈判各方出色地运用语言艺术的结果。在商务谈判中，同样一个问题，恰当地运用语言技巧，不仅可以使对方听来饶有兴趣，而且乐于合作。

当谈判者面对冷漠或不合作的强硬的谈判对手时，通过超群的语言及艺术处理，能使其转变态度。例如，有一名推销员，代表斯通公司经销高质量的复印机。一天，他走进张先生的办公室，交谈中才知道张先生是斯通公司的老顾客。一开始推销员就陷入了困境，张先生说："两年前，我们买了一台斯通复印机，它的速度太慢了，我们只得卖出去。用你们的复印机，我们损失了不少宝贵的工作时间。"在这种情况下，一般推销员通常会进行争辩，说斯通复印机速度同其他复印机一样快。这样的争辩很少能有结果，还常会得到这样的回答："好啦，我听到了，但我们不再想要斯通复印机了。谢谢光临，再见。"然而，这位推销员却没有这么做，而是把斯通公司董事长的帽子戴到了张先生的头上，说："张先生，假设您是斯通公司的董事长，已经发现复印机速度慢的问题，您会怎么办呢？"张说："我会叫我的工程技术部门采取措施，督促他们尽快解决这个问题。"推销员笑着说："这正是斯通公司董事长所做的事情。"异议被突破了！张先生继续听完推销员的介绍后，又订购了一台斯通公司的高质量、高速度的复印机。由此可见，语言艺术是商务谈判成功的必要条件。

（二）语言艺术是处理谈判各方人际关系的关键环节

谈判中，谈判各方的人际关系变化主要是通过语言交流来体现的。各方的语言都表现着自己的愿望与要求。语言艺术性高，就可能使人际关系得以建立、调整、改善、巩固和发展。

在谈判开局，比较理想的方式是以轻松、自然、愉快的气氛，谈一些各方容易达成一致意见的话题。

例如，"我们是否先把会谈的程序初步确定下来，您看行吗？"

这种话看起来无足轻重，但容易取得对方的同意，这就有助于形成一种各方一致的气氛，便于正式谈判的顺利进行。

如果在开局阶段，我们还不清楚对方行动的意义，我方在谈判开始时则准备采取和对方谋求一致的方式，使对方能够响应我方的合作愿望。与此同时，我们也应借此机会，把对方的反应与判断搞清楚。这时，我们的语言技巧之目的就是要努力避开锋芒，使各方趋于合作。

例如：

"欢迎您，见到您真高兴！"

"我也十分高兴能来这里。近来生意好吗？"

"这笔买卖对你我都至关重要。但首先请允许我对您的平安抵达表示祝贺。旅途愉快吗？"

"非常愉快，交货还有什么困难没有？"

"这个问题也是我们这次要讨论的事。您在旅途中饮食怎么样？来杯茶好吗？"

这一段谈话，并不是漫无边际的闲扯。虽然表面上它与将要谈判的问题不相干。如果对方能够接受这种轻松愉快的聊天，虽然也并不能改变"黄灯仍然亮着"的这一事实，但却告诉我们有"转为绿灯"的可能，谈判各方的人际关系便因语言艺术而变得趋于融洽。

语言艺术是处理谈判各方人际关系的关键环节，谈判者应对其予以重视。

（三）语言艺术是阐明自己观点的有效工具

在商务谈判中，谈判各方要把己方的判断、推理、论证的思维成果准确无误地表达出来，就必须出色地运用语言技巧这个工具。

美国谈判专家尼尔伦·伯格在他的《谈判的奥秘》一书中曾举了这样一个例子：美国大财阀摩根想从洛克菲勒手中买一大块明尼苏达州的矿地，洛克菲勒派手下一个叫约翰的人出面与摩根交涉。见面后，摩根问："你准备开什么价？"约翰答道："摩根先生，我想你说的话恐怕有点不对，我来这儿并非卖什么，而是你要买什么才对。"他一句话说明了实质，而让摩根认识到自己的话的不准确性。

实践证明，谈判者只有运用好语言艺术这一有效工具，才能准确地阐明自己的观点。

二、商务谈判中使用的语种和语言类型

（一）商务谈判中使用的语种

商务谈判中使用的语种一般分为本国语言和外国语言。目前世界上到底有多少种语言？说法不一。据联合国教科文组织的调查报告，世界上有2759种语言。又据苏联的《今日亚非》杂志载文透露，世界上已知的语言有5651种。一般认为世界上的语种在2000至3000种之间。然而，世界上使用人数超过5000万的语言只有13种，即汉语、英语、俄语、印地语、西班牙语、德语、日语、法语、印尼语、葡萄牙语、意大利语、孟加拉语、阿拉伯语。

但在国际贸易中，使用比较多的还是英语。如果谈判者通晓其他语言则更好。

在国内商务活动中，由于我国地域辽阔，民族众多，各地的方言很多。因此，在商务谈判中各方应该用普通话交流。但是，一个人能讲一口标准的、流利的普通话也不是那么容易的。所以，作为一名商务人员，在学好普通话的同时，最好能听懂或熟悉几种的方言，如广东话（包括广州话、客家话、潮州话）、海南话、上海话、宁波话、四川话、福建闽南话、山西话、山东话（特别是胶东地区方言）、天津话等。其原因是这些地区商品经济发达和人口众多，历史上从事商务活动的人多，活动范围广。例如，浙江省宁波人在外经商多，素有"无宁不商"之说。这些地区的人虽讲普通话，但有时带有地方口音，如广东口音，偶尔还夹杂着当地一些方言口语。

同时，这些地区的商人在相互交谈时，即同自己一方的人交谈时，经常是讲家乡话，故意让你听不懂。因此，熟悉某些地区方言是很有必要的。

（二）商务谈判语言的类型

商务谈判语言各种各样，从不同角度划分，可以分为不同的语言类型。

1. 按语言的表达方式，商务谈判语言可以分为有声语言和无声语言。

（1）有声语言。有声语言是通过人的发音器官来表达的语言，一般理解为口头语言。这种语言是借人的听觉传递信息、交流思想。它包括面谈语言、电话语言。

（2）无声语言。无声语言又称为行为语言或体态语言，是指通过人的形体、姿态等非发音器官来表达的语言，一般理解为身体语言。这种语言是借人的视觉传递信息，表示态度、交流思想等。

谈判者在商务谈判过程中巧妙地运用这两种语言，可以产生珠联璧合、相辅相成的效果。

2. 按语言表达特征，商务谈判语言可分为专业性语言、法律性语言、交际性语言、外交性语言、文学性语言等。

（1）专业性语言。专业语言是指在商务谈判过程中使用的与业务内容有关的一些专用或专门术语，也可以说是有关商务活动的概念、范畴、规章制度、政策以及沿袭下来的一些行话、惯例等。例如，商品购销活动中的专卖、供求、批发、零售、差价、折扣、行市、库存、畅销、滞销、结算等专业用语，工程建筑活动中的造价、工期、开工、竣工交付使用等专业用语，国际商务活动中的到岸、离岸价等专业用语。这些专业用语具有简练、明确、专一的特征。这类语言是商务谈判的主体语言，涉及交易内容与利害关系，谈判者应用时要准确无误。

（2）法律性语言。法律语言是指商务谈判所涉及的有关法律规定的用语。法律语言具有规范性、强制性和通用性等特征。商务谈判因业务内容不同，要运用的法律语言也不同。每种法律语言及其术语都有特定的含义，不能随意解释使用。例如，国际贸易方面和国际法中的术语，有特定的内涵，只能按国际上的通用解释，必须依据国际商会编写的《国际贸易术语解释通则》或者别国法律规定性以及国际条约、公约、协定、规则等的规定性来加以解释。法律语言也是商务谈判中的主体语言。通过法律语言的运用，可以使各方的经济地位和权利、利益分配、承担的义务所负的责任、应有的约束都更加明确。

（3）交际性语言。商务谈判是一种人际交往行为，离不开交际性语言的使用。交际性语言是指注重谈判中的礼节和分寸，表达一定的感情和留有余地的语言。例如，"很荣幸能与贵方合作。""请允许我对您的平安抵达表示祝贺，旅途愉快吗？""我十分高兴能来到这里。近来生意好吗？"

谈判中的交际性语言不涉及谈判实质信息的传递，其主要作用是建立各方的关系，增进各方的了解，缓和谈判的气氛等。

（4）外交性语言。商务谈判者虽不是政府的外交官员，但他们是企业对外进行经济联系和交涉的外交人员。特别是对外经济贸易，从来就与外交关系紧密相连，因而，外交性语言在商务活动中占有一席之地。

外交性语言是一种弹性较大的语言，其特征是冷静、庄重、礼貌，带有模糊性、缓冲性和圆滑性。在商务谈判中使用外交语言既可满足对方自尊的需要，又可以避免己方失礼；既可以说明问题，还能为谈判进展留有余地。

典型的外交性语言有"可以考虑""无可奉告""深表遗憾""有待研究""请恕我授权有限""一切后果由贵方负责"和"谈判的大门是敞开的"等。

应当指出的是外交性语言应运用得当，如果谈判者过分使用外交性语言，会让对方感到冷淡、推托、无合作诚意。

（5）文学性语言。文学性语言原指小说、诗歌、散文、戏剧等文学作品反映社会生活所使用的语言。这种语言以生动、活泼、优雅、诙谐，以及富有想象力和感染力为特征。在商务谈判中，文学性语言则是指汲取文学语言精华，表述准确、鲜明、生动、活泼、形象化的语言。

在商务谈判中，文学性语言的运用是屡见不鲜的。例如把谈判比喻为播种友谊的种子，把签合同比喻为收获，把谈判气氛比喻为紧张程度随气温升高，或虽然室外是寒气逼人，可谈判气氛却温暖如春等。在商务谈判中运用文学语言，可以调解谈判气氛。

【案例欣赏】

推销员为老夫妇拟写的第二次卖房广告

美国新泽西州一对老夫妇准备卖掉他们的住房。他们委托一位房地产经纪商承销。这家房地产经纪商请老夫妇出钱在报纸上刊登了一个广告。广告的内容很简短："出售住宅一套，有六个房间，壁炉、车库、浴室一应俱全，交通十分方便。"广告刊出一个月之后无人问津。老夫妇又登了一次广告，这次推销员亲自拟写广告词"住在这所房子里，我们感到非常幸福。只是由于两个卧室不够用，我们才决定搬家。如果您喜欢在春天呼吸湿润新鲜的空气，如果您喜欢夏天庭院里绿树成荫，如果您喜欢在秋天一边欣赏音乐一边透过宽敞的落地窗极目远望，如果您喜欢在冬天的傍晚全家人守着温暖的壁炉喝咖啡时的气氛，那么请您购买我们这所房子。我们也只想把房子卖给这样的人。"广告登出不到一个星期，他们就搬家了。

（资料来源：李言，汪玮琳. 跟我学：谈判口才 [M]. 北京：中国经济出版社，2006.）

（6）军事性语言。军事性语言是一种带有命令性的语言。这种语言的特征是干脆、利落、简洁、坚定、自信。

在商务谈判中运用的典型的军事性语言有"你这是声东击西""你这是以攻为守""不乱自己的阵脚""已无退却的余地""最迟于×日×时需得到贵方的答复，否则，我方将做出最终的选择"，等等。在商务谈判中适当运用军事性语言可起到振奋精神、增强信心、稳定情绪、坚定意志、稳住阵脚、加速谈判进程的作用。

三、商务谈判语言艺术运用的原则

在商务谈判中，谈判者运用语言艺术时需遵循以下基本原则。

（一）客观性原则

商务谈判语言的客观性原则是指谈判过程中的语言表述要尊重客观事实，反映客观事实。这是一条最基本的商务谈判语言艺术运用的原则，是其他一切原则的基础。离开了客观性原则，即使谈判者有三寸不烂之舌，或者语言艺术水平再高，也都只能成为无源之水，无本之木。

如果谈判各方均能遵循客观性原则就能使谈判各方自然而然地产生"以诚相待"的印象，从而促使各方立场、观点相互接近，为下一步取得谈判成功奠定基础。

（二）针对性原则

商务谈判语言的针对性原则是指谈判者要根据谈判的具体内容类型、不同对手、不同需求和不同阶段而使用不同的语言。简而言之就是谈判语言要有的放矢，对症下药。

1. 根据不同的谈判内容类型选用有针对性的语言

商务谈判按内容划分有商品购销谈判、技术贸易谈判、工程承包谈判、租赁业务谈判、合资经营谈判、资金借贷谈判、劳务合作谈判、损害及违约赔偿谈判等。谈判内容类型的不同，就需要谈判者有针对性地选择谈判语言，特别要注意使用专业性语言和行话。

2. 根据不同的谈判对象选用不同的语言

不同的谈判内容类型和谈判场合对应不同的谈判对手，不同的谈判对手其身份、性格、态度、年龄、性别等均不同，谈判者应根据谈判对手的这些方面的不同而有针对性地选用恰当的谈判语言。

3. 根据谈判对手的不同需要恰当地使用不同的语言

例如，有的谈判者对商品质量有高档次的要求，这就需要另一方人员重点介绍商品的质量、性能；有的谈判者注重商品价格的实惠性，这就需要另一方人员侧重介绍和阐释本企业商品价格的合理性等。

4. 根据不同的谈判阶段运用不同的谈判语言

例如，在谈判开始时，各方以文学性语言、外交性语言为主，这样会有利于联络感情，创造良好的谈判氛围；在谈判进行中，应多运用专业法律性语言，并适当穿插文学军事性语言，以求柔中带刚，取得良效；谈判后期，应以军事性语言为主，附带专业法律性语言，以促使谈判成功。

（三）逻辑性原则

商务谈判语言的逻辑性原则是指谈判者在商务谈判过程中运用语言艺术要概念明确，判断恰当，证据确凿，推理符合逻辑规律，具有较强的说服力。

谈判者在谈判前搜索的大量资料，经过分析整理后，只有通过符合逻辑规律的语言表达才能为谈判对手理解。

要遵循谈判语言的逻辑性原则，就要求谈判者必须具备一定的逻辑知识水平，就需要其很好地掌握形式逻辑和辩证逻辑知识。

（四）规范性原则

商务谈判语言的规范性原则是指谈判者在商务谈判过程中的语言表述要文明、清晰、严谨、准确。

首先，商务谈判语言必须坚持文明礼貌的原则，必须符合商界的特点和职业道德要求。无论出现何种情况，谈判者都不能使用粗鲁的语言、污秽的语言或攻击辱骂的语言。

其次，谈判者所用语言必须清晰易懂，口音应当标准化，避免使用地方方言、俗话等。

再次，谈判者的语言应当注意抑扬顿挫、轻重缓急，避免吐舌挤眼、嗓音微弱、大吼大叫或感情用事。

最后，谈判语言应当准确、严谨，特别是在讨价还价等关键时刻，谈判者更要注意一言一语的准确性。在谈判过程中，由于一言不慎，导致谈判走向歧途，甚至导致谈判失败的事例屡见不鲜。因此，谈判者必须认真思索，谨慎发言，用严谨精确的语言准确地表述自己的观点、意见。这样，才能通过商务谈判维护或取得自己的经济效益。

（五）隐含性原则

商务谈判语言的隐含性原则是指谈判者在商务谈判中运用语言时要根据特定的

环境与条件，委婉而含蓄地表达思想、传递信息。

例如，汽车销售商对顾客说："××牌汽车具有多方面的优点，毫无疑问，它很漂亮。"这位销售商又卖力地推销："它的发动机虽小但能长途跋涉，如果你不走快车道或不需要带人的话，您一定会喜欢它。"言外之意，这种车搭载乘客的能力和安全性很值得怀疑。

第二节　商务谈判有声语言的运用技巧

一、商务谈判中的陈述语言技巧

陈述就是叙述自己的观点或问题的过程。商务谈判中的陈述是一种不受对方所提问题的方向、范围制约，带有主动性的阐述，是传递信息、沟通情感的方法之一。因此，谈判者能否正确、有效地运用陈述的功能，把握陈述的要领，会直接影响商务谈判的效果。在商务谈判的各个阶段都离不开陈述。在商务谈判过程中，陈述大体包括入题和阐述两个部分。

（一）商务谈判入题的语言技巧

谈判各方在刚进入谈判场所时，难免会感到拘谨，尤其是谈判新手在重要谈判中往往会产生忐忑不安的心理。为此，谈判者必须讲求入题技巧，采用恰当的入题方法。

1. 迂回入题

为避免谈判时单刀直入、过于直露，影响谈判的融洽气氛，谈判者谈判时可用迂回入题的方法。

（1）以题外话入题。通常可以先介绍一下季节或天气情况，如"今天的天气真暖和"或"今年的气候很有意思，都十二月了，天气还这么暖和"也可以用目前流行的有关社会新闻、旅游、艺术、社会名人等作为话题。

（2）以"自谦"入题。如果对方是在我方所在地谈判，则可谦虚地表示我方各方面照顾不周，也可称赞对方的到来使我处蓬荜生辉，或者谦称自己才疏学浅，缺乏经验，希望通过谈判建立友谊等。当然，自谦要适度，不要给对方以虚伪或缺乏诚意的感觉。

（3）从介绍己方谈判者入题。简略介绍自己一方谈判人员的职务、学历、经历、年龄等，既打开了话题，消除了对方的忐忑心理，又充分显示了己方强大的阵容，使对方不敢轻举妄动。

（4）从介绍己方的生产、经营、财务状况入题。提供给对方一些必要资料（生产、经营、财务状况等），充分显示己方雄厚的财力、良好的信誉和质优价廉的产品等基本情况，可先声夺人，从而坚定对方与己方合作的信心。

（5）以"卖关子""吊胃口"入题。当代世界极富权威的推销专家海因茨·戈德曼强调，在面对面的推销中，说好第一句话是十分重要的。商务谈判的第一句话可以卖卖关子，吊一吊对方的胃口，这样可以避免谈判者在谈判时单刀直入、过于直露而影响谈判的融洽气氛。

2. 先谈细节，后谈原则性问题

围绕谈判的主题，各方先从细节问题入题，条分缕析，丝丝入扣，到各项细节问题谈妥之后，也便于自然而然地达成原则性的协议。

3. 先谈一般原则，后谈细节问题

一些大型的经贸谈判，由于需要洽谈的问题千头万绪，一般要分成若干等级，进行多次谈判，这就需要采取先谈原则问题再谈细节问题的方法入题。各方一旦就原则问题达成一致，洽谈细节问题也就有了依据。

4. 从具体议题入手

一般而言，大型商务谈判，总是由具体的一次次谈判组成，在具体的每一次谈判会议上，各方可以首先确定本次会议的谈判议题，然后从这一具体议题入手进行洽谈。这样做，可以避免各方谈判时无从下手，从而提高谈判效率。

（二）商务谈判中阐述的语言技巧

谈判入题后，接下来便是各方阐述各自的观点。这也是谈判的一个重要环节，更应讲究阐述技巧。

1. 开场阐述

（1）己方开场阐述的要点。①开宗明义，明确本次会谈所要解决的主题，以集中各方注意力，统一各方的认识。②表明我方通过洽谈应当得到的利益，尤其是对我方至关重要的利益。③表明我方的基本立场，可以回顾各方以前合作的成果，说明我方在对方所享有的信誉；也可以展望或预测今后各方合作中，可能出现的机遇或挑；还可以表示我方可采取何种方式为各方共同获得利益做出贡献等。④开场阐述应是原则的，而不是具体的，应尽可能简明扼要。⑤开场阐述的目的，是让对方明白我方的意图，以创造协调的洽谈气氛。因此，我方阐述应以诚挚和轻松的方式来表达。

（2）对方开场阐述的反应。①我方应认真耐心地倾听对方的开场阐述，归纳并弄懂对方开场阐述的内容，思考和理解对方阐述的关键问题，以免产生误会。②如果对方开场阐述内容，与我方意见差距较大，不要打断对方的阐述，更不要立即与对方争执，而应当先让对方说完，认同对方之后再巧妙地转换话题，从侧面进行反驳。

2. 让对方先谈

在商务谈判中，当谈判者对市场态势和产品定价的新情况不是很了解，或者尚未确定购买何种产品，或者无权直接决定购买与否的时候，一定要坚持让对方首先说明可提供何种产品、产品的性能、产品的价格等，然后，谈判者再审慎地表达意见。有时即使谈判者对市场态势和产品定价比较了解，心中有明确的购买意图，而且能够直接决定购买与否，也不妨先让对方阐述利益要求、报价和介绍产品。然后，谈判者再在此基础上提出自己的要求。这种先发制人的方式，常能收到奇效。

3. 坦诚相对

在谈判中应当提倡坦诚相见，不仅将对方想知道的情况坦诚相告，而且可以适当透露我方的某些动机和想法。

坦诚相见是获得对方同情和信赖的好方法，人们往往对坦率诚恳的人有好感。

不过，谈判者应当注意的是，与对方坦诚相见，难免要冒风险。对方可能利用你的坦诚，逼你让步，你可能因为坦诚而处于被动地位。因此，坦诚相见是有限度的，并不是将一切和盘托出，应以既赢得对方信赖，又不使自己陷于被动、丧失利益为度。

二、商务谈判中的提问语言技巧

提问是商务谈判中经常运用的语言技巧。通过巧妙而适当地提问可以摸清对方的需要，把握对方的心理状态，并能准确表达己方的思想，其目的是了解情况、开启话题以利沟通。对不同的目的，谈判者应提出不同的问题。对同一问题，谈判者也可以用不同的方法、从不同的角度进行发问。

（一）提问的方式

对同一问题，谈判者可以用不同的方法、从不同的角度进行发问。

1. 引导性提问

引导性提问，是指对答案具有强烈暗示性的问句。这一类问题的提出旨在开渠引水，几乎令对手毫无选择地按发问者所设计的答案作答。这是一种反义疑问句的句型，在谈判中，是使对方对己方的观点产生赞同反应的表示。

例如：

"讲究商业道德的人是不会胡乱提价的，您说是不是？"

"这样的算法，对你我都有利，是不是？"

"成本不会很高吧，是不是？"

"贵方如果违约是应该承担法律责任的，对不对？"

"谈到现在，我看给我方的折扣可以定为4%，你方一定会同意的，是吗？"

这种提问的答案会达到提问者预期的目的。

引导性提问，还可诱发对方的好奇心。例如，一位推销员对顾客说："老张，您知道世界上最懒的东西是什么吗？"顾客感到迷惑，但也很好奇。这位推销员继续说，"就是您藏起来不用的钱。它们本来可以购买空调，让您度过一个凉爽的夏天。"值得注意的是，这种引导性的诱发好奇心的提问方法如果变得近乎耍花招时，用这种方法则很少获益，而且一旦顾客发现自己上当，你的计划就会全部落空。

2. 坦诚性提问

坦诚性提问，是指一种推心置腹的友好性的提问。这一类问题，一般是在对方陷入困境或有难办之处时，出于友好，己方帮其排忧解难的提问。这种发问，能制造出某种和谐的气氛。

例如：

"告诉我，你至少要销掉多少？"

"你是否清楚我已提供给你一次很好的机会？"

"要改变你的现状，需要花费多少钱？"

3. 假设性提问

假设性提问是在不清楚对方的态度或虚实的情况下，谈判者采用虚拟的口吻来探察对方的意向。它既能避开正面提问时对方拒绝回答所产生的难堪，又可以达到相同的目的。

例如：

"如果我答应 30 天以内付款，你可以给我打折吗？"

"如果我现在同意，你可以从周一开始吗？"

"如果我们决定寻找不同的路线，结果将会怎么样呢？"

"假如这个合作项目由我们提供技术，您肯让我们占多少股份呢？"

这些问题都能让对方透露出有用的信息。假设式提问通常也能扩大人们的思考范围。

例如：

甲："我实在是抽不出时间来做这项额外的工作。"

乙："如果你做了，会怎么样呢？"

甲："我们必须按时到达那里。"

乙："如果我们不能按时到达那里，会怎么样呢？"

甲："我不想请别人帮忙。"

乙："如果你请别人帮忙，会怎么样呢？"

上述任何一个问题的答案，都能探查出该问题对对方的重要程度，还可能促使对方进行思考，或引起对方更多的兴趣。

4. 封闭式提问

封闭式提问，是指足以在特定领域中带出特定答复（如"是"或"否"）的问句。这一类问题可以使发问者获得特定的资料或确切的回答。

例如：

"你是否认为'上门服务'没有可能？"

"贵公司第一次发现食品变质是什么时候？"

"你们给予H公司的折扣是多少？"

"我们能否得到最优惠的价格？"

这类提问将讨论的主题封闭起来，鼓励人们用极其简短的句子做出肯定或否定的回答。

这类发问有时会蕴含相当程度的威胁性，如上述第三句便是。但如果改用"是非问"的句型，语气就大不一样，效果就好多了，如上述第四句。

5. 借助式提问

借助式提问是一种借助第三者的意见来影响或改变对方意见的提问方式。

例如：

"某某先生是否赞成你方如期履约关系？"

"某某先生是怎么认为的呢？"

发问者采用这种提问方式时，应当注意提出意见的第三者，必须是对方所熟悉而且是他们十分尊重的人。这种问句会对对方产生很大的影响，如果，运用一个对方不很知晓且谈不上尊重的人作为第三者加以引用，则很可能会引起对方的反感。因此，发问者对这种提问方式应当慎重使用。

6. 探究式提问

探究式提问是开门见山的提问方式。发问者提出一系列追根究底的问题，要求对方证实或补充先前的答复。

这一提问，可从两方面进行。

（1）从一般到具体的提问。向对方反复地提出一个个"为什么"，会使人非常厌烦，有一种受到审问的感觉。如果发问者将提问的句式改换成："那样做，对你有什么意义呢？""那样做对你意味着什么呢？""那样做对你有什么影响呢？"对方便不会感觉到是在被人讯问，这使他有机会阐述自己的理由，更清楚地说出对某个问题的真实感受。

例如：

问："花上一年的时间去西南地区旅游，对你有什么意义呢？"

答:"这意味着我能探访许多少数民族。"

问:"探访许多少数民族,对你又有什么意义呢?"

答:"我将能体会到少数民族的不同文化,看到许多我现在还没有看到的东西。"

从一般到具体的提问,能层层深入地探询到对方的真实意图。这是一种很重要的提问方法。在谈判中,如果你这么向自己提问,则有助于弄清楚你所希望得到某种结果的真实原因;如果你这么向谈判对手提问,则有助于对方将注意力更明确地集中在他们所关注的结果上。

(2)从具体到特殊的提问。从具体到特殊的提问是指发问者对一个具体情况进一步加以分析,意在弄清对方话语中被省略的内容,知晓更为详细的情况。

例如:

甲:"我将参加一次会议。"

乙:"你参加的会议很特别吗?"

甲:"在达成协议之前,我需要大幅度地裁减人员。"

乙:"你谈到的大幅度地裁减人员,其确切的幅度有多大?"

甲:"在我同意之前,你们必须做出一些让步。"

乙:"在你看来,我们应该做出什么让步?"

甲:"我对我的供应商不满意。"

乙:"在哪些方面你尤其不满意?"

这类紧紧盯住对方的回答毫不松劲地追问,能将涉及的范围进一步缩小,准确地理清事情的来龙去脉。

(二)提问的目的和心理障碍

1. 提问的目的

(1)收集资料,谈判者即通过提问了解对方对某一问题的看法。

(2)探索对方的动机和意向,即谈判者通过提问以了解对方的某一方面的要求。

(3)提供资料,即如果对方对某一方面情况不清楚,通过己方的提问,让对方说出来,以便有针对性地对其做介绍。

(4)鼓动对手发表意见,即谈判者通过提问了解对方参与谈判的意向。

(5)证实各方的见解是否一致。

谈判者还可以利用提问来避免谈判中出现僵局,消除相互间的积怨,给自己思考问题的时间,激发创造性思维,发掘人们的想象力和动力。

2. 提问的心理障碍

（1）谈判者为了避免暴露自己的无知，担心提问不当会让人瞧不起，因此不愿意提问题。

（2）谈判者害怕被人认为自己缺乏洞察力，害怕分析的不正确而使提出的问题有失偏颇，因此不积极提问题。

（3）谈判者曾经想到了某些好问题，可是在讨论时临时忘掉了。

（4）谈判者想避免令对方困窘，担心谈判会因此失败而避免提出敏感的问题。

（5）谈判者只喜欢滔滔不绝地说话，忽视了倾听，因此提不出切合实际的问题。

（6）谈判者缺乏毅力去继续追问答案不够完整的问题，总是轻易地放弃。

（7）谈判者事先没有做准备，因而没有足够的时间思考出好的问题。

（三）商务谈判提问的时机

1. 在对方发言完毕之后提问

在对方发言的时候，谈判者一般不要急于提问，因为打断别人的发言是不礼貌的，容易引起对方的反感。对方发言时，你要认真倾听，即使你发现了对方的问题，很想立即提问，也不要打断对方，可先把发现的和想到的问题记下来，待对方发言完毕后再提问。这样不仅反映了自己的修养，而且能全面、完整地了解对方的意图，避免操之过急、曲解和误解对方的意图。

2. 在对方发言停顿和间歇时提问

在谈判中，如果因对方发言冗长、不得要领、纠缠细节或离题太远而影响了谈判进程，那么，谈判者可以借对方停顿、间歇时提问，这是掌握谈判进程、争取主动的必然要求。例如，当对方停顿时，你可以借机提问："您刚才说的意思是？""细节问题我们以后再谈，请谈谈您的主要观点好吗？""第一个问题我们已经明白了，那第二个问题呢？"

3. 在议程规定的辩论时间提问

对于大型的外贸谈判，谈判各方一般要事先商定谈判议程，设定辩论时间。在各方各自介绍情况和阐述时间里一般不进行辩论，也不向对方提问。只有在辩论时间里，各方才可以自由提问、进行辩论。谈判者在这种情况下要事先做好准备，可以设想对方的几个方案，针对这些方案考虑己方对策，然后再提问。在辩论前的几轮谈判中，谈判者要做好记录，归纳出谈判桌上的分歧，再进行有的放矢的提问。

4. 在己方发言前后提问

在谈判中，当轮到己方发言时，可以在谈己方的观点之前，对对方的发言进行提问，不必要求对方回答，而是自问自答。这样可以争取主动，防止对方接过话茬，影响己方的发言。例如，"您刚才的发言要说明什么问题呢？我的理解是……对这个问题,我谈几点看法……""供货问题您讲得很清楚了,但保修的问题怎么样呢?我先谈谈我们的要求,然后请您补充。"

在充分表达了己方观点之后,为了使谈判沿着己方的思路发展,牵着对方的鼻子走,通常要进一步提出要求,让对方回答。例如,"我们的基本立场和观点就是这样,您对此有何看法呢?"

三、商务谈判中的应答语言技巧

有问必有答,人们的语言交流就是这样进行的。谈判者在商务谈判中,需要巧问,更需要巧答,因为问有艺术,答也应有技巧。问得不当,不利于谈判;答得不好,同样也会使己方陷入被动。商务谈判由一系列的问答所构成,巧妙而得体的回答与善于发问同样重要。

一个商务谈判者水平的高低,在很大程度上取决于其答复问题的水平。因此,在谈判的整个问答过程中,会使谈判的各方或多或少地感到一股非及时答复不可的压力。在这股压力下,谈判者应针对问题快速反应,做出有意义、有说服力的应答。

(一)商务谈判中应答的方法

应答的方法有很多种,其中主要的有以下几种。

1. 明确直接的应答法

在谈判中,己方的某些信息是对方必须了解的,如果对方的提问是为了获得这些必不可少的信息,答话者可以采用此法,忠实地按问题实质做出答复,问什么答什么,直截了当,清楚明确,以保证各方的正常沟通。答话者需要注意的是答话要适度,该说的说,不该说的不说。既不可话留三分,闪烁其词,给正常的信息制造障碍,也不可过于坦白,本来只需局部回答,却全盘托出,不加保留,让对方摸清底牌。

2. 附加条件的应答法

附加条件的应答法是指如果对方问话中含有强硬的言辞,答话者在回答时就不要直接回答,而应首先设定条件来抵制对方,从而尽可能多地保证己方的利益。

例如,在买卖洽谈中,当卖家在价格上不肯让步,买方又很想购买的时候,卖家强硬地问买不买时,买方回答:"我们可以买下这批货,但其条件是请允许我们分期付款,您看如何?"该回答中的"请允许我们分期付款"就是买方提出的附加条件。

3. 否定前提的应答法

否定前提的应答法,主要是用来对付限制型提问的,是"是"与"否"以外的第三种回答。

例如，当提问者问："你们是三月交货还是四月交货？"答话者应该回答说："我们根本就不打算在三、四月交货。"这样，对方就占不到便宜了。

4. 借口推托的应答法

如果答话者不便回答或一时想不出如何回答提问时，可以先找个借口，如假称资料不全，还需进一步查找，或声明自己做不了主，还需向上级请示。这样，就避免了仓促表达造成的被动局面，答话者既摆脱了为难处境，又保留了答话机会以便以后灵活处理。

5. 避正答偏的应答法

避正答偏，在知识考试或学术研究中是一大忌，然而从谈判技巧角度来应用，却是一种对不能回答的问题的行之有效的答复方法。避正答偏的应答法是指在回答不能回答的问题时，答话者故意避开问题的实质，而将话题引向歧路，借以破解对方进攻的应答法。

有些提问者会提出一些使人难以回答的问题，答话者不愿回答，但又不想让提问者失望，就可以巧妙地转移话题，既让对方得不到想要的答案，又不破坏良好的谈判气氛。

在谈判中，有时对方提出的问题，回答者无法从正面做出回答，可是拒不回答，会被对方指责为毫无诚意，如果勉强回答，说不定会落入对方的陷阱。在这种情况下，那些擅长答复的谈判高手，经常会提供一些"没有答复的答复"，巧妙地转移话题。例如，对方反复强调一个他们认为十分重要，要求己方同意其观点的问题。己方实在难以直接回答时，可以这样说："这个问题我方也认为十分重要，比如我方就曾遇到过这样一件事……"答话者这样说，貌似回答，而实际上是从原题的侧面"滑过"，谈了与原题相关而实际上却是对另一个问题的看法。

另外，在谈判中，有的谈判者会提一些与谈判主题无关的问题，回答它显然是浪费时间。有时，对方会有意提一些容易激怒你的问题，其用意在于使你失去自制力。回答它只会损害己方利益。对此，你可以一笑了之，或顾左右而言他，外交辞令中的"无可奉告"也可一用。

6. 装傻充愣的应答法

装傻充愣的应答法是答话者常用的行之有效的方法，如果不想回答提问，可以用"不清楚""不明白""不知道"等搪塞，或用一些无实际意义的词语，说了等于没说的话去回答。谈判者在谈判中装傻充愣，会起到意想不到的效果。

第三节　商务谈判中倾听的运用技巧

有 X、Y 公司的销售人员与同一位客户就相同的内容分别进行了如下的对话：

客户："虽然你们的产品质量和服务不错，但也不见得一定比 Y 公司的强到哪里去。所以我们还需要从各方面比较、考虑一下。"

X 公司销售员（脸开始有些涨红，略显激动的）："我相信我们公司产品的质量和服务要比 Y 公司的更具有竞争力。比如说（接下来是 5 分钟的产品和服务特点介绍）……我想我们产品的这些特点能够满足您刚才提到的各种需要。"

客户（略显不耐烦的）："这些您已经向我介绍过了，我也已经了解了。我刚才不是告诉你了吗？我们会综合考虑的。我看这样吧，你回去等我们的消息，等我们考虑好之后，我会和您联络的。"

X 公司销售员（不知该再说些什么）："也好，那我们保持联系。"

X 公司销售员回到公司后对经理说："那家客户说，需要把我们的产品和 Y 公司的产品做综合比较和考虑后，才能决定选用哪家的产品。所以我就将我们产品的优势向客户做了详细介绍。现在我们就只能等客户的消息了。"

从表面上看，X 公司这位销售人员对经理说的话全是实情。第二天，Y 公司的一位销售员为推销自己公司的产品也来拜访这位客户。

客户："虽然你们的产品质量和服务不错，但也不见得一定比 X 公司的强到哪里去。所以我们还是需要从各方面比较、考虑一下。"

销售员："我明白了。不过我能否知道，在您说要做一下比较和考虑的情况中，您最关注的是什么呢？"

客户："在你们的产品质量都能满足我们的需求的情况下，我们当然要考虑在价格、付款方式、货物提交方式等方面，谁能给我们提供更优惠的条件。"

销售员："那我是否可以逐条了解一下您的具体想法，这样我可以根据您所关注的问题提供信息，以方便您做出决定？"

客户："当然可以。你们也了解，如果我们选择你们供货，就会是长期合作，我们对你们的产品的需求量将会很大，也很稳定。不知贵公司在价格上能够提供什么优惠条件？"

Y 公司这位销售人员回到公司后，依据自己通过倾听了解到的客户所关注的问题，与经理一道有针对性地设计了一套详细的方案。经过一番艰苦的讨价还价，Y

公司终于与客户签订了合同。在签订合同以后,客户拍着Y公司销售员的肩膀说:"其实当时你们和X公司的成功机会是一样的。因为你们两家公司的产品的质量确实不相上下。但你能理解我的意思,我感到与你合作得很顺利。"

通观这两场谈判,X公司销售人员失败的真正的原因在于,他在与客户的谈话中,只是急于呈现自己产品的优势,根本就没有想到过要鼓励客户多说,要多听听客户究竟是怎么想的。当一个谈判者忙着解释自己的观点时,他就不会想到要鼓励对方多说,让自己通过倾听去领会对方的真实想法。而Y公司的销售员却选择了先倾听,待听明白客户的真实意图后,再根据客户的需求提供方案。在谈判中,当对方陈述其观点和回答问题时,往往就会把自己的需求暴露出来,而己方应该做的就是悉心聆听对方。

一、倾听的涵义和作用

倾听是指在谈判中通过聆听,对对方吐露的每一个字,甚至措辞、表达方式、说话的语气、声调、重复语句等留心注意,以此为线索,去发现一言一语的背后隐藏着的意图和要求。

富兰克林曾说过:"与人交谈取得成功的重要秘诀,就是多听,永远不要不懂装懂。"因为"听"是"谈"的基础,倾听的目的是为了更好地阐述自己的问题,没有认真地倾听,就不可能准确地获取信息,也不可能有策略地回答和恰如其分地提问。因此,在商务谈判中,"听"往往比"说"更为重要。一个优秀的谈判者,必定是一个很好的倾听者。

在一些容易达到一致意见的方面,谈判的交谈会是直率的,无掩饰的。而在一些不容易达到的需要方面,需求者好用比较隐晦的方法提出要求,而供给者却往往故意避实就虚。因此,在谈判中善于听弦外之音,可便于捕捉对方的思路,追踪、揭示对方动机的线索,发现对方的需求。

任何谈判者想捕捉有用的信息,不仅要运用耳朵去听,还要运用眼睛去观察谈判对手的表情与动作,更要运用心灵设身处地地构想谈判对手的话语,同时还要运用自己的大脑去研究谈判对手话语背后的动机。这种耳到、眼到、心到、脑到的"听",才能被称之为倾听。

倾听的重要性不仅仅在于能捕捉和理解对方谈话中字里行间的真实意图,而且还在于能让对方深切地体会到认真倾听的谈判者对他本人的真切关注,进而收到较好的效果。

谈判中如果不注意倾听,对方可能会认为没把他当回事,这就有可能失去谈判成功的机会。

例如，推销员乔·吉拉德向一位顾客推销汽车，交易过程十分顺利。当客户正要掏钱付款时，另一位推销员跟吉拉德谈起昨天的篮球赛，吉拉德一边跟同伴津津有味地说笑，一边伸手去接车款，不料顾客却突然掉头而走，连车也不买了。吉拉德苦思冥想了一天，不明白客户为什么对已经挑选好的汽车突然放弃了。夜里11点，他终于忍不住给客户打了一个电话，询问顾客突然改变主意的理由。客户不高兴地告诉他："今天下午付款时，我同你谈到了我的小儿子，他刚考上密歇根大学，是我们家的骄傲，可是你一点也没有听见，只顾跟你的同伴谈篮球赛。"吉拉德明白了，这次生意失败的根本原因是因为自己没有认真倾听顾客谈论自己最得意的儿子。

总之，谈判中的认真倾听，对于抓住谈判机会，对于顺利进行谈判均会起到重要的作用。因此，中外谈判专家们都非常重视谈判中倾听的技巧，认为善于倾听是一个成功的谈判者所必须具备的素养。

二、商务谈判中倾听的技巧

有效的倾听，指的是不仅能听清楚对方已经说出了什么，而且还要能够听明白对方说出的话里隐含的意思。谈判者要想把话说到对方的心坎上，除了用耳朵仔细聆听，别无他途。上帝把人创造成拥有一张嘴、两只耳朵，并让耳朵专司聆听，让嘴兼管说与吃，就是让我们多听少说，听后再说。这对谈判的成功尤为重要。

有效倾听的关键在于集中精力，全神贯注。一个人精力的集中除了受身体状况的影响以外，在很大程度上取决于倾听者的态度。谈判者抱着积极的而不是消极排斥的态度去听，倾听成功的可能性就比较大。有效地倾听对方的说话，意味着谈判者不仅得用耳朵去听，而且还要把自己的眼睛、身体、声音统统调动起来，激发起对方说话的兴趣。

下面的这些做法，不但能够提高谈判者倾听的效率，还可以表明谈判者是在认真倾听对方的讲话。

（一）及时反应

在倾听时，除了主动地与对方进行目光接触，微微笑一笑，赞同地点点头之外，时不时地发出"嗯，嗯""哦"之类的声音，或"是的，我明白你的意思""这是一个很有趣的问题"之类迎合对方的短语，都能表明你在注意倾听对方谈话，没有走神，这能使对方认为你对他所讲的内容有兴趣，鼓励着他继续说下去。

（二）适时质疑

在对方讲话的过程中，通过简短的提问，不但能让对方确认他谈话中的要点，还可保持自己思维的敏锐性。比如：

"那么你是说……"

"我认为是……对吗？"

"那么你个人的观点是……"

（三）重复陈述

重复对方刚才说过的某些话，以此表明你很感兴趣，能引导对方把话继续讲下去。例如，对方说："今年，我们在投资方面需要大幅度地增加。"你可以重复说："大幅度地增加。"然后看下一步将会发生什么情况。对方多半会解释他所说的"大幅度地增加"是什么意思，你甚至可以发现为什么在这次谈判中，这一点对于他来说是如此地重要。

（四）摘记要点

记笔记是谈判者集中注意力的有效方法之一。摘记要点迫使谈判者必须仔细倾听对方的讲话，概括所谈之事，弄清自己不明白的问题。记笔记不仅可以帮助谈判者回忆和记忆，而且有助于在对方发言完毕之后，就某些问题向对方提出质询，同时自己也有时间做充分的分析，理解对方讲话的直接含义与延伸含义。另一方面，谈判者记笔记或者停笔抬头看着讲话者，肯定会对讲话者产生一种鼓励作用。

在一场错综复杂的谈判中，记录谈判所达成的要点，将有助于谈判者快速浏览彼此的观点，更加容易地掌握协议的主要内容。

（五）总结反馈

提高倾听效果，避免误听的另一个重要技巧就是在听讲过程中要不断总结、及时反馈。在对方陈述自己观点的间隙，要抓住时机，尽可能简明扼要地用三言两语概括对方先前讲话的要点，向对方表明你在认真听他讲话。这也是核实你所听到的信息是否准确的一种好方法，它给了对方一个补充可能忽略了的东西的机会。

（六）保持沉默

沉默是谈判者使用的利器之一。鲁迅先生曾经说过："沉默是最有力的回答。"对有些不便回答的问题，就可以采取沉默这种特殊的回答方式。恰当地运用沉默，往往令对方招架不住，自乱阵脚，从而露出庐山真面目。因为，很多人都讨厌沉默，沉默会让他们感到一种无形的压力，他们会失去冷静，变得不安、忙乱，会用话来填补它。这就是沉默的力量。

高明的谈判者常常利用沉默获得优势或取得效益。

例如，一位不速之客突然闯入洛克菲勒的办公室，直奔他的写字台，并以拳头猛击台面，大发雷霆："洛克菲勒，我恨你！我有绝对的理由恨你！"接着那人恣意漫骂他达几分钟之久。办公室所有的职员都感到无比气愤，以为洛克勒一定会拾起墨水瓶掷去，或是吩咐保安员将他赶出去。出乎意料的是，洛克菲勒并没有这么做。他停下手中的活儿，平和地注视着这位攻击者，那人越暴躁，他就显得越平和！

那无理之徒被弄得莫名其妙，渐渐平息下来。一个人发怒时，遭不到反击，他是坚持不了多久的。于是，他咽了一口气。他是准备好了来与洛克菲勒斗争的，并想好了洛克菲勒要怎样回击他，他再用想好的话去反驳。但洛克菲勒就是不开口，他竟不知如何是好了，末了，他又在洛克菲勒的桌子上敲了几下，仍然得不到回应，只得索然离去。洛克菲勒则像根本没发生任何事一样，重新拿起笔继续他的工作。不理睬他人对自己的无礼攻击，便是对他的最严厉痛击。成功者每战必胜的原因，便是当对手急不可耐时，他们依然冷静与沉着。

又如，当你作为公司领导，你的下属向你提出涨工资要求时，你保持沉默，他吃不准你是什么态度，因而一再地陈述他的理由，你再一次运用沉默，也许这时他会自己降低要求，征询你的意见，等待你的反应。

再如，你和别人正在进行一项关于商品价格的谈判时，对方说："我希望能在这个月之内达成协议，因为我不敢肯定过了这个月是否能给你相同的价格。"这时你应保持沉默，冷静地看对方的举动。这时对方又说："你究竟愿不愿意在这个月内达成协议？如果愿意，我们可以考虑适当优惠。"你仍以沉默来回答，对方会再说："我们可以再把价格降低10%，希望你能慎重考虑。"也许你等的就是这句话。于是，一项谈判就成功了，它或许比你原来想象的价格还要低，这就是高明的谈判者利用沉默来获得优惠的价格，取得最大限度的利润。

值得注意的是，采用沉默的方式时一定要慎重，因为如果谈判各方关系友好，这样做就显得不太礼貌，会让对方反感。而当对方提出的问题充满恶意，甚至损害了国家、团体和个人的尊严时，沉默会给人软弱可欺之感。而且，在谈判处于紧张、激烈的过程时，各方都力争主动，尽可能地掌握发言权，这时，采取沉默方式应答实际上就意味着放弃发言权，很容易在谈判中转变成劣势。

第四节　商务谈判中无声语言的运用技巧

世界著名非语言传播专家伯德维斯泰尔指出，两个人之间一次普通的交谈，语言传播的信息部分还不到35%，而非语言成分则传递了65%以上的信息。非语言也称无声语言。商务谈判是人与人之间的交谈，为了促使谈判成功，除了注重有声语言外，还应注意无声语言的运用。要运用好无声语言，就要求商务谈判者应该具有丰富的无声语言知识，掌握无声语言技巧，进而促使谈判朝着有利于己方的方向发展。

表达无声语言的媒介有两大部分，一是人体语言，二是物体语言。前者是通过人体各部位变化所表现出的种种表情、态势传递信息；后者是通过人对物品空间位置的不同处理来传递不同信息。

一、商务谈判中人体语言的运用技巧

人体语言的运用技巧主要是谈判者通过面部表情、上肢动作和下肢动作等表现一定的思想内容。

（一）面部表情语言

1. 注重眼睛所传达的信息

"人的眼睛和舌头所说的话一样多，不需要词典，却能够从眼睛的语言中了解整个世界，这是它的好处。"这是爱默生关于眼睛的一段精辟论述。眼睛具有反映内心世界的功能，眼睛的功用是能够明确地表达人的情感世界。人们在交往过程中，人体语言的一个重要方面就是目光接触。人们通过眼视的方向、方位不同，而产生不同的眼神，传递和表达不同的信息。

在商务谈判中，根据对方眼睛的动作可了解到其所传达的信息。

可根据目光凝视讲话者时间的长短来判断听者的心理感受。通常，与人交谈时，对方的眼睛瞳孔放大，炯炯有神，表示此人处于欢喜与兴奋状态；瞳孔缩小，神情呆滞，目光无神，愁眉紧锁，则表示此人处于消极、戒备或愤怒的状态。实验证明，瞳孔所传达的信息是无法用人的意志来控制的。

在商务谈判中，常见的眼睛的动作及所传达的信息主要有：

（1）对方的视线经常停留在我方的脸上或与我方对视，说明对方对谈判内容很感兴趣，想急于了解我方的态度和诚意，成交的可能性大；

（2）交谈涉及价格等关键内容时，对方时时躲避与你视线相交，说明对方把卖价抬得偏高或把买价压得过低；

（3）对方的眼神闪烁不定，常被认为是掩饰的一种手段或是性格上不诚实的表现，这也说明对方对我方所谈的内容不感兴趣，但又不好意思打断我方的谈话而产生了焦躁情绪；

（4）对方的视线在说话和倾听时几乎不看我方，偶尔瞥一下我方的脸便迅速移开，那是试图掩饰什么的表现，也说明对方对生意诚意不足或只想占大便宜；

（5）对方眨眼的时间明显地长于自然眨眼的时间时，说明对方对我方谈的内容或对我方谈判人员已表示厌烦，不感兴趣，或表明对方较我方而产生了优越感乃至藐视我方，因而对我方不屑一顾。

眼神传递的信息远不止这些，人类眼睛所表达的思想，有些确实是只能意会而难以言传，这就要靠谈判者在实践中用心加以观察和思考，不断积累经验争取把握种种眼睛的动作所传达的信息。

2．注重眉毛所传达的信息

眉毛是人体面部传递信息潜力最大的器官，也是一个最有效的信息源，因此，素有"眉目传情"之说。

在商务谈判过程中，比较常见的用眉毛行为来传递信息的肢体语言有：

（1）"眉开眼笑""喜上眉梢"常常表示谈判者心想事成，谈判一定进行得很顺利；

（2）眉毛迅速地上下运动，表示谈判很愉快。

（3）眉毛向上挑起，则表示询问或疑问。

（4）"双眉紧锁"表示人们处于困窘、不愉快、不赞同的状态，也常常表示忧心忡忡，还有很多担心的问题没有解决。

（5）"横眉立目""剑眉倒竖"，通常表示义愤填膺、气愤至极，这个时候谈判者应该及时转换说话的方式，让谈判对手的情绪尽快冷静下来，以达到最佳的谈判目的。

上述有关眉毛传达的动作语言是不容忽视的。人们常常认为没有眉毛的脸十分可怕，因为它给人一种毫无表情的感觉。

3．嘴的动作所传达的信息

人的嘴巴除了说话、吃喝和呼吸以外，还可以有许多动作，借以反映人的心理状态。

（1）紧紧地抿住嘴往往是意志坚决的表现。

（2）噘起嘴是不满意和准备攻击对方的表现。

（3）遭受失败时，人们往往咬嘴唇，这是一种自我惩罚的动作，有时也可解释为自我嘲解和内疚的心情。

（4）嘴角稍稍向后拉或向上拉，表示听者是比较注意倾听的。

（5）嘴角向下拉是不满和固执的表现。

东方人讲话时，用手捂住嘴，是为了防止唾沫外溅或口臭袭人。欧美国家的谈判者，如果出现用手遮住嘴、用食指摩擦鼻子和眼睛、拉衣领等动作的时候，往往是其紧张、言不由衷的惯有动作。

（二）上肢的动作语言

手和臂膀是人体比较灵活的部位，也是使用最多的部位。借助手势可以帮助谈判者判断对方的心理活动或心理状态。

有的谈判专家认为："手部动作实际上是肢体语言的核心。"因为手部动作最多，也最细腻、生动，运用起来更自如。

在商务谈判中，手的动作所传达的信息主要有：

（1）伸出并摊开双手，说明对方忠厚诚恳、言行一致。

（2）说话时掌心向上的手势，表示谦虚、诚实、屈从、不带有任何威胁性。

（3）掌心向下的手势，表示控制、压抑、压制，带有强制性，这会使人产生抵触情绪。

（4）挠头，说明对方犹豫不决，感到为难。

（5）托腮，对方托腮时若身体前倾，双目注视你的脸，意味着对你谈的内容颇感兴趣；若是身体后仰托腮，同时视线向下，则意味着对你谈的内容有疑虑、有戒心、不以为然甚至厌烦。

（6）搓手，表示对方对谈判结局的急切期待心理。

（7）当彼此站立交谈时，若对方双手交叉于腹部的时候，意味着对方比较谦恭、有求于你，成交的期望值较高；若双臂交叉、叠至胸前并上身后仰，意味着对方不愿合作或优势傲慢的态度；若倒背双手的同时身体重心在分开的两腿中间，意味着对方充满自信和愿意合作的态度；若背手时做"稍息"状，则意味着戒备、敌意、不愿合作、傲慢甚至蔑视。

（8）食指伸出，其余手指紧握，呈指点状，表示教训、镇压，带有很大威胁性。这种行为令人讨厌，在谈判中应尽量避免。

（三）下肢的动作语言

腿和足部虽然是身体的下端，但它往往是最先表露潜意识情感的部位，它主要的动作和所传达的信息如下：

1. 坐姿所传递的信息

（1）摇动足部，或用足尖拍打地板，或抖动腿部，都表示焦躁不安、无可奈何、不耐烦或欲摆脱某种紧张感。通常，谈判桌上这种动作也是常见的。

（2）双足交叉而坐，伴之以消极的手势，常表示紧张、缄默和防御态度。

（3）张开腿而坐，表明此人是充满自信、愿意合作、自觉交易地位优越的人。

（4）如果一条腿架到另一条腿上就座，一般在无意识中表示拒绝对方并保护自己的势力范围，使之不让他人侵犯。

（5）如果频繁变换架腿姿势，则表示情绪不稳定、焦躁不安或不耐烦。

（6）两腿和两脚跟紧紧地并拢，两手放在两膝盖上，表示此人性格内向、为人谦逊、感情世界封闭、不愿与人交谈。

（7）两腿和两脚跟紧紧地并拢，两手交叉放在大腿两侧，表示此人性格古板、不愿意接受别人意见。时常并腿后仰的对手大多小心谨慎、思虑细致全面但缺乏信心和魅力。

（8）两膝盖并在一起，小腿随着脚分开成一个"八"字样，两手掌相对，放在两膝盖中间，表示此人比较害羞。

（9）大腿分开，两脚跟并拢，两手习惯于在肚脐部位，表示此人很有男子汉气概，也有决断力。

（10）半躺半坐，双手抱于脑后，表示怡然自得，为人随和，也善于控制自己的情绪。

2. 走路所传递的信息

（1）走路步伐大，表示情绪急躁。

（2）走路步伐平缓，表示缺乏激情与理想，做事慢腾腾。

（3）喜欢走角落，表示自卑，性格怪异、孤僻。

（4）喜欢踱方步，表示做事冷静，四平八稳。

二、商务谈判中物体语言运用技巧

物体语言是指在摆弄、佩戴、选用某种物体时传递的某种信息，实际也是通过人的姿势表示信息，在商务谈判中可能随身出现的物品有笔、本、眼镜、提包、帽子、香烟、打火机、烟斗、茶杯以及服装、饰品等。这些物品拿在手中、戴在身上，呈现不同姿势，反映不同内容与含义。

第一，手中玩笔，表示漫不经心，对所谈问题不感兴趣或显示其不在乎的态度。

第二，慢慢打开笔记本表示关注对方讲话；快速打开笔记本说明发现了重要问题。

第三，猛推一下眼镜，则说明对方因某事而气愤。

第四，摘下眼镜，轻轻揉眼或擦镜片，说明对方精神疲倦，对争论不休的问题厌倦和正在积蓄力量准备再战。

第五，如果轻轻拿起桌上的帽子，或轻轻戴帽，则可能表示要结束这轮谈判，或暗示告辞。

第六，打开包可能想再谈新的问题，关上包则表示到此为止，夹起包则可能无法挽留。

第七，吐烟时向上吐，表示有主见、傲慢和自信；吐烟时向下吐，则表示情绪低沉、犹豫、沮丧等。

三、商务谈判中运用无声语言技巧应注意的问题

第一，无声语言不是对人的行为状态的精确描述，其含义既广又深、可变性强，有时无声语言所表达的并非一定和内在本质相一致，在商务谈判中有意制造假象也

是屡见不鲜的,谈判者应根据实际情况谨慎、机智地识别和应付各种问题。

第二,弄清无声语言运用的场合、时间和背景。场合是指谈判地点,包括谈判桌前、宴会和居所等;时间是指谈判所处的阶段(初期、中期、末期);背景是指客观条件(如个性、能力、关系状况等)。只有当上述条件都有利时,无声语言才能取得最佳效果。

第三,应善于观察。由于无声语言直接作用于人的视觉,一切尽在无声之中,这就要求在倾听对方谈判的同时悉心观察对方,体会对方所给予的各种暗示信息,并采取相应的方式,与对方交换信息,适时做出较为准确的判断,促进谈判向有利于己方的方向发展。

第十二章 商务谈判思维

所谓思维，简单地说就是大脑对客观世界间接的、概括的反映。

古人云："行成于思。"这说明了行为的成功取决于思维。商务谈判行为的成功更是如此。

在商务谈判中，自始至终都是人的思维在起作用，思维是谈判的原动力，每个成功的谈判，都是正确思维运用的结果。谈判者要想在谈判中及时、准确地分析判断谈判形势，恰当运用谈判策略，分析对手谈判心理，必须具备一定的思维能力。

人们的一般思维模式可分为辩证思维、逻辑思维和创造性思维三类。谈判者在商务谈判中运用好这三种思维模式是处理好谈判过程中各种问题的保证。

本章将分三节，特对商务谈判中这三种思维问题进行具体的阐释。

第一节 商务谈判中的辩证思维

一、辩证思维的含义和特点

（一）辩证思维的含义

辩证思维是用唯物辩证法的观点和方法来认识世界、思考问题的一种科学思维方式。它强调用客观而不是主观的、用普遍联系而不是相互割裂的、用全面系统而不是片面破碎的、用运动发展而不是静止不动的观点来观察世界、认识事物、思考问题。

概而言之，辩证思维是运动着的包含多样性规定的客观世界在人的头脑中反映出来的思维。

（二）辩证思维的基本特点

1. 辩证思维要反映现实世界多样性的统一

辩证思维要反映现实世界多样性的统一，即把客观世界的万事万物，既看作是多样性的，又看作是统一性的。

在商务谈判中，无非有两个客观存在：一是谈判的对象，二是谈判的问题。前者是人，至于是什么人，则要具体分析。但是，分析应力求全面，如人的价值观、文化素质、业务水平、社会地位、民族习惯、政治信仰等。总之，人是多样性的，至于所谈的业务问题，如商品质量、包装、商标、运输、价格、技术要求、售后服务、合同的法律条款、国际贸易惯例、国内市场供求状况、国际市场动态、资金、利润、费用、成本、交费时间、交接方式、付款方式等多方面的因素，更是体现了多样性。然而，商务谈判的目的是达成交易，追求利益。如果不谈生意，没利可图，不想成交，人们又何必走到一起来谈判呢？又何必费时，费口舌呢？这就是谈判者和谈判问题的统一性的问题。

2. 辩证思维要能在思维中反映出客观对象的运动

从商务谈判来看，即使是简单的交易谈判，如到商店里购物，特别是到集贸市场与摊主打交道，也有一个交易过程，要一看商品，要问一下行情，要"货比三家"，要问价、回价，有的还要讨价还价。在大宗商品交易的谈判中，谈判更有个过程，会遇到很多问题，有曲折，有风险，即使是最顺利、最理想的谈判，也有一个协商的过程，绝不是一蹴而就的，总是有比较、有选择的。

二、辩证思维的基本内容

辩证思维的基本内容包括三大规律和七大范畴。

（一）三大规律

1. 对立统一规律

对立统一规律，即指事物运动的规律，也称矛盾规律，它揭示事物内部矛盾对立各方的统一和斗争，是事物普遍联系的根本内容和事物变化发展的根本动力。通过分析矛盾和把握矛盾的性质，在事物诸多矛盾中抓住主要矛盾，在矛盾各方的对立面中抓住矛盾的主要方面，从而占据主动，促使矛盾的转化和解决。

2. 质量互变规律

质量互变规律是唯物辩证法的一个基本规律，它揭示了任何事物都具有质的规定性与量的规定性，都表现为质与量的统一。任何事物的运动都相应地采取量变到质变的两种基本形式，都表现为由量变到质变的质量互变的过程，都是连续性与间断性的统一。通过把握一定的度，就能促使事物内在矛盾的转化，从而引起量变、质变。

谈判是各方利益的冲突与协调，要能战胜对手，削弱对方，就要做到知己知彼，对整个谈判过程从正方和反方进行辩证思考促使矛盾的转化。在商务谈判中，尤为如此。买主和卖主可以采取同样的方法来处理反对意见，就卖主而言，常常会害怕触怒买主。例如，一位珠宝商对于买主提出的反对意见处理得非常好，使买卖顺利成交。由于买主的妻子视力不好，对表针长短要求极高，这种手表非常难找，费尽心力，总算找到了，但外观却相当丑陋，定价为200元。买主对珠宝商说，200元似乎太贵了。珠宝商则说："这个价格非常合理，手表走时很精确。"买主说："时间准确与否不重要，而这只表样式不好看。"珠宝商立刻说："我从来没有看过这么专门设计给人们容易看的手表了。"他把表的外形丑的原因说成是为了给人们容易看清楚表针，恰好满足了买主的需要。

3. 否定之否定规律

否定之否定规律是事物自身所包含的否定因素（方面、趋势）所引起的由肯定到否定，再到新的否定，即否定之否定的规律。它揭示了事物发展的螺旋式上升、波浪式前进的周期性运动，指明了事物自己发展自己、自己完善自己的总趋势和全过程。与前两个规律相比较，它具有更大的整体性和总括性，把握这一规律就可从整体上理解事物自我运动和发展过程。

（二）七大范畴

除了相互联系着的基本规律外，辩证法还包括一系列相互联系和转化的基本范畴，即现象与本质、个别与一般、形式与内容、原因与结果、必然性与偶然性、可能性和现实性、绝对与相对。

这七大范畴反映了事物、现象的普遍联系和全面发展的不同侧面，不仅有着各自的特殊内容，而且有着本质上的联系。不仅每对范畴与范畴之间，而且各对范畴内部的两个方面都是紧密联系着的。它们在人们的辩证思维中同三大规律一起相互交织、相互渗透，综合地发挥着作用。这就要求谈判者在谈判过程中，能够通过现象看本质，通过形式考查内容，从一般阐释个别或从个别归纳一般，从结果中探究原因，从偶然中发现必然，促使有利的可能性转化为现实，从绝对中找出相对或从相对中看绝对，从而认识和把握谈判活动的本质，不被表面现象所迷惑，促使谈判获得成功。

掌握辩证思维模式，全面把握辩证法提供的科学思维方法，就能够客观、全面。辩证地去观察和分析整个谈判活动，准确地认识问题，并有针对性地采取措施，使谈判活动的变化朝着有利于己方的方向发展。

三、辩证思维在商务谈判中的作用

商务谈判的思维活动大致可分为两个阶段，即谈判前准备阶段的思维活动与谈判过程中临场的思维活动。二者既有联系，又有差别。它们的联系表现在两者都要贯彻谈判原则，制订谈判计划和策略等方面的行为、措施等的取舍时都采用一致的标准。它们的区别在于谈判的准备阶段即谈判前期的思维方式是以假设为基础，而在谈判过程中临场的思维方式是以事实为基础。在商务谈判中，谈判者主要是运用思维这个有用工具"斗智""斗法"。策略的千变万化，也是各方思维能力的较量。成功的谈判对各方来说是正确的、合理的思维的结果。

无数事例和实践表明，一个成功的谈判者所具有的机警、敏感、锐利、细腻、合作等良好的条件与素质，与他正确、合理的思维能力是分不开的。

而辩证思维对商务谈判能够起到以下积极作用：①辩证思维有助于谈判者在谈判中树立全面性的观点，帮助其纵观全局、驾驭全局。②辩证思维有助于谈判者在谈判中树立发展的观点和运动的动态观点。③辩证思维有助于谈判者在谈判中树立具体性的观点。④辩证思维有助于谈判者在谈判中树立实践性的观点。⑤辩证思维有助于谈判者在谈判中树立合作性的观点，以求同存异。

四、商务谈判中运用辩证思维的步骤

谈判中辩证思维方式要求人们学会辩证地看待买方与卖方的矛盾。这里提出几个运用辩证思维的步骤，供人们演练，会给谈判带来意外的效果。

第一步，在和顾客谈判之前，先写下自己产品和其他竞争产品的优点和缺点。

第二步，记下一切你所能想到的，可能被买主挑剔的产品的缺点和服务不周之处。

第三步，让公司的人在预备会中，尽量提出反对意见，同时让他们在顾客尚未提意见前，练习回答这些反对的意见。

第四步，当顾客提出某项反对意见时，要在回答之前了解问题的症结。

第五步，等你了解问题的症结后，便权衡一下，看看问题是否容易应付，若是容易应付的反对意见，便可以利用现有的证据反驳。

第六步，利用反问来回答对方，诱导他回答你"是"。

第七步，不要同意顾客的反对意见，这样会加强他的立场。

第八步，假如顾客提出的反对意见是容易应付的，你就可以立刻拿出证明来，还要求对方同意；假如顾客所提出的反对意见不易回答，那么就要以可能的语气来回答，然后再指出一些更有利的优点，取得他的认同，目的是为了让顾客或对手明白你了解他的观点。这在商业交易和日常谈判中是非常有价值和实用的。

第二节　商务谈判中的逻辑思维

一、逻辑思维的含义和形式

（一）逻辑思维的含义

逻辑思维是在感性认识的材料的基础上运用概念、判断和推理等逻辑形式对客观世界的间接、概括的反映过程。

形式逻辑（或称普通逻辑）就是研究这种逻辑思维的形式结构及其规律与方法的科学。

形式逻辑研究对象是思维形式的规律、规则和一些逻辑方法。其中包括概念、判断、推理、论证等思维形式和同一律、矛盾律、排中律、充足理由律等科学思维的基本规律。

（二）逻辑思维的基本形式

逻辑思维的基本形式是概念、判断和推理。概念、判断和推理这几个思维形式是互相联系的。概念的形成往往要通过一定的判断和推理过程，判断是肯定或否定概念之间的联系关系，而判断的获得通常又需要通过推理。

1. 概念

概念是人脑对事物的一般特征和本质属性的反映。概念是在抽象概括的基础上形成的，因此，概念是反映事物的本质属性的思维形式。例如，关于"鸭"的概念，只反映鸭扁嘴、短颈、足有蹼、船形体态、喜游水等本质属性，而不反映其颜色、大小、肥胖等非本质属性。

概念和词不可分割地联系着。每一个概念不但都是由于词的抽象化和概括化的刺激作用而在人的头脑中产生和存在着的，而且都是以词的意义或含义的形态从人头脑中表现出来和巩固下来的。词就是概念的物质外衣，每一个词的意义或含义都是一个概念，每一个词都代表着一个概念。也就是说，概念是用词来标志的。

2. 判断

判断是指人的大脑两半球凭借语言的作用，反映事物的情况或事物之间的关系的过程。人在头脑中通过判断的过程所达到的结果，也叫作"判断"。可见"判断"一词具有两种含义：一种是指人脑产生判断的思维过程，另一种是指人脑经过判断过程所产生的思想形式。

判断是通过肯定或否定来确定事物的。肯定或否定是判断的特殊本质。人们在判断中不是肯定某种事物的存在，就是否定某种事物的存在；不是肯定某种事物的价值，就是否定某种事物的价值；不是肯定某些事物之间的某种关系，就是否定某些事物之间的某种关系。

人在判断的独立性和机敏性方面会表现出很大的个体差异。判断的独立性和机敏性主要取决于进行判断所必须依据的有关知识和经验。

判断可以分为简单判断和复合判断、模态判断和非模态判断等。

3. 推理

推理，实际上就是人脑凭借语言的作用，通过对某些判断的分析和综合，以引出新的判断的过程。人在头脑中经过推理的过程所引出的新的判断叫做"结论"；人在进行推理的过程中所根据的已有的判断，称为"前提"。也就是说，已有的概括性认识和有关材料或事实，是人在头脑中进行推理时所必须依据的前提；对过去的推断或对未来的预测，是人在头脑中经过推理所得到的结论。

判断看起来似乎要比推理简单得多，其实很多的判断都是推理的结果，所以，实际上，推理是思维最基本的形式。

推理可以分为归纳推理和演绎推理。归纳推理是从特殊事例到一般原理；演绎推理是从一般原理到特殊事例。

二、商务谈判中逻辑思维的运用

【案例欣赏】

笔者作为甲方建设单位商务代表与乙方施工单位代表谈判家属楼施工承包合同。通过前几轮的要约——反要约——再反要约，初步形成如下两种价格条件，A种条件投资额1200万元，B种条件投资额900万元，以上投资条件，属同一施工图纸，不同的是室内装饰、灯具配备、阳台封闭等稍有不同。甲方代表向其法人汇报后，在最后一轮谈判中，首先摆出了厂内形势不好，资金紧张等一些客观原因，表示考虑接受B种投资条件，但随之摆出同类水平中，B种投资条件造价偏高。难以达成协定，并提出再降低200万元左右，乙方代表当即表示降低不合适，而提出宁愿在质量上保证，依此思维，甲方代表也提出了一些适当提高装饰水平，并要求对阳台进行钢窗全封闭，基本上反扣到了A种投资条件，从而结束了谈判，各方进行签约。

从上面的谈判例子，可以总结出逆向反扣思维的思维过程如下：在某产品的谈判过程中，假设A、B为两种价格条件（质量、原材料），a、b为相对的两种价格条件。

如果A，则a；

如果 B，则 b；

要 b，反对 B；

则 A 或 R，其中 R 介于 A、B 之间；

如果 b 是 A 或 R。则买卖各方可接受，否则，买卖各方总有一方不接受，谈判会陷入僵局。

（资料来源：姚凤云．商务谈判与管理沟通 [M]．2 版．北京：清华大学出版社，2016）

（一）商务谈判中概念的运用

如前所述，概念是人们进行思维活动的基本单位。没有概念，人们就无法进行思维活动。如商务活动中"商品""货币""价格""合同"等就是概念。假如，你在进行商务活动时，脑子里没有这些概念，那你的思维就是空的，也就根本无法进行商务活动这方面的思维活动了。

在商务谈判中离不开运用概念，而关键问题是如何运用的问题。应该注意的是从谈判的准备开始，就要运用商业和法律的概念。

作为一个谈判者，特别是主谈人，如果不通晓各种概念和没有概念知识，是无法主谈的。因为，你抓不住论战的焦点，易被对方利用概念来钻空子，因此，谈判者首先要抓住论战分歧的概念，避免抓不住要害，避免迷失方向，即论战的目标。只有对概念的认识清楚了，才能在谈判中争取主动。

（二）商务谈判中判断的运用

在商务谈判中，各方都要发言或提问题，各方也要对对方的心理进行琢磨，并做出判断。可以认为，在商务谈判中，谈判者对每一句话、每一件事、每一个问题、每一个策略都必须运用逻辑思维的判断思维。下面从不同的角度对此加以说明。

第一，在谈判中各方运用科学的判断力争主动权。在商务谈判中，各方可能做出各种姿态，如诉苦、激动、愤怒、委屈、骄横，向对方透露内部消息或内部矛盾，甚至和你说说笑笑等。这一切姿态的表现只是现象，如何揭露其本质的东西，这是每一个谈判者都应当认真思考的。只有把现象和本质区分清楚了，做出科学的判断，才能做出科学的决策并采用恰当的策略以推动谈判的进程。

第二，在商务谈判中，谈判各方往往要判断对方肯定了什么或否定了什么。谈判者注意到了这些，就能根据当时所处的谈判形势审时度势，准确地做出判断，拿出新招或新办法来。

第三，在商务谈判中应对价格的各种问题，谈判各方会做出判断。有两种不同的思维方式，一是"报价是标准的，不能动"；二是"没有不可谈的价格"。这两种思维方式反映了"报价的不变性"与"价格的可谈判性"。两者之间存在着对立统一的关系。这就要在谈判中判断其是"全部商品品种"的价格不可谈判，还是指"某一个商品品种"的价格不可谈判；是同一数量"的商品的价格不可谈判，还是"不同数量"的商品的价格不可谈判；是"同一个经济条件或背景"下不可谈判，还是"不同经济条件或背景"下不可谈判；是一个"报价"的全部条件，还是"部分条件"。因此，用逻辑思维方式去思考、判断，你就会从中发现问题。

（三）商务谈判中的推理与论证

1. 谈判中的推理

从某种意义上讲，商务谈判的过程是不断推理的过程，推理的形式有类比、归纳、演绎。在商务谈判中，如果能综合运用这些推理形式去揭示某一论点、论据的实质，鉴别对方的真实意图，就能使交易在公正的条件下谈妥。我们常常使用的"比价"即属"类比推理"。但仅有"类比"不能认识事物的属性，不能说贵与贱，还需要靠原有的知识和一般原理对类比的对象进行分析，这就要靠演绎推理。要从个别认识到一般认识，还须归纳推理。

（1）归纳推理。归纳推理是指由个别知识推出一般知识的推理。它从对许多个别事例的认识当中，总结出这些事例的共同特点，得出一个一般性的结论。

例如，在争论业务自学是否大有可为时，有人运用归纳推理得出了正确的结论。其归纳推理如下。

荷兰人列文虎克年轻时在一家杂货铺里当学徒，年老后给人看门。在几十年的工作业余时间里，他用全部精力来琢磨和研究放大镜片，最后，他发明了显微镜，成为世界上第一个发现细菌的人。有趣的是，他的这番惊人事业是在本职之外创造的。

爱因斯坦是伯尔尼专利局的检查员，他利用晚上和星期天的时间研究数学和物理，蜚声物理学界的"相对论"就是在这个时候发现的。

达·芬奇是意大利弗朗一世的臣仆。他广泛的业余研究不仅使他成为画家、雕塑家，而且成为物理学家、生物学家。

哥白尼的职业是医生和大主教的秘书。他酷爱天文学，后来创立了"日心说"。他的"天体运行论"被誉为自然科学的独立宣言。

身为小工匠的斯蒂芬孙，经过努力，终于成了火车的发明者。

贝尔德是鞋油工程师，一有空就研究电光声学，电视机就诞生在他的手中。

被恩格斯称为19世纪三大发现之一的能量转换定律，是由4个人各自独立地提出来的，他们都是业余研究员，焦耳是酿酒商，迈尔是医生，格罗夫是律师，赫尔霍姆茨是生理学教授。

这些不胜枚举的例子，给我们以深刻的启示：业余研究大有可为，业余自学也可成才。

这里成功地运用了"归纳推理"中的"简单枚举法",从列文虎克业余自学成才、爱因斯坦业余自学成才、达·芬奇业余自学成才、哥白尼业余自学成才、斯蒂芬孙业余自学成才、贝尔德业余自学成才,焦耳、迈尔、格罗夫、赫尔霍姆茨业余自学成才的例子中,得出一个一般性的认识,即"业余自学可以成才"。这一结论很有说服力,给人深刻启示。

（2）演绎推理。演绎推理是一种谈判中善于发现并及时抓住对方谈判中与我方具有共识的某一观点,加以强调,并以此为前提推演出必然性结论,从而实现谈判目标的逻辑推理。

运用此种逻辑思维方法,要注意以下三点:①作为推理前提的观点,必须取得各方共识。②使对方确认前提时,不要让对方觉察出来,否则对方会金蝉脱壳,极力转移话题,使我方计划落空。③共识的前提与结论有必然联系。

例如,20世纪70年代,我国用10亿人民币巨款从G国引进三套生产化肥的大型设备,其中有一套在调试运行期间,透平机转子叶片三次断裂,每次停机就要损失45万元,中G各方透平专家对事故各有不同的解释,G方认为是偶然事故；中方专家经过仔细推算分析,认为转子叶片三次断裂是它的强度不够,是设计的问题。依据这个判断,事故的责任在G方,G方不仅要更换设备,还要承担由此造成的一切经济损失。因为数额巨大,要使G方接受这种事实并不容易,这将是一场艰巨的谈判。

为了说明他们的产品没有质量问题,G方技术主谈B总工程师强调产品是严格依据世界著名透平权威西德人特莱贝尔教授的理论进行设计的。中方技术主谈是西安交通大学的孟庆集教授。当他听到特莱贝尔这个名字,心头一亮,但表面上却非常平静。他趁机插话说:"我们赞同特莱贝尔教授的理论,它应当成为我们各方共同接受的准则。"他说这话时,由于是不动声色地说出的,所以对方没有引起警觉,没有产生危机感,反而是误认为中方在全局上赞同了他们的观点,B总工程师显得非常得意。接着孟教授再强调一次:"我们要尊重特莱贝尔教授的理论,钦佩他的才识。"然后停下来等待对方的反应。看到B总工程师频频点头后,孟教授才放了心,至此各方取得了共识。下一步就看孟教授如何在强调共识的情况下,扩大自己的成果了。但B总工程师不仅是技术专家,而且是谈判的高手,点头之后,马上意识到危机,声明"不要再谈这些了"。孟教授岂肯放过,仍紧追不舍,他顺着B总工程师的话说下去:"特莱贝尔教授的理论是我们谈判的共同基础。你们的设计依据是特莱贝尔教授的理论,可教授在他的著作中一再强调'激振力系数是很难取准、很难确定'的,那么你们依据教授的理论所设计的转子叶片的系数便是很难取准、很难确定的。叶片三次断裂,并不在同一部位,其原因不言自明了。"通过3天4次谈判,以中方取得完全胜利而告终。其中,孟教授共识演绎法的成功运用为谈判铺平了道路,发挥了至关重要的作用。

孟教授在这次谈判中的逻辑推理是如下:

如果G方产品的设计依据是特莱贝尔教授的理论,那么该激振力系数是很难取准和很难确定的。

G方承认该产品的设计依据是特莱贝尔教授的理论,所以,G方的产品设计中的激振力系数是很难取准、很难确定的(即设计不合理是转子断裂的根本原因)。

在商务谈判中,谈判家的智慧,不仅表现在运筹帷幄、出奇制胜的韬略上,而且体现在这种善于捕捉共同点、以点破面的战术上。孟教授谈判成功的经验,为我们提供了很好的借鉴。

(3)类比推理。类比推理是指根据两个对象有若干属性相同,从而推出它们另一属性也相同的推理,由于类比推理是两个事物属性之间的类推,所以有比较强的说服力,因而在谈判中也是经常使用的。

例如,1982年,著名科学家钱伟长在新疆谈到我国新疆的发展远景时说:"十九世纪初,加利福尼亚州是美国最落后的地方,后来,人们利用淘金和工业积累了资金,继而建设了大型的水利工程,开辟了农业区,最后使加利福尼亚州成了美国最富裕的地区之一。新疆不但有金矿,还有铂族金属矿和宝石矿,也可以用这个办法积累资金,建设水利、电力工业,开辟荒原,发展农牧业。这样新疆完全能够建设得比美国加利福尼亚州更美。"钱伟长在这里运用的就是类比推理,他通过对新疆与美国的加利福尼亚州之间的类比,从这两个地区各种条件的相同中,得到"新疆完全能够建设得比美国的加利福尼亚州更美"这样令人鼓舞的结论。

2. 谈判中的论证

论证一般由"论题、论据和论证方式"三个因素构成,要是以语言来表达写出来就是一篇论文,讲出来就是一席完整的论述。一场谈判总是要提出讨论的议题——论题。这一议题或论题或在开谈之前由对方或由各方议定,或在讨论过程中,对方挑自己论证过程中的某一论据、某一论断为新的议题。自己也可能挑对方论证中的论断或论据为新的论题,这就是论题的产生。商务谈判中要以各种论据判断分析问题,然后经过综合得出"解决问题"的方式。每个谈判人必须遵循这一程序,掌握自己的论据,否则,谈判就会迷失方向,这样既浪费时间,又易被对方钻空子。

论证中几种不同的类型。

(1)解释型论证。

例如，某纺织厂在有经营自主权的新情况下，有人提议，应在生产外贸产品的同时，兼做内贸业务，因这样可盈利多，留利多，奖金福利也高。但是，该厂的厂长却在审时度势后，力排众议，提出了自己的看法：其一，细支薄形织物适于做内衣，属易耗品，在国际市场上与外衣的需求之比为1∶3，只要产品有竞争力，不愁没市场，没饭吃；其二，本厂是有传统外贸生产的优势，有一支熟悉外贸口产品技术要求的队伍；其三，向外挤，可以为国家多创汇，应在国际市场上与人争高低，反之，一旦从多年开辟的外贸市场上退下来，再想打进就更艰难了。因此，"我们厂的出路恰恰是在于专做外贸业务，瞄准国际市场"。这位厂长作为论据的理由都是从实践中总结与概括出来的。这些在他进行逻辑论证以前，已客观存在。

（2）预见型论证。

这是假定其决策设想或问题设想就是一个应该实施的最终决策，或者将要发生的问题。如果按照这个设想去做假定，那么，某种结果设想的问题就一定会产生出来。

例如，"某地可能是某种商品理想的销售市场，那么某种商品在某地应很快销售出去。"这是一种预见性结果，然而，事实如何？仅仅依靠逻辑推理不行，为了判断推理的结论是否可靠，就应先以小批量产品到该地试销一下，如果试销获得成功，则认为试销的结果与预见的结论相符合或相吻合。

（3）寻求共同点论证法。

一家公司的总工程师通知西屋公司说，不准备订购他们的发动机了，理由是该发动机的温度过高，西屋公司的推销员前去交涉，他就是从寻求共同点开始进行说服对方的。推销员说："我同意你的意见，如果发动机太热，不应该买它。发动机的温度不应该超过国家规定的标准。"对方答："是。""有关规定说，发动机的温度可以高出室内温度华氏72度，对吗？"对方说："对。""厂房有多热？"对方答："大约华氏75度。""75加上72度是147度，是不是很烫手呢？"对方答："是的。"结果，推销员就是用这种方式把自己的意见通过对方的"是"灌输到对方的头脑中，使对方最终又接受了订货。

这种方法实际上就是按照对方的思维逻辑去考虑问题，承认对方赖以做出决定的依据，要委婉地指出依据的不合适或依据的基础不正确。这样，在驳倒对方观点的同时，也使对方接受了你的观点。

第三节 商务谈判中的创造性思维

一、创造性思维的含义

思维与"感性认识"相对,指理性认识,即思想;或指理性认识的过程,即思考。是人脑对客观事物间接的和概括的反映;是指人脑利用已有的知识,对记忆的信息进行分析、计算、比较、判断、推理、决策的动态活动过程。它是获取知识及运用知识求解问题的根本途径。思维是人类区别于其他动物的最根本的特征。恩格斯曾称赞思维是"地球上最美丽的花朵"。

何谓创造性思维呢?创造性思维问题,实际上是一个探索中的边缘交叉的学术问题。从广义上看,所谓创造性思维是人们利用已掌握的知识和经验,从某些事物中寻找新关系、新答案,创造新成果的高级的、综合的、复杂的思维活动;从狭义的理解看,所谓创造性思维也可具体地指在思维角度、思维过程的某个或某些方面富有独创性,并由此而产生创造性成果的思维。创造性思维具有突破性、灵活性、流畅性、多向性、顿悟性、可迁移性、非逻辑性、综合性等特征。

创造性思维不像逻辑思维那样具有系统的理性,而更多地表现为思维的扩散、逆向、转向、想象、联想、直觉和灵感,它通常运用具体、生动、活泼、幽默的语言出人意料地表现出来。

二、创造性思维在商务谈判中的应用

(一)扩散思维在商务谈判中的应用

何谓扩散思维?浙江大学王加微先生认为"扩散思维就是在思维过程中,充分发挥人的想象力,突破原有知识圈,从一点向四面八方想开去,通过知识和观念的重新组合,找出更多更新的可能答案、设想和解决办法"。概括地说,扩散思维是指从一点出发,向各个不同方向辐射,产生大量不同设想的思维。

扩散思维在商务谈判中的应用是指同时对谈判议题各方面进行全方位扫描的思维形式。它的优点在于多路出击、消除死角,使论题各部分暴露在谈判桌上,以便各个击破。而且运用者善于转移"思路",犹如变频的雷达,更换频率随心所欲,毫无阻碍。如果做不到这种流畅的转移,思维就会显得呆滞,仍会出现"暂时的死角",使对手有喘息之机,进而影响谈判的进展。

（二）集中思维在商务谈判中的应用

集中思维也叫聚合思维、收缩思维或求同思维。这是一种异中求同的思考方式。具体说来，集中思维是指紧随扩散思维，在大量创造性设想中，通过分析、综合、比较、判断，选择最有价值的设想。概言之，就是从数量中找质量的阶段。集中思维与扩散思维从思维方向上来讲，二者恰好相反，扩散思维的方向是由中心向四面八方扩散，集中思维的方向是由四面八方向中心集中。集中思维在商务谈判中的选取最佳方案、探求相同原因、获取聚合效果等方面具有重要作用。在许多可供选择的方案中，集中起来选择某一最佳方案时，就要采用聚合思维法。

（三）快速思维在商务谈判中的应用

商务谈判中的快速思维是指针对论题的快速应答或反击，其对象为某一枝节，或为某一主体，其效力不在说服对手而在摧毁对手的意志。快速思维的特征是无论捕捉什么论题均能快速启动思想，给对手的某一点、线或截面以凌空打击，决不等方方面面的信息都到后再还击，以避免精妙的思想反击的消逝或给对手以喘息的机会，从而找到各种信息来保护自己。与扩散思维不同的是，快速思维可能体现在全方位，有面、有空间，也可能仅在于点或线。

例如，某对销贸易的谈判，一方要求买入参须、滑石、化工原料。谈判涉及"对销贸易合同"、三种商品的"购销合同"、对销的原则、结算方式、商品的品种规格、包装条件、交货期价格、检验方法、许可证问题、对销合同的报批问题等，谈判议题很纷杂。谈判可以按序进行，但在高级领导会见时，应以快速思维直捣"要害关"，对销原则——外汇平衡——买卖商品作价原则，高屋建瓴直指"价格"。

（四）逆向思维在商务谈判中的应用

逆向思维也称为逆反思维或反向思维。它是相对正向思维而言的一种思维方式。正向思维是人们习以为常、合情合理的思维方式，而逆向思维则与正向思维背道而驰，它是指为了更好地想出解决问题的办法，有意识地从正向思维的反方向去思考问题的思维。人们平常所说的"反过来想一想、看一看""唱唱反调""推推不行，拉拉看"等都属于逆向思维。在商务谈判中应用逆向思维可以收到正向思维达不到的效果。有这样一个运用逆向思维取胜的案例，山本村估是日本 DG 公司的总经理，一次他前往美国的一家公司洽谈生意。美方在谈判之前已经知道了 DG 公司面临破产威胁，就想用最低的价钱买下 DG 公司的全部产品。而此时，DG 公司面临两难的抉择，如果不卖，公司将缺少运转资金，反之，如果答应了美方的苛刻条件，DG 公司将会元气大伤，从此一蹶不振。此时的山本村估，内心十分矛盾，但他是一个善于隐藏内心真实想法的人，所以当美方在谈判中提出了这些要求的时候，山本村估若无其事地对随从人员说："你看一看飞往韩国的机票是否已经准备好了。如果机票已经拿到,明天我们就飞往韩国,那里有一笔大生意在等待着我们。"山本村估说这番话的言下之意是他对这桩生意的兴趣不大,成不成都无所谓。山本的这种淡漠超然态度,使美方的谈判代表如同丈二和尚摸不着头脑,急忙将情况汇报给总部。由于美方总部非常急需这些产品,经反复权衡之后,只得下决心以原价买下 DG 公司的产品。DG 公司得救了,人们不得不佩服山本村估惊人的逆向取胜的谈判艺术及掩饰内心矛盾的本领。

如前所述,逆向思维是一种以反问或以否定的角度来论述问题、驳斥对方论点的思维方法。在商务谈判中,在扩散思维和快速思维的夹击下,人们如果顺其应答会发现自己十分被动,受制于人,受审于人,且因对方穷追不舍,许多隐秘不讲不好,讲了也不好,因为正中对方下怀。此时,逆向思维是进攻和防卫的有效论战武器。

例如,某大厦的灯光照明及控制系统、防火的报警系统的订货合同中,技术验收(货物质量)只有原则没有具体办法,而卖方要求签合同,买方以逆向思维方式讨论:"×先生,贵方在合同中无具体检验方法说明将来如何验货。按严的方法,你能同意吗?按松的方法,我不同意,您怎么办呢?"一连串的反问,对卖方所提方案进行了否定。

逆向思维的另一表现形式是反证,即设定对方的立论成立,倒过去推论其成立的条件及依据,如果这些条件及依据是合乎情理的存在,则立论被肯定。反之,则立论是虚假的,不成立的,从而被否定。反证思维的公式是,立论——推理依存条件——评价依存条件的客观性与虚假性——肯定或否定立论。

（五）侧向思维在商务谈判中的应用

侧向思维是指在正向思维或逆向思维方向之外而选择另一个角度进行思考的思维。

一次国际品酒会上,中国的茅台酒由于包装简朴,未受重视。酒商眼看好酒通过正式途径得不到认可,便以侧向思维,采用另一种非正式的办法力促中国名酒得到世人的赏识。他装作失手,将酒瓶跌碎,顿时茅台酒醇香四溢,举座皆惊,各评委们另眼相看,茅台酒一举成名。

（六）转向思维在商务谈判中的应用

转向思维是指在一个思维方向受阻时,便转向另一个思维方向,经过多次思维转向而达到解决问题目的的思维。善于转向思维的谈判者,在谈判中,可以在各种思路变换中迂回前进,使其越来越接近目标,直至最后取得谈判的成功。

例如,在商务谈判中,一买方在某个技术合作项目的谈判中,前后找了五家公司,与第一家谈不成,就转向第二家,与最后第五家大公司谈,结果也未谈成。在这种情况下,买方又把前面一家情况较好的请回来谈,最后,各方洽谈达成协议。协议对各方有利，因此，各方都感到满意。

（七）联想思维在商务谈判中的应用

所谓联想思维，就是根据当前感知到的事物、概念或现象，想到与之相关的事物、概念或现象的思维活动。联想思维方式也就是通常所说的由此及彼，举一反三，触类旁通。在商务谈判中运用联想思维会取得很好的谈判效果。

例如，一个农夫在集市上卖玉米，因为它的玉米特别大，所以吸引了一大批买主。其中一个买主在挑选的过程中发现很多玉米上都有虫子，于是他故意大惊小怪地说："伙计，你的玉米倒是不小，只是虫子太多了，你想卖玉米虫呀？可谁爱吃虫肉呢？你还是把玉米挑回家吧，我们到别的地方去买好了。"那个买主一边说着，一边做着夸张而滑稽的动作，把众人都逗乐了。农夫见状，一把从他手中夺过玉米，面带微笑却又一本正经地说："朋友，我说你是从来没有吃过玉米咋的？我看你连玉米质量的好坏都分不清，玉米上有虫，这说明我在种植中没有施用农药，我的玉米是天然植物，连虫子都爱吃我的玉米棒子，可见你这人不识货！"接着，他又转过脸对其他的人说："各位都是有见识的人，你们评评理，连虫子都不愿意吃的玉米就好吗？价钱比这高的玉米就好吗？你们再仔细瞧瞧，我这些虫子都很懂道理，只是在玉米上打了一个洞而已。我可从来没有见过像它们这么听话的虫子呢！"

他说完了这一番话后，又把嘴凑在那位故意刁难的买主耳边，故作神秘状，说道："这么大、这么好吃的玉米棒子，我还真舍不得这么便宜就卖了呢！"

农夫的这一席话，把他的玉米是绿色食品，好吃，虽然有虫但是售价低这些特点表达出来了，众人被他的话说得心服口服，纷纷掏钱买，不一会儿，农夫的玉米就销售一空。农夫在这里运用的便是联想思维中的因果联想思维而说服了众人。

因果联想是指由事物的某种原因而联想到它的结果，或指由一个事物的因果关系联想到另一事物的因果关系的联想。农夫由"玉米上有虫"这一结果而推出"在种植中，没有施用农药，我的玉米是天然植物，连虫子都爱吃我的玉米棒子"这一原因，再把他的玉米棒子个大，好吃，虽然有虫但是售价低这些特点表达出来了，从而让众人改变了态度，使问题由不利转向为有利，使其玉米的销售获得了成功。

（八）直觉思维在商务谈判中的应用

直觉思维是一种未经逐步分析，而是凭借已有的知识与经验，便能对问题的答案做出迅速而合理的判断的一种思维方式。

在商务谈判中，谈判者凭借已有的知识与经验，克服思维定式的影响而运用直觉思维，做出迅速而合理的决断，使谈判获得成功。例如，一次，一位合伙人邀请谈判专家尼尔伦伯格去参加某飞机制造厂的拍卖会。按拍卖会的一般常识，谁出价最高，拍卖者就与谁成交。尼尔伦伯格他们的保留价格是37.5万美元。他们来到拍卖会时，100 多位竞争者已到会了，但尼尔伦伯格凭直觉断定，其中只有 3 位是真正的竞争对手。开始，尼尔伦伯格与合伙人开叫 10 万美元，对手加到 12.5 万美元。尼尔伦伯格加到 15 万美元，对手再加到 15.5 万美元。此时，尼尔伦伯格的合伙人将他拉出场外，尼尔伦伯格对合伙人的此举困惑不解，因为他们事先拟定好的最高撤退价为 37.5 万美元，现在他们的报价离预定好的最高报价还差 22.5 万美元，为什么要退出会场？合伙人解释说："我读了出售通告，按照这次拍卖的规则，如果拍卖人认为出价不高，就将拒绝出售。我们的出价在所有投标人中位居第一，所以拍卖人一定会来同我们联系，说我们对手的价格已被否定，问我们是否愿意再报个价。到那时候，我们就可出个较高的价格，再使拍卖人让步，我们便可一举成功。"果然他们以比保留价格低得多的钱与拍卖人成交。这次谈判的成功说明他们在拍卖过程中，凭借有价值的信息，靠灵感和直觉产生出新的创意，避开竞拍会导致价格无限上扬的不利因素，通过幕后谈判在保留价格之下压低价来与拍卖商成交。

（九）灵感思维在商务谈判中的应用

灵感思维也叫顿悟思维。它是一种在不知不觉中产生的突发性的特殊思维形式。它既指突如其来地对事物规律的认识，也指突然闪现的解决问题的创造性设想。

灵感是思维活动过程中特别紧张、集中、敏捷的阶段，是大脑高度兴奋激发状态。不是随时都会产生灵感的。正是这种突发性，才使人们感觉神秘，是可期不可预的，是一种思维的顿悟，而它的产生是有条件的。例如在谈判中存在一个有待解决的疑难问题，具备解决问题的客观因素，思维主体孜孜不倦地探索答案，并经过紧张思考之余，遇有偶然事件触发或知识启发，产生新的联想，打开新的思路，就使意识与潜意识接通，促成问题的解决。

第三篇 文化谈判实践篇

　　文化谈判虽然不像商务谈判那样急功近利，也不像政治军事谈判那样惊心动魄、叱咤风云，但它却是人际交往的谈判活动中不可缺少的一项谈判内容。随着全球技术革命浪潮的迭起，随着社会精神文明建设的不断加强，随着人们精神文化需求的日益增长，随着国内外文化交流的日渐频繁，文化谈判越来越受到人们的重视，并由此显示出了生机勃勃的新时代的文化气息。

　　在这一篇里，我们将分别论述文化谈判的概念、范围、特征，文化谈判的策略技巧和语言艺术。

第十三章　文化谈判

第一节　文化谈判的概念、范围和特征

一、文化谈判的概念

（一）什么叫文化

"文化"一词来源于拉丁文，原意是耕作、培养、教育、发展、尊重的意思。汉语中的"文"本有文雅、文字等义。作为文化，其根本含义是指文治教化，并因此而与武威相对。近代以来，人们由上述始源的文化含义已衍生出数百种关于文化的定义。根据国内外理论界的研究探讨，众多的文化定义大致可划分为狭义的、广义的和次广义的文化。狭义的文化专指文字艺术；广义的文化指人类在社会生活中所创造的一切，包括物质生产和精神生产的全部内容。

广义的文化具体而言即指受限于在共同生活中起着实质性作用的物质存在，如房屋、工农业生产中的用具和机器、运输方式、战争器具等构成社会生活中的物质基础等。同时，文化又是一种积淀物，是知识、经验、信仰、价值观、处世态度、赋义方法、社会阶层的结构、社会角色、宗教、时间观念、空间关系观念、宇宙观，以及物质财富等的积淀，是一个大的群体通过若干代的个人和群体努力而获取的。这些共同接受并采用的言行模式和沟通体式，使我们在某一特定的时间内，生活于具有一定技术技能的、受到一定地理环境限制的社会之中。正如文化学的祖师爷泰罗所说的："文化是一个复杂的总体，包括知识、信仰、艺术、道德、法律、风俗以及人类在社会里所有一切的能力习惯。"

次广义的文化指与经济、政治有别的全部精神生产的成果，包括哲学、宗教、科学、技术、文学、艺术、社会心理及民间风俗等。我们在本书所称谓的文化，特指次广义的文化。

从次广义的文化内容来看，可以将其分为三个层次，最高层次为哲学、宗教，中间层次为科学、技术、文学、艺术、体育，最低层次为社会心理、民间风俗等。张岱年先生认为，处于最高层次的哲学和宗教在文化系统中处于核心的主导地位。

因为哲学为科学和文学提供了理论基础，一般人则受宗教信仰的熏陶，而哲学、宗教与社会心理之间又有相互影响、相互制约的关系。

（二）文化的特征

文化的特征有许多，其中，最鲜明的特性就是历史性和时代性、地域性和民族性、渗透性和相融性。

1. 历史性和时代性

一部文化史往往反映着一部人类史。因为，人类的历史创造了人类的文化，人类的文化又不断在人类的历史发展中发展。文化是一种历史现象，它体现了文化的历史性。然而，每一历史阶段，即每一时代的文化又有鲜明的时代痕迹，如旧石器、新石器、蒸汽机车、计算机，分别体现出了原始文化、中世纪文化和现代文化的特征。所以，文化又具有鲜明的时代性。

2. 地域性和民族性

如前文所言，文化是人类历史的产物。它伴随着人类的出现和发展而产生与发展，由于人类的出现首先就是分地域出现的，而且出现时又是相互隔绝的，因此，各个人群便按照自己不同的方式来创造自己的文化。由此可见，文化一发生就带有鲜明的地域性特征，使得各个地域的文化互相区别。于是，便有了龙山文化、仰韶文化之类的区别。即便是信息现代化的今天，地球将可能以全球卫星所传送的信息为纽带而成为"地球村"，但仍存在着相对的地域界限，亦即存在着地域性的文化。于是，仍有中国文化、日本文化或东方文化、西方文化等的分别。由此可见，文化具有地域性的特点。这里须注意的是，地域性文化包含着民族性文化。因为同一民族最初繁衍于同一地域，而且在区域文化的发展中，形成了该地域民族的传统文化，所以，文化又具有民族性的特点。另外，还须注意的是，随着人类社会的发展，各地域和民族的往来以及战争兼并等诸多因素，又逐渐出现和形成了同一个国度地域可能生存着多个民族，同一民族又可能处于不同的国度地域的状态，所以，文化的地域性和民族性是既有区别又密切相连的。

3. 渗透性和相融性

文化还具有渗透性和相融性的特点。梁若容先生说："文化本来是流动的，从高处往低处，从充实的地方到空虚的地方，古今中外毫无不同。"中国文化经久不衰的重要原因之一，就是其能不断吸收、融合外来文化中的积极因素。而中国儒家思想又对东南亚各国进行渗透。日本松下电器公司给职工规定的精神价值观，就带有浓厚的儒家伦理色彩，它们是产业报国、光明正大、团结一致、奋斗向上、礼仪谦让、适应形势、感恩报德。这是中日文化渗透相融的具体表现。目前，我国由于外来文化的渗透，也在迅速改变着社会的面貌，并使我国人民的文化生活更加丰富多彩。今天，通信手段现代化的迅速提高和普及，使地球成了"地球村"，洲与洲、国与国的距离急剧缩小，具有现代特点的文化，顷刻间即可成为全人类的文化，文化的渗透性和相融性比任何历史时期都普遍。

从以上几个鲜明的文化特点可以看出，一个民族要立足于世界民族之林，必须认识自己民族的主体性，必须正确认识自己在世界中的地位，认识自己的文化与别的民族文化的优缺和长短。于是，不同国家、地区、民族就有必要进行交流，以取长补短。不同民族、不同国家之间的文化交流是多渠道、多层次、多方位的，形式是多种多样的，而文化交流合作协议谈判和协议实施后的合作、磋商就是其中的重要形式。

（三）什么叫文化谈判

如本书第一章所述，谈判是组织或个人的各方或多方，为建立联系、解决共同问题、处理相互冲突与纠纷、改善相互关系，实现各自需要而进行互相交流、讨论、磋商和达成一致意见或协议的活动过程。根据谈判的这一概念和本节上述文化的概念及特点，文化谈判的概念可以这样表述，文化谈判是有关组织或个人的各方或多方为实现文化交流与合作的目的而进行协商、协议和协议实施后的共同研究、磋商，直至达成观点一致或取得交流合作成果的过程。

另外，美国西北大学凯洛格管理学院研究生院争端解决研究中心的主任和创始成员珍妮·布莱特认为，文化还泛指社会群体的独有特征，既包括心理要素，即群体成员共享的价值观和规范，也包括社会结构要素，即作为社会交往背景的经济、社会、政治和宗教体制等。她认为当各方或多方进行谈判的时候，各方或多方都把各自的文化摆到了谈判桌上。在这个过程中，文化常以一种微妙的方式影响人们的谈判态度与谈判行为。这种效应好似以石投水，石子激起涟漪，向整个池面漾去，文化就弥漫在整个水面之中，并且渗透在谈判的方方面面。

二、文化谈判的范围

（一）文化谈判的主体范围

文化谈判的主体范围一般是国家、大学、图书馆、学科协会之间，建立友好关系的城市之间，科技界、文学界、艺术界、体育界以及属于同一学科的知名人士之间就文化问题所进行的谈判。

（二）文化谈判的内容范围

文化谈判的内容范围包括文物典籍交流、宗教与哲学思想的传播、文学戏剧思想技艺的交流与启迪、美术工艺的彼此影响、科学技术的交流与合作、体育舞蹈技巧的切磋与影响、教育和文化学院创办的合作、文化展览、出版物或通信工具的交流等。

三、文化谈判的特征

（一）协议结束与开始的相对性

文化谈判与商务谈判、求职录用谈判相比有一个不同的特征是，文化谈判协议的签订只是文化谈判告一段落的标志，随后便出现了多种多样的文化交流形式。如学术交流、科技合作、文化观光、社会考察、文物巡展、访问演出、体育竞赛、卫星传递等。于是，各国人民、各地区人民，各民族、各种组织和团体的人们便在有形和无形之中接受了异国、异地、其他民族的文化，从而改变着自己的生活方式、思维方法、价值标准、伦理道德和行为取向。在协议签订之后的这些交往中，各个国家、民族和地区的科技、教育、新闻、法律、宗教、民俗等方面，都得到了日益广泛、日渐深入和日趋迅速的传播和与异地、其他民族文化渐进性的相融。相比之下，商务谈判和其他谈判的协议一经形成，便标志着谈判的结束。只有文化谈判的协议只是整个谈判的一段标志，是结束与开始的承接点，具有结束与开始的相对性的特征。

（二）协议的协商多为合作性

文化谈判协议的协商多为合作性质，具有明显的合作性的特征。因为，它不像政治军事协议的谈判时常显现出对抗性，在谈判场上各方经常刀戈相见，寸理不让；它也不像商务协议谈判经常表现为互利性，各方时常讨价还价，以利易利；它是一种合作或协作性较强的谈判。当然，也有例外，1982年，因日本政府篡改侵华历史的"教科书问题"，我国政府与日本政府进行了谈判。谈判中，我方立场坚定、观点鲜明、毫不妥协，显现出了强烈的对抗性。这一场谈判是属于形式上的文化谈判、实质内容上的政治谈判，它是文化谈判与政治谈判兼而有之的谈判。所以，在很多不是单纯的文化谈判中，有可能不体现合作性的特点。另外，一些解决文化纠纷问题的谈判也经常体现出对抗性，如知识产权方面的谈判等。

（三）谈判的范围趋于广泛性

在知识信息爆炸、科技快速发展、文化百花竞放和人们的精神文化需求不断增长的现代，文化交流日渐频繁，文化谈判的范围越来越广。首先，我国对外文化谈判的范围越来越广泛。一方面随着与我国建交的国家的增多，我国对外文化谈判的地域范围越来越开阔；另一方面，随着我国改革开放和思想解放的不断扩展，对外文化交往的门类不断增多，随之，对外文化谈判的种类也越来越多，如科学、技术、哲学、宗教、文学、艺术等。近年来，我国相继举办的很多的世界性的体育、艺术比赛，文化艺术节和我国文化团体和知名人士走出国门的对外文化交流，均体现了我国对外文化谈判范围的广泛性。其次，国内的文化谈判的范围也愈加广泛。由于各种地区性文化的交流,如内陆文化与江南文化或东北文化与西北文化的交流,各门类文化的交流合作,个人间的思想文化认识的沟通认同正日渐活跃,因此,各种正式或非正式的文化谈判就愈加普遍化。由此更可见,现代文化谈判具有范围趋于广泛性的特点。

(四)谈判的成果多具创新性

文化谈判的成果多具创新性的特征。各种内容的文化谈判,如哲学、宗教、科学、技术、文学、艺术等内容的交流,合作协议实施之后,通常产生出新的文化成果。例如,合作科技攻关,会产生出新的科学技术;哲学思想交流传播后,会在哲学思想指导下形成新的社会科学理论或其他科学实践成果;文学艺术的交流合作后,又会产生出新的文学艺术成果。这些新的成果往往具有创新性。例如,中国作家沈大力与法国女作家苏珊娜·贝纳尔合著的法语长篇小说《延安的孩子们》,就是经过文化谈判所产生的创新性较强的文学作品。这部长篇小说是介绍中国革命历史上鲜为人知的中国孩子长征故事的。小说于1985年9月一出版,便轰动了巴黎,并且影响远及西欧、北非。两位异国作家在合作写作的过程中,不断地交流思想、交换观点,进行了有益的谈判。当时,应聘担任《中国文学》杂志社法语专家的法国女作家苏珊娜·贝纳尔认为,沈大力在谈整个小说的构思时所表现的哲学气质和文化传统修养都是典型东方式的,引人遐想无穷。而法国读者一般习惯于形象思维,从中引起思考,获得启发。因此,她希望沈大力写作时,应改变中国小说着重故事情节的直线叙述法,要在叙述历史故事的同时,给人以文化陶冶、历史知识、诗意享受、哲理思辨。沈大力采纳了苏珊娜的意见,决定采用法国多层次的灵活表现手法,和比较和缓的开放结构,以第一人称的形式撰写小说,苏珊娜很是满意。此后,两人在整个谈判和创作过程中,尽管两个国家的文化传统、美学准则和感受方式不同,但他们从各自的文化背景出发,互相切磋,力求将中国古典小说的传统手法和法国文学的现代手法交融在一起,寻找到一种使法国读者能与小说产生感情共鸣、理解一致、思维共振的接受方式。这使这部小说从形式到内容都有很大的创新。

第二节 文化谈判的策略

一、解除逆反法

解除逆反法是针对谈判者的逆反心理而采取的解除方法。这种逆反心理在谈判中的表现是,你从正面讲的道理,他偏要从反面理解;你表示自己说的是事实,他偏要说你讲的是假话；你是一副认认真真的态度，他却摆出一副玩世不恭的架势，如此等等。在谈判中，针对对方这些表现，谈判者需用适当的方法进行说服，以解除对方的逆反心理，达到谈判的目的。

二、以诚相待法

以诚相待法就是谈判者在谈判中开诚布公，以诚取信，从而唤起对方的共鸣和信任的方法。

例如，1948年夏天，英国大戏剧家萧伯纳听说誉满欧美的好莱坞女演员英格丽·褒曼正在伦敦，便想见她一面，因为褒曼主演过一部关于法国民族英雄贞德的戏，但用的居然不是他写的同一题材的剧本。萧伯纳深知自己的地位和声望，感到难以理解。一天，褒曼在一位制片人的陪同下来到萧伯纳的住处。萧伯纳刚把大门打开就先声夺人："你为什么不演我写的戏？"褒曼当时只有33岁，但也见过一些世面，"萧伯纳先生，可不可以先让我进来呀？""当然可以，我们将一起用茶。可你为什么不用我的剧本呢？"褒曼回答说："因为我不喜欢它。"萧伯纳被面前这位年青女演员干脆利落的回答惊呆了。在这以前，好像还没有谁敢这样评价他的剧作，至少没有人敢当面如此唐突。褒曼继续申述自己的观点。她争辩道，萧伯纳把贞德写得过分聪明了，剧本中的贞德的一些独白和对话不是历史上哪个法国姑娘能说得出来的。萧伯纳哈哈大笑，打断了褒曼的评论。他以居高临下的姿态说："你这位来自好莱坞的小姑娘叫什么名字来着？哦，是大名鼎鼎的明星。亲爱的小妞儿，没演过我的戏，说明你在这个行当还没有入门呢！"不料，"小妞儿"却更加认真更加诚恳起来。她情真意切地表示：她是想真实地再现那个爱国如家的农村姑娘，萧伯纳的台词固然才华横溢，却是剧作家的腔调，并不符合贞德的身份，剧本中人为地把主人公的精神世界描写得那么尽善尽美，也不符合历史事实，反而降低了作品的感染力。褒曼的坦率真诚和独到见解终于打动了这位文艺界的前辈，一场舌战带来了相互理解。会晤结束时，萧伯纳不顾自己年迈体弱，坚持要起身相送，并欢迎褒曼再来做客，褒曼答应下次同丈夫一起来看望他。萧伯纳也俏皮地说："啊，我对你的丈夫毫无兴趣，我是欢迎你！"由此可见，在这次谈判对话中，褒曼自始至终以诚相待，而萧伯纳的态度似乎有点盛怒和火药味，特别是开头，态度是很令人生畏的。但是，他在褒曼诚恳的态度感召下，终于转变了自己的态度，同样以诚相待了。

三、伪装难办法

伪装难办法就是谈判者在谈判中制造难办的假象，给对方造成错觉达到自己的目标或目的的谈判方法。在具体运用过程中，谈判者可连续不断地说"伤脑筋""怎么办呢"，以此来达到拒绝对方某项要求的目的。日本学者认为，"伤脑筋""怎么办呢"是一句另外含有"很想答应你的请求"意味的话，但仔细一听，又绝对没有说出伤脑筋或不知如何是好的理由来。尽管谈判持续了数十分钟，结论始终是"伤脑筋"，而后对方还是要认输，不得不先自行告退："那么改天再谈吧。"当然，对方也不会觉得不愉快。最后，对方反而会同意我方的这种立场。

据说好莱坞的女演员安·巴克丝达，就是这种以"伤脑筋"来拒绝的名手。她是老练的女演员，而她高明的谈判方法也同样老练。由于她是难得的配角人才，因此，每个礼拜都至少有两部戏的剧本送到她那里。"请看一看，倘若合意，就请参加演出吧。"不一会儿，制片人就会打电话来，请她参加演出。于是，她就在电话中不断地发出"伤脑筋"的叹息，据说是这样："那个剧本很好看，不过我觉得伤脑筋的是……""而且那个角色也很富挑战性，真是伤脑筋……""我的对手角色是谁啊？是他！我真想和他共同演出一次呢，这就更加叫我伤脑筋了。""导演非常属意于我？真的？唉，伤脑筋，伤脑筋。"

上述安·巴克丝达在电话里与对方为洽谈所表现出来的不亚于其荧幕上的演技。本来，在"伤脑筋""怎么办呢"等伪装难办的言辞里，就有一种在自我的周围架设心理墙壁的作用。因此，对方被这道墙阻了，其他人很不容易进来，如果谈判时连续不断地说出这些句子，则这道墙壁会越发坚固，对方最终会依我方这种态度，放弃说服的念头。

四、随机应变法

随机应变出于《旧唐书·郭孝恪传》："建德远来助虐，粮运阻绝，此是天丧之时。请固武牢，屯军氾水，随机应变，则易为克殄。"随机应变的机，即时机，形势。随机应变法是指谈判者随着情况的变化灵活机动地应对的方法。

例如，有一天，著名科学家爱因斯坦先生被邀请做演讲嘉宾。他的司机对他开玩笑说："我经常听到你在车中准备演讲，听得多了，我也可以一字不漏地背出来。"爱因斯坦听罢就说："那就好极了，我昨日整天都在做研究工作，疲倦得很，况且邀请我演讲的机构与我素未谋面，你大可替我演讲，我做你的司机好了。"

演讲当晚，司机果然一字不漏地念出爱因斯坦惯说的演讲内容，令在场的人佩服不已，连坐在观众席最后排的爱因斯坦，也频频点头称是。可是，演讲完结后，突然有一位年轻科学家，追问了一个颇为深入的问题，那当然是司机的演讲以外的资料，全场都等待着这位冒牌科学家的答复。出乎意料，他竟然气定神闲地开始回答说："年轻人，请恕我直言，你刚才的问题实在太简单，甚至可以说是个蠢问题，假如你不信的话,我可以证明给你看。这问题简单得连我的司机也懂得如何回答。"跟着,司机便邀请爱因斯坦上台作答,并且在掌声雷鸣之中离开会场。

五、水到渠成法

水到渠成法是指谈判者不急于开门见山,引入正题,而是避开敏感话题,先调整情绪,烘托气氛,拉近距离,在水到渠成时,再表露心扉,达到功到自然成的目的的方法。

例如,一位历史老师年纪大了,牙齿脱落,讲课时吐字不清,但对工作很负责,对学生要求比较严。有位同学对这位老师有看法,就借题发挥,上教务处告状,要求撤换这位老师,还发动全班同学,要将这位老师赶下讲台。班主任找到这位学生谈话,并没有直接谈这个问题,而是先问他父母年纪多大了,身体怎么样。学生不知班主任的用意,回答说:"他们身体还好,就是年纪大了,记性也差,说话颠三倒四的。"班主任顺水推舟:"是啊,岁月不饶人啊,我们当老师的也是这样,请你们多体谅。"学生听出班主任的弦外之音,惭愧地低下了头。后来,他不但不闹事,还主动向老师赔礼道歉,师生关系也融洽了。这位班主任首先避开敏感话题,以免造成正面冲突,使谈话不欢而散。然后,诚恳地询问学生家长年纪与身体状况,创设一个温和亲切的氛围,使学生在不知不觉中放松了对立情绪,感受到了暖意。最后,引向正题使学生顿悟,认识到自己的错误,达到了谈话的目的。

六、团队合作法

谈判多为集体谈判,文化谈判也是如此,谈判的每一方可能都是两人或数人组成的小组或团队,其中一人为主谈人或负责人,领导整个团队完成实际的谈判工作任务。团队合作法就是要求参加谈判的所有人员,无论是作为团队的负责人、主谈人员,还是团队的其他成员,都必须具有集体主义精神和团队意识,除了各自做好分内的工作以外,还要注意协调配合,以使己方在谈判中获得更多的利益。如果不采用团队合作法,谈判的结果就会使谈判方失去应得的利益。

例如,专做古画生意的张先生来到早就摸清底细的古镇小学校长家里,老校长是名门之后,家藏古画甚多,见了面,老校长拿出了5、6幅旧画。张先生一一细品,凭感觉断定其中有真有假,但老校长说要买就一起拿走,不然就一张也不卖。张先生对这批画爱不释手,决心在自己力所能及的条件下,一定要买到手。此时张先生开始报价,5000元,老校长说他在开玩笑;1万元,老校长说把他当成"叫花子";一直报到3.8万元,老校长还是没有松口。天渐渐晚了,张先生渐渐坚持不住了。正在这时,忽然老太婆从里屋走出来,指着老校长的鼻子骂道:"你这个老穷鬼,一辈子就知道粉笔灰,两个儿子要结婚,房子和彩礼从哪里来?三万八还不卖!"于是老校长一方的弱点暴露无遗,形式急转直下。张先生打开密码箱,留下 1.2 万元,把 3.8 万元丢给了老校长,买下了这批古画。试想,如果老太婆同老校长配合,共同讨价还价,谈判的结果必然会改变。所以,在谈判的过程中没有良好的团队合作精神会使谈判方失去应得的利益。

七、抛砖引玉法

抛砖引玉就是抛出砖头引来玉石。抛砖引玉谋略是指钓鱼要用诱饵,要"引玉"先得"抛砖",谈判者先让对方尝到点甜头后,再得其回应。文化谈判更需采用抛砖引玉谋略。

例如,有一次,美国《黑檀》月刊的主编约翰逊想争取到森尼斯公司的广告。该公司的首脑麦唐纳是个非常精明能干的人。开始,约翰逊致信给麦唐纳,要求和他当面谈谈森尼斯公司的广告在黑人社会的重要性问题。麦唐纳当即回信说:"来信已收到,不过我不能见您,因为我并不主管广告。"

约翰逊并不气馁,又致信给他,问:"我可不可以拜访您,谈谈关于在黑人社会进行广告宣传的政策?"

麦唐纳回信道:"我决定见您。不过,要是您想谈在您的刊物上登广告的事,我立刻就结束会见。"

在见面之前,约翰逊翻阅了美国名人录,发现麦唐纳是一个探险家,曾到过北极,时间是在汉森和比尔准将于 1909 年到达北极后的几年间。汉森是个黑人,他曾就本身的经历写过一本书。这是个约翰逊可以利用的条件。于是他找到汉森,请他在书上签名,以便送给麦唐纳。此外,他又想起汉森是个好题材,于是他从未出版的《黑檀》月刊中抽去一篇文章而代之以介绍汉森的一篇文章。

麦唐纳在约翰逊走进他的办公室时,第一句话就是:"看到那边那双雪鞋没有?那是汉森给我的,我把他当朋友。您看过他写的那本书吗?"

"看过。"约翰逊说:"凑巧我这里有一本。他还特地在这本书上签了名。"

麦唐纳翻着那本书,显然感到很高兴,接着他又说:"您出版一份黑人杂志。在我看来,黑人杂志上该有一篇介绍像汉森这样的人的文章才对。"

约翰逊对他的意见表示认同,并将一本 7 月份的新杂志递给他,然后告诉他,创办这份杂志的目的,就是宣传像汉森这样克服一切障碍而到达最高理想的人。

麦唐纳合上杂志说:"我看不出我们有什么理由不在您的杂志上登广告。"

八、发散思维法

发散思维是指从一点出发，向各个不同方向辐射，产生大量不同设想的思维。发散思维的客观依据是，由于事物的内部及其所处客观环境的复杂性，事物的发展通常不是单一的可能性，而是有多种可能性。为此，思维主体应善于转移思路，犹如快捷的变频雷达，更换频率随心所欲，否则，思维就会显得呆滞。

例如，著名的古希腊寓言家伊索也是运用发散思维的辩论高手。伊索年轻时给贵族当过奴隶，有一次，他的主人设宴请客，客人都是当时希腊的哲学家。主人命令伊索备办菜肴，要做最好的菜招待客人。于是，伊索专门收集各种动物的舌头，准备了一席舌头宴。开席时，主人大吃一惊，问："这是怎么回事？"伊索回答说："您吩咐我为这些尊贵的客人办最好的菜，舌头是引领各种学问的关键，对于这些哲学家来说，舌头宴难道不是最好的菜吗？"客人们都被伊索说得频频点头，哈哈大笑起来。主人又吩咐伊索说："那明天再办一次宴席，菜要最坏的。"到第二天开席上菜时，依然全是舌头。主人一见此状，便大发雷霆。伊索却镇定地答道："难道一切坏事不是从口中出的吗？舌头既是最好的，也是最坏的东西啊！"主人被弄得无言以对。从一个方面去考察讨论，舌头是最好的，从另一方面去考察讨论，它又是最坏的，舌头是好与坏的统一体。伊索正是把握了舌头这一事物的矛盾属性，运用发散性思维，从多角度思维，并进行辩论，因而征服了对手，并给人们以深刻的理解性思考。

第三节 文化谈判的语言艺术

一、巧用隐含法

隐含法在逻辑学上称为隐含判断，也指言外之意、弦外之音。谈判者在谈判中巧用隐含法可以婉转讽刺不良倾向和行为，可以削弱直言相对的刺激性。

例如，有这样一则幽默的故事，题为《伟大的诗人》。编辑问："这首诗是你自己写的吗？"青年答："是的，每句都是。"编辑说："我见到你很高兴，拜伦先生。我以为你死了很久哩。"显然，编辑的话中包含着下述判断，你这首诗是从拜伦那里抄来的。这比直言道出此意要柔和得多。

二、二难推理法

二难推理法是一种逻辑推理法，是由己方说出具有两种可能的大前提，使对方不论肯定或否定其中的任何一种可能，结果都会陷入进退维谷、左右为难的境地。这一方法在文化谈判中经常被运用。

例如，我国是个多民族的国家，盛唐时期，文成公主进入西藏婚配吐蕃王松赞干布，不仅稳定了我国西南地区，而且促进了不同民族之间的经济文化交流，为中华民族做出了较大的贡献。那么，汉藏两方是如何联姻的呢？

据传，美丽聪明的文成公主选驸马时，提出了一个条件，求婚者谁能提出问题难倒她，她就嫁给谁。许多求婚者提出了许多稀奇古怪的问题，文成公主都对答如流，使他们高兴而来，败兴而去。

松赞干布得知后，他很坦诚恳切地向文成公主说："请问公主，为了使您成为我的夫人，我应提什么问题才能难倒你？"这是一个隐含二难推理简单构成式的问题，其结构如下。

如果你能告诉我一个可以难倒你的问题（P），那么我就可以用那个问题来难倒你，你就能成为我的夫人（Q）。

如果你不能告诉我那个可以难倒你的问题（$\overline{P}$），那么我这个问题就难倒了你，你也要成为我的夫人（Q）。

你或者能告诉我（P），或者不能告诉我（$\overline{P}$），总之，你都能成为我的夫人（Q）。

公式表示为：

$$P \to Q$$
$$\overline{P} \to Q$$
$$\underline{p \vee \overline{p}}$$
$$\therefore q$$

文成公主听了此话，无言以对，进退维谷，只得实践诺言，应下了婚事。

三、妙喻语巧比法

妙喻巧比法就是谈判者在谈判中巧妙地运用"比"的手法，如比喻、类比、对比等修辞手段，利用事物之间的相似性、相关性和相对性，借实比虚，借浅比深，让人们在事物的相互比照中更具体、更深刻、更全面地悟出事物的性质和道理来。

四、"反向引申，以喻制喻"法

这一方法是指谈判者抓住对方使用的喻体回驳对方，使对方的比喻导出与自己原意完全相反的结论的方法。这一方法在对抗性谈判中比较适用。

例如，1982年，因日本篡改历史教科书问题，我国政府向日本政府提出抗议，并要求日本政府尽快改正错误。日本内阁官方调查室的两名官员请我新华社驻日的两名记者吃饭，就这一问题试探我方态度。席间，这两位日本官员借改正教科书涉及教科书的审定制度，说明日本政府有困难，并说："打个比方说，一个病人得了癌症，如果癌长在腿上，那么，开刀没啥问题，可要是长在脑子上，开刀就危险。可不可以不开刀而用别的办法医？"我新华社记者机敏地接过话头，趁势顺答："既然是癌，就应该早期治疗，越早开刀越好。"两位日本官员一阵沉默之后，不得不对我方两位记者的观点表示赞同。

从此文化谈判案例可以看出，面对一个严肃的教育和政治问题，陷于被动的日本官员明知理亏，不好明言论理，只能运用外交辞令中常见的借物喻义的方法来狡辩。我新华社记者将计就计，接过对方的话题，抓住对方所使用的喻体——癌症治疗的紧迫性和时效性，向与对方截然相反的方向引申比喻，使对方的比喻导出了与自己原意完全相反的结论，让我方掌握了主动权。

五、转换议题法

这一方法是谈判者在谈判无进展，导致各方的情绪均处于低潮时，可避开对该议题的讨论，换一个新的议题与对方磋商，以等待高潮到来的方法。由于议题与利益之间有着密切的联系，因此当其他议题取得成功时，再回过头来重新讨论原来陷入僵局的议题，就会比较容易地达成协议。

在重要的谈判中，谈判一方想转换议题时，应事先向对方说明之所以转换议题的理由，以取得其谅解，进而毫无疑义地接受转换议题的提议。

例如，蓝斯顿被认为是转换议题的高手，我们看看他是怎么进行谈判的。蓝斯顿是曼哈顿一家报社的记者，一次奉上司之命写一篇有关某大公司的报道。他非常想获得该公司的详细资料，于是他与该公司的董事长约定了会见的时间。事情进展得并不顺利，与董事长进行交谈时，蓝斯顿发现该公司的董事长总是闪烁其词，或采取模棱两可的态度回答。无论蓝斯顿怎样好言相求都没有见效，显然董事长并不想认真接受采访。访谈匆匆结束。正当蓝斯顿要离开时，年轻的秘书从侧门伸出头，她告诉董事长今天没有邮票可以给他。董事长解释说，他在为他10岁的儿子收集邮票。蓝斯顿灵机一动，计上心头。回到家，蓝斯顿找到他在报社的外事部门工作时专门从世界各地的信函上取下来的邮票。第二天一早，他又去拜访那家公司的董事长。董事长听秘书说蓝斯顿是过来送邮票的，热情地接待了蓝斯顿。于是话匣子打开了，董事长满脸微笑地说："我的孩子肯定会喜欢它们。"接下来，蓝斯顿同董事长花了一个小时聊有关邮票的情况，看他孩子的照片。然后又花了一个小时，董事长把蓝斯顿想知道的公司情况都说了，并且把他的下属叫进办公室，询问一些具体情况，甚至打电话给他的同行，咨询对蓝斯顿有用的资料。总之，他把知道的所有一切都一股脑儿地告诉了蓝斯顿。就这样，蓝斯顿满载而归。蓝斯顿之所以成功的达到目的，正是转换议题法的巨大效用。刚开始该公司董事长对他的采访并没有兴趣，继续纠缠在这个议题上，只会无功而返，蓝斯顿只好草草收兵。但是，蓝斯顿并没有就此放弃，他受董事长秘书言语的启发，立即转换议题，将话题引到董事长儿子喜欢的邮票上，针对对方感兴趣的事情打开话题。正是他及时转换议题，最后才能满载而归。

六、委婉含糊法

这是指谈判者面对棘手的问题一时难以确切回答，而拒不回答又会影响谈判气氛时，可以采取虽作答，但留有一定余地的弹性较强的应答法。

有些问题，因权限等一些原因一时难以确切回答，而拒不回答又会影响谈判气氛，此时谈判者就应委婉含糊地回答。例如，1988年，某中学的语文教师作为北京教师代表团团员去日本访问。有一次访问东京一所中学时，日方校长向他所在中学赠送礼物时对他说："我们东京王子都中学愿意和你们中学结为友好学校。"这位老师一听这话，顿时脑子里轰的一下，但随即冷静下来。他想，对日本朋友的要求不能拒绝，可是自己又没有权利接受对方的要求，既不能摇头，又不能点头，该怎样表达才好呢？只见他不慌不忙地从口袋里掏出一枚校徽，有礼貌地给日方校长别上。借佩戴校徽的一瞬间，这位老师迅速想好了回答的词句，他说："校长先生对于中国人民，对于北京××中学全体师生的友好情谊，我代表我们全校师生向您表示感谢。对于您的友好愿望，我回国以后一定转达给我的校长和我校的全体师生，谢谢！"

这位老师的话确实讲得很好。好就好在他没有明确表示态度，而是使用所谓外交辞令，委婉地进行回答。这种外交辞令式的回答，在这里用起来十分得体，因为拒绝对方的要求，那是无礼；答应呢，又不是他一个人所能做主的事。因此，不把话说死、说绝，使对方感到我们说话是有诚意的，是实事求是的，既不能立刻表示接受，也不可随便表示拒绝。在这里，任何"行"与"不行"的明确回答都是不妥当的。

七、真诚赞美法

林肯说过："每个人都喜欢赞美。"赞美之所以得其殊遇，一方面在于其"美"字，表明被赞美者有卓然不凡地方；另一方面在于其"赞"字，表明赞美者友好、热情的待人态度。谈判者在文化谈判中不妨多采用真诚赞美法。

第四篇　求职录用谈判实践篇

　　随着改革的深化和社会主义市场经济体制的逐步建立，我国人才管理的统调统配，甚至是一次分配定终身的旧的单一的人才调节机制，已逐渐被双向选择的人才市场调节机制所替代。包括大学毕业生在内的求职者通常都需要到用人单位去求职面谈，用人单位也经常接待前来的求职者对其进行面试，这就形成了求职录用谈判。求职录用谈判对于求职者和用人单位来说，都是选择中的重要环节。它已逐渐引起了各类人事部门和求职者的高度重视。

第十四章　求职录用谈判的准备

【案例欣赏】

准备充分，成功应聘

某女，党员，某高校 2001 届飞行器设计与工程专业毕业生。该生在校期间品学兼优，综合素质高，获得了多种奖学金。在参加招聘会前，她很好地总结自己，明确了自己的长处，并给自己确立了合适的择业目标。同时她认真准备自荐材料，充分详实地了解用人单位的情况，抓住学校和用人单位为学生提供的每一次机会，认真准备每一场招聘会，为应聘工作做好了充分准备。该生还有一个最大特点就是不怯场。虽然是女生，专业方向又是飞行器设计与工程，但她敢于竞争，在用人单位招聘人员面前能充分展示自己的才华，最后被深圳华为技术有限公司录用。

（资料来源：姚凤云.大学生就业与创业 [M]. 北京：清华大学出版社.2017）

求职录用谈判是求职者与录用单位双向选择的谈判。求职者力求通过谈判找到一个理想的工作单位，录用单位希望通过谈判选到称职的人才。俗话说："不打无准备之仗。"因此，在求职录用谈判前，求职和录用各方均存在谈判的准备问题。本章将分两节来阐释这一问题。

第一节　求职者与主试者谈判前的准备

一、求职者谈判前的准备

（一）求职者对社会现实的心理准备

（1）面向社会求职是一个双向选择的过程，既可能是自己对用人单位不满意，也可能是用人单位对自己不满意，不可能一帆风顺，要有被用人单位拒绝或自身拒绝用人单位的心理准备。

（2）社会为求职者提供的就业机会是很多的，但许多工作并不适合自己，应尽力选择一份适合自己的职业。

（3）用人单位对专业有一定的要求，但更看重的是求职者的发展潜能。

（4）用人单位对学历、证书和政治面貌有一定的要求，但也很看重求职者的实际工作经验和工作能力。

（5）择业是人生的一件大事，他人的建议要听，但最后还是要自己做决定。求职者在择业以后要无怨无悔，先将目前的工作尽最大努力做好再说。

（6）在求职中还存在一些不合理的现象，但只要是金子，就必定会发光。"天生我才必有用"，求职者要有耐心、毅力和韧性。

（7）求职不是终点，只是人生的另一个起点。因为如果对工作不满意，还有可能重新求职，但最好把当前的工作性质、经验教训搞明白以后再做他图，所以，求职者要有改换职业的心理承受能力。

（二）求职者对招聘信息的搜集

1. 搜集招聘信息的原则

（1）计划要早的原则。搜集招聘信息的计划要早，特别是在校大学生更应如此。因为，上大学说到底就是就业前的素质准备过程，准备越早，效果就会越好。有些同学在大一时就有意识地找已经工作的学长、朋友、亲戚了解情况，或经常了解和研究人才市场的动向，掌握了大量的第一手资料，明确了个人的职业方向。这样，他们对专业学习的重点就会比较有数，将自己的发展目标和社会上的就业需求结合起来，在把握就业机会上就能占得主动。

因为机遇永远属于有准备的人，所以求职者只有提前做好准备，在求职面试时用实力说话，才能顺利地找到职业生涯的起点与方向。

（2）大信息量原则。求职者在选择职业时，需掌握尽可能多的招聘信息，然后，再经过加工、整理、分析、对比，最后做出选择。招聘信息越多，选择的准确度也就越大。所以，大信息量原则应是求职者搜集招聘信息的重要原则。

（3）视野宽泛原则。求职者搜集招聘信息还应遵循视野宽泛原则。这就需要求职者在搜集招聘信息时，不要受地域和单位规模的限制，要把可供选择的信息尽可能多地搜集起来。求职者应通过多种渠道广泛搜集社会各方面的人才需求信息，多读一些介绍职业情况的报纸杂志，有计划、有针对性地参加现场招聘会。开阔视野、宽泛范围，求职者就有可能找到意想不到的就业机会。

（4）及时搜集原则。为避免所搜集的招聘信息已成为明日黄花，求职者搜集招聘信息还应遵循及时搜集原则。求职者可以通过现代传播媒介形式进行及时的搜集。

2. 搜集招聘信息应注意的问题

（1）应注意招聘信息的准确性和真实性。近年来，社会上出现了各种各样以营利为目的的中介机构，用一些过时的或虚假的招聘信息吸引求职者，求职者为此徒劳奔波，上当受骗的也不少。求职者对此应当加以警惕并注意分析。

（2）应注意招聘信息的实用性和针对性。求职者首先要对自己有一个充分的认识，然后根据自己的专业特长、能力范围、兴趣性格等搜集相应的招聘信息。

（3）应注意招聘信息的系统性和连续性。求职者应将各种相关的招聘信息积累起来，然后加工、整理，形成一种能客观地、系统地反映当前就业市场、就业政策、就业动向的就业信息，为自己的择业提供可靠的依据，以避免盲目性和草率决定。

（4）应注意招聘信息的计划性和条理性。求职者首先要明确搜集招聘信息的目的，其次要明确自己所需就业信息的范围，做到有的放矢。

3. 对用人单位情况的查询论证

在对就业信息经过查询、分类分析后，求职者应对自己将要重点落实的单位进行以下方面的调查了解：

（1）用人单位的准确全称、性质及主管部门；

（2）用人单位的联系办法，如人事部门联系人、电话、通信地址、邮政编码等；

（3）用人单位需要的专业、具体工作岗位；

（4）用人单位对所需人才的具体要求；

（5）用人单位的地点、工作环境及待遇，包括工资、福利、住房、奖金等；

（6）用人单位的现有实力、规模、主要经营业务及远景规划，在整个行业中的排名和效益情况；

查询方法，第一是利用广告宣传材料和信息发布；第二是登录该用人单位的网站进行查询；第三是通过在该用人单位工作的同学、亲戚、朋友等进行了解。

（7）利用企业生命周期原理进行分析。

企业生命周期是指企业生存大致经历的四个阶段，即投入期、成长期、成熟期和衰退期。

投入期，是一个企业处在筹建和开工营业的创始阶段。这期间，企业会为求职者大展身手创造有利条件。其工作特点，首先是工作量大，需经常加班加点赶工期；其次是需要人员充当多面手，不管分内分外的工作都要做；第三是能接触最高上司；最后是薪金不会很高，但晋升的机会通常较多，短时间内就可能升到较高位置。但另一方面，企业基础尚不够稳固，所以要承受较大的经营风险。

属于成熟期的企业，制度、体系都已上了轨道，求职者想在短期获得晋升或加薪可能比较困难。一般的大企业多处于此阶段。求职者对此要有心理准备，因为工作生涯可能会很漫长，收入会相对稳定，但晋升的可能性会较小。

处于衰退期的企业，岗位和薪金都不会太稳定。

这些都说明求职者就业时要准确定位。并非所有的企业都适合，求职者应挑选适合自己的企业，以便最大限度地发挥自己的潜能，实现自己的人生价值，为社会多做贡献。

二、主试者谈判前的准备

（一）明确目的，制订计划

主试者在面谈前，首先应明确自己面谈所要达到的目的，而后，据此制订面谈计划。面谈计划主要有以下几个方面：①所要挑选的理想人选的基本条件是什么？②设想出自己提问的主要问题和应试者可能提出的问题，并准备怎样回答。③面谈应在什么样的气氛（轻松还是严肃）中进行最合适。④面谈可能出现什么样的情形及自己应采取的对策。

（二）端正态度，调整心理

面谈主试者是具体的人，人都有独特的个性，都拥有自己独特的观察力、态度、观点、价值观、兴趣、爱好、情感等。这些主观因素既可促进面谈交流的展开，也可以阻碍面谈交流的进行。因此，每一位面谈主试者都应清醒地意识到自己思想上或心理上的这些特点，更应该认识到你是在为单位工作，而不是在为自己工作。主试者应围绕面谈的基本目的这一中心，避免面谈中出现以个人偏见或嗜好，避免苛求于人或偏爱于人的非公正、非客观做法，不使个人主观因素干扰甚至操纵面谈。

（三）安排好合适的面谈场所

一般面谈场所应安排在无人为干扰的安静的场所。

第二节　大学生求职材料的准备

求职材料是毕业生在求职过程中，为了择业成功而准备和使用的各种材料。毕业生准备求职材料的直接目的，是为了引起用人单位对自己的兴趣，使自己能够最终被录用。

一、大学生求职材料的构成种类

（一）求职信

求职信，也称自荐信，是毕业生在收集需要的信息后有目的地向用人单位做的自我介绍。它是针对特定单位（岗位）的特定人写的，主要表述求职者的主观愿望和特长，以求吸引招聘者的注意力，取得面试机会。求职信在求职过程中作用重大，是学生自我推销、展示自己公关能力的重要一环，因此，求职信从形式到内容都应给人以美感。

（二）简历

简历顾名思义是反映求职者个人的简要经历，是一个人生活、学习、工作的经历与成绩的概括和总结。它提供给阅读者的信息量应该是全面而直接的。用人单位从求职者的简历中，能够看出该求职者在业绩、能力、性格、经验方面的综合表现。在通常情况下，用人单位都是通过简历来了解求职者的经历，如受教育程度、兴趣、特长等，留下一个初步的印象，从而决定求职者能否参加下一轮的面试。从某种意义上说，简历决定着求职者的前程。

（三）毕业生推荐表

它是学校毕业生就业指导中心发给每位毕业生填写的并附有学校意见（鉴定、评价等）的书面推荐表格。该表一般由三部分组成，首先是毕业生本人的情况介绍，其次是毕业生所在院系的推荐意见，最后是毕业生所在学校就业主管部门的推荐意见。一般来讲，这个表格是学校正式向用人单位推荐毕业生的书面材料，因此具有较大的权威性和可靠性。由于用人单位通常对该表比较重视，因此，毕业生应认真填写，妥善保管。

（四）其他求职材料

其他求职材料作为附件，是求职信、个人简历、毕业生推荐表的补充和证明，主要包括学校教务部门出具的成绩单、相关证书复印件（外语等级证书、计算机等级证书、各类奖学金及其他获奖证书、各种技能证书、各种职业证书等）、社会实践（实习）鉴定、院系教师的推荐信、公开发表的论文、文章及其他成果复印件或证明等。

二、大学生求职材料的制作和准备

求职的过程也是自我推荐的过程。让用人单位尽快了解自己、录用自己，是求职者的真正目的。用人单位的招聘目的是录用到自己满意的人才，但面对众多求职者，谁才是自己满意的呢？求职者的自荐材料为用人单位提供了了解人才的捷径和根据。从心理学的角度讲，第一印象十分重要。求职者提供的自荐材料，其实就给用人单位留下了非常重要的第一印象。所以，求职材料的精心准备十分重要。

（一）个人简历及制作

个人简历在求职场上是谋求称心职位的一块敲门砖。实际上，简历写得精美，未必就一定能获得理想的工作，但它却是求职的第一道门槛。因为好的简历可能会吸引招聘者的眼球，从而让你获得一次面试的机会，不好的简历可能会让你当下就被淘汰出局，所以求职者要认真撰写个人简历。

1. 简历的内容

一份正规的简历，通常包括以下基本内容。

（1）个人基本情况，包括姓名、年龄、性别、学历、籍贯、通信地址和联系方式。

（2）受教育情况，包括毕业院校的学校名称、所学专业、最高学历等；个人进修、特殊培训的学校或单位名称、所学专业、学习时间等。

（3）工作和实践经历。工作和实践经历十分重要，一般人事部门负责人最感兴趣的是应聘者的工作经验。在撰写简历时，工作经验一栏，一定要用心填写，它是用人单位了解你和看重你的关键所在。因此，在介绍工作经验时，要尽量详细描述工作实践的工作内容、职责范围等。如果求职者的工作经验与所求职业相匹配，可重点突出介绍相关工作经验；如果不相匹配，可介绍相关工作成绩、对待工作的态度及工作风格等。

（4）个人专长。个人专长应主要列明个人所学专业或者由个人兴趣发展而来的专长，主要是与应聘工作相关的专长。当今时代，外语和计算机方面的专长应该强调。个人专长有助于用人单位全面了解求职者的情况，可增加求职者被录用的机会。

（5）自我评价。自我评价是人事部门比较看重的内容。在自我评价中，求职者要简明扼要地说明自己的最大优势是什么，要反映出自己的能力和实力。自我评价要务实，切忌讲空话、套话。

2. 写简历需注意的事项

简历重"简"，同时也要讲究条理性和针对性。具体来说须注意以下几个方面。

（1）内容简洁。求职者要有条理地说清自己的专业特长，所具备的业务能力，参加过的相应工作实践和社会活动。简历不要长篇累牍，一两页纸为宜。

（2）注意版面安排，突出重点内容，内容介绍先后次序要讲究。

（3）介绍自己的优势，要让人感到符合实际、务实、可信，切忌掺假、造假，一旦被戳穿，就会全盘皆输。

（4）提及自己的弱项时，求职者应坦诚、不伪饰，避免让人产生不信任感。当然，对于自己的弱项能不提则不提，当模糊则模糊。

（5）可根据应聘的职位和要求来量身定做简历，就是简历必须写明求职者的技能和能力与招聘单位的需要相吻合。应聘不同的职位，求职者应备有不同的简历。

（6）联系方式一定要放到显眼易找的位置。

（7）求职目标要清晰明确，简历内容要有利于求职岗位的应聘，无关内容尽量不去叙述。

（8）投递出的简历应备副本，以备面试时参考。

（二）求职信的制作

1. 求职信的格式

（1）标题。在信的第一行正中央写上"自荐信"作为标题。

（2）称呼。写称呼时要用正规的语气，要用具体的称呼，不要写"给有关负责人"，称呼的后面要用冒号而不要用逗号。设法知道谁将收到你的信，如果无法确定具体的名字，就称呼"尊敬的招聘经理先生或女士""尊敬的人事部经理先生或女士""尊敬的先生或女士"。

（3）正文。正文在格式中要注意的问题是在文章的结尾处要写上祝福的话，如"此致敬礼""祝愿贵公司事业蒸蒸日上"等。

（4）落款。落款要写上"自荐人：×××"，注意落款的名字一定要是全名，然后再写上日期。

2. 求职信的内容

自荐信一般包括五方面的内容：简介、自荐目的、条件展示、胜任条件、愿望与决心。

（1）简介。简要介绍个人的基本情况，如姓名、性别、年龄、政治面貌、就读专业、学校等。这部分详细情况可在个人简历中说明。如果是书面求职，最好附有近期照片。

（2）自荐目的。自荐目的要写清信息来源、求职意向、承担工作目标等项目，要写得明确具体，但要把握分寸，简明扼要，既不能要求过高又不能模棱两可，给人以自负或自卑的不良印象。关于招聘信息来源应尽量写清楚，这样用人单位看了会很高兴，同时也可以说明你对该单位的印象。

（3）条件展示。这一部分要写清楚自己所具备的基本知识和能力。求职者可以写明自己的学习经历、政治表现和社会实践方面的成果，必要时可附上获奖和资格证书。有特殊技能也可加以说明，如文体书画、写作、口才等特长，还可以介绍就读学校或专业的特色及自己的参与度。

（4）胜任条件。这部分可以说是自荐信心的核心部分，一般可以与第三部分相结合。求职者说明自己胜任某项工作的条件，应主要向对方说明你有知识、有经验、有专业技能、有与工作相符的特长、性格和能力，要突出重点，针对性强。例如向图书馆或档案馆求职，这是"好静"的工作，求职者介绍自己就不能过多地说自己性格开朗活泼、爱好文艺等，而应多介绍自己细心、耐心、工作认真，等等。

求职者还可以介绍自己的潜力，进一步给对方增加印象，比如介绍自己曾经担任过的各种社会工作及取得的成绩，预示自己有管理方面的才能，有发展、培养的前途等。这样可以使用人单位对你能否胜任该工作做进一步了解。

（5）愿望与决心。求职者在这一部分要表达加盟对方的强烈愿望，期望得到认可和接纳，就自身愿望而言，希望能给予考虑，给予明确答复。或者请求对方同意前往面试，或希望进行试用，以供单位进一步考查等。无论如何表述，求职者在用语上都要尊重对方，要注意恰当、得体，掌握分寸，自然恳切，不卑不亢，以免造成不良印象。

3．写求职信的注意事项

求职信被称为毕业生谋职的"敲门砖"。应该说，求职信是求职者与用人单位进行联系的最简便、最直接的方式，因为它可以越过许多环节，直接到达决策者的手中。想用这块"敲门砖"敲开门，还要注意以下几个问题。

（1）针对性强。据调查显示，针对性越强的求职信，所发挥的"敲门"作用就越好。这种针对性，不仅是建立在求职者对自己了解的基础上，而且要建立在对招聘单位了解的基础上。求职者必须要深入了解招聘单位以及所要应聘工作的情况，针对所应聘工作的性质、需要和特点，有针对性地介绍自己的能力和特长。有时求职者甚至要了解招聘者的兴趣、爱好和个性特点，使对方从你的信中感觉到一种亲切感，以提高自己求职成功的概率。

（2）重点要突出。求职信是要推荐自己，让用人单位对自己感兴趣，所以求职者就要了解用人单位的兴趣所在以及怎样介绍自己的知识结构和才能特长才能引起对方的兴趣。求职者写自己工作经验和能力的时候，应写得具体、真实、可信、有说服力，要始终围绕着能胜任工作这个中心来介绍自己的经历和经验。求职者在陈述自己的特长时，需要谦恭的态度，最好让事实来说话，如搞过什么设计、有何发明、获过什么奖或开发过什么新产品，附上一些具体材料，会大幅度增加可信度和说服力。

（3）篇幅要简短。好的用人单位可能会同时收到很多求职信，所以从用人单位的角度考虑，求职信不宜过长，否则会引起对方反感。求职信的篇幅一般要控制在一页之内。这就要求求职者在写求职信时语言要简练，重点要突出。

【案例欣赏】

求职信

尊敬的经理：

您好！我是一名即将从×××大学国际贸易专业毕业的大学生。我很高兴在招聘网站得知您的招聘信息，并一直期望能有机会加盟贵公司，我写此信应聘贵公司招聘的经理助理职位。

作为一名国际贸易专业的学生，我热爱我的专业并为其投入了巨大的精力和热情，在校期间学到了许多专业知识，如国际贸易、国际贸易实务、国际商务谈判、国际贸易法、外经贸英语等课程。经过四年的刻苦学习，我掌握了国际贸易专业的基本知识，特别是在英语听、说、读、写、译等方面有了长足的进步，并通过了英语专业八级考试。我还选修了德语作为第二外语，可用德语进行日常会话。

在校期间我多次获得校级奖学金。我还担任过班长、团支书等学生干部职位，这些经历增强了我的组织协调能力。我还有过社会实践和毕业实习的锻炼。曾兼职于一家外贸公司，从事市场助理工作，主要协助经理制订工作计划，做外联工作及文件、档案的管理工作，这些经历增强了我的组织协调能力。本人具备一定的管理和策划能力，熟练掌握各种办公软件的操作，我深信我可以胜任贵公司经理助理之职。

随信附上个人简历及相关材料，希望您能感到我是该职位的有力竞争者，并希望尽快收到面试通知。如有机会与您面谈，我将十分感谢。我的联系电话×××××××××××。

感谢您阅读此信，并祝您愉快！

此致

敬礼！

×××
2015 年 1 月 20 日

（资料来源：王佳，姚圆鑫. 大学生职业生涯规划与就业指导[M]. 北京：国家行政学院出版社，2016）

（三）就业推荐材料的填写和写作

1. 学校的毕业生就业推荐表的填写

毕业生就业推荐表只能人手一份，一般制作应聘材料时使用复印件，只有在与用人单位签订正式协议时才使用原件。

填写毕业生就业推荐表时要注意以下事项：①专业名称要与招生计划的专业名称一致；②姓名要与户口本、身份证姓名一致；③学校评语要由系（院）根据学生的情况填写，并加盖公章；④推荐表的内容要属实；⑤按推荐表要求填写的其他内容要认真填写；⑥推荐表是学校发给学生"双选"的依据，如果签订协议后，用人单位因发现毕业生弄虚作假而解除、撤回或撤销就业协议，其后果由毕业生个人负责。

2. 他人推荐信的写作

在条件大致相等或相差无几的情况下，如果其中有推荐人为求职者推荐，谋职时通常会占有优势。因为在条件、素质、学历、背景都大致相同，取舍难以定夺的情况下，如推荐人是值得信赖的专家学者或本单位熟悉的人，其意见易于受到重视。

写推荐信的步骤如下。

（1）找准推荐人。推荐人一定要找准，应该是本行业（最好是与求职者谋职目标有关的）有一定地位和影响的人，那他的推荐才具有权威性，起到的作用才会明显。例如，求职者要去工厂搞技术工作，推荐人最好是厂长、经理或有权威的工程师、技术人员。若想去政府部门当公务员，推荐人当然要请政界要人担当。如果这些人乐意充当推荐人，那么，求职者的谋职也就增添了几分成功的把握。

（2）与推荐人谈话。推荐人应该对求职者有一个全面的了解，求职者最好与推荐人做一次谈话，讲述自己求职的目标和应聘实力。

（3）提供相关材料。求职者要为推荐人准备好相关材料。如成绩表、所学课程、发表过的作品、获过的奖等，最好带上复印件。与谋职有关的特长，如英语水平、普通话和计算机能力等方面的证明材料也应附上，材料越具体越好，这样，推荐人写起推荐信来也就越顺手。

【案例欣赏】

推荐信

王经理：

我是××学院的××教授，长期以来一直担任我校××专业的专业主任。在专业教学中，××同学在各方面一直表现得很优秀。该同学热爱学习，学习成绩优异，有很强的钻研能力；在学生会和班里一直担任干部，有很强的领导能力和沟通能力；组织策划过很多大型活动，组织能力、团队工作能力较强；该同学品行端正，为人正派。

我想，该同学符合贵单位招聘要求，特此推荐。

  此致

敬礼

推荐人：×××
××××年××月××日

（资料来源：曹敏. 大学生就业指导[M]. 武汉：武汉大学出版社，2010）

（四）各种证书的准备

  随着人才机制的完善，人才评价逐步向社会化、客观化、公平化、国际化过渡。国家有关部门已开始在全国范围内陆续开展专业技术资格考试，并作为专业技术人员评聘职务和执业的资格条件。拥有相关专业技术资格，已成为求职者择业的有利条件之一。

  大学生在择业、就业时，应把获得的各类证书备好以供用人单位参考，包括各类专业证书、先进模范奖励证书等。

  大学生获得的各类证书大致包括以下几种：①计算机软件专业技术资格和水平考试证书。②会计专业技术资格考试证书。③经济专业技术资格考试证书。④法律资格考试证书。⑤建筑、设计、会计、监理、工程等注册类资格考试证书。⑥其他专业技术资格考试证书。

  除此之外，还有国家新公布的其他全国统一考试的专业技术资格证书。

第十五章　求职录用谈判面试

【案例欣赏】

张渊被当场录用

刚刚从大学毕业的张渊，对自己的专业技能有着清醒的认识。为了成功就业，他为自己制定了一个符合实际的应聘方案，先就业再创业，从低职位做起。在一场人才招聘会上，张渊通过自己对一家民营企业的深入了解，向该企业老板提出了自己对公司未来的设想和自己的职场规划。老板很高兴，一锤定音，当场决定录用张渊。在此后的工作中，张渊吃苦耐劳、扎实肯干、积极上进的工作态度进一步得到了老板的赏识，在短短一年多的时间内，张渊连升数级，当上了总经理助理。

点评：山不在高，有仙则名。求职时，不顾自身的条件，一味地唱高调，意味着人为地为自己设置了求职的障碍。临渊羡鱼，不如退而结网，也可以超前把自己"推销"出去。

（资料来源：姚凤云. 大学生就业与创业 [M]. 北京：清华大学出版社，2017）

第一节　面试的程序和内容

一、面谈的程序

面谈可分为以下三项程序。

（一）面谈序幕

面谈序幕即指面谈的导入阶段。这一阶段主要是求职者与主试人相识、寒暄、烘托气氛。求职者不要忽视这一阶段，这是面谈重要的一部分。因为人的第一印象很重要。这很可能决定着主谈人今后对该求职人的总印象。

（二）面谈主体

在面谈主体的这段时间里，主谈人要通过与求职者问答来加深对其的了解。这一阶段极其重要。通过问答，能使求职者的思想观念、知识水平、实践能力、性格气质有一个展现的机会。主谈人通过求职者的答话或问话，能对其做出一定的评价。其评价大致包括：①你的性格是否适合这项工作。②你的知识水平和工作能力是否胜任这项工作。③如果录用你，你是否能为单位做出什么贡献。④如果主谈人提议录用你，你是否可以为他争光。求职者在这一阶段的应答中的表现，对你能否应聘成功关系极其重大，所以，求职者一定十分重视面谈的主体阶段。

（三）面谈闭幕

面谈闭幕，即面谈结束。面谈结束，不像其他谈判，各方当即拍板签协议。在这段时间里，求职者应善于觉察主谈人暗示面谈结束的各种迹象。如主谈人开始整理纸张或不再继续提问。这时，求职者千万不要拖延不走。

如果通过面谈求职者可成为应征的理想人选，主谈者也不能当即表态，因还有待进一步了解其有关情况。所以，一般情况下面谈各方在闭幕前确定今后联系的时间、方式等。

二、面试的内容

作为用人单位，对应聘人员的面试测评主要有以下方面。

（一）仪表风度

在面试中，应聘者的第一印象非常重要。因为一个人的仪表举止、气质风度非常直观，只要求职者往对方面前一站，对方就会有反应。如站在面前的毕业生属何种性格，修养怎样，属哪种类型的人，与单位的形象是否统一，有无必要与他交谈下去等。因此，随着面试日期的到来，毕业生应努力为自己精心包装一下，塑造一个良好的外在形象。

（二）专业知识及相关证明

主考官要了解应试者掌握专业知识的深度和广度，其专业知识更新是否符合所要录用职位的要求，作为对专业知识笔试的补充。面试对专业知识的考查更具灵活性和深度，所提问题也更接近空缺岗位对专业知识的需求。

（三）工作实践经验

主谈人一般根据查阅应试者的个人简历或求职登记表做相关的提问。用人单位通过查询应试者有关背景及过去工作的情况，可以补充、证实其所具有的实践经验，通过对其工作经历实践经验的了解，还可以考查应试者的责任感、主动性、思维能力、表达能力及理智状况等。

（四）口头表达能力

在面试中应试者是否能够将自己的思想、观点、意见或建议顺畅地用语言表达出来。考查的具体内容包括：表达的逻辑性、准确性、感染力、音质、音色、音量、音调等。

（五）综合分析能力

主要看应试者在面试中，是否能对主考官所提出的问题，通过分析抓住本质，并且说理透彻、分析全面、条理清晰。

（六）反应能力与应变能力

主要看应试者对主考官所提问题的理解是否准确，回答问题的反应能力和准确性等，对于突发问题的反应是否机智敏捷、回答是否恰当，对于意外事情的处理是否得当、迅速等。

（七）人际交往能力

在面试中，主谈人通过询问应试者经常参与哪些社团活动，喜欢同哪种类型的人打交道，在各种社交场合所扮演的角色，可以了解应试者的人际交往倾向和与人相处的技巧。

（八）自我控制能力与情绪稳定性

许多单位对应试者的自我控制能力比较注意，这一项对于国家公务员及许多其他类型的工作人员（如企业的管理人员）显得尤为重要。一方面，要求应试者在遇到上级批评指责、工作有压力或是个人利益受到冲击时，能够克制、容忍、理智地对待，不致因情绪波动而影响工作；另一方面对待工作要有耐心和韧劲。

（九）工作态度

主谈人首先是了解应试者对过去学习、工作的态度，其次是了解其对现应聘职位的态度。

（十）上进心、进取心

上进心、进取心强烈的人，一般都会确立事业上的奋斗目标，并积极努力去实现。其表现为努力把现有工作做好，工作中常有创新。上进心不强的人，一般都安于现状，无所事事，不求有功，但求无过，对什么事都不热心。这方面也是用人单位对应聘者要了解的重要内容。

（十一）求职动机

主谈者要了解应试者为何希望到本单位工作，对哪类工作最感兴趣，在工作中追求什么，判断本单位所能提供的职位或工作条件等能否满足其工作要求和期望。

（十二）业余兴趣与爱好

应试者在休闲时喜欢从事哪些运动，喜欢阅读哪些书籍，喜欢什么样的电视节目，有什么样的嗜好等，可以使主谈者了解一个人的兴趣与爱好，这对录用后的工作安排有好处。

(十三) 其他

在面试时主考官还会向应试者介绍本单位及拟聘职位的情况与要求，讨论有关工薪、福利等应试者关心的事项，以及回答应试者的提问等。

应该指出的是，以上的面试内容通常不是一次完成的，尤其是在人才市场，面试官只能大批量对求职人员在外表和学历上进行把关，专业的问题要等到复试时由用人部门的负责人来进行询问和考察。

第二节　面试的形式、原则和准备

一、面试的形式

面试时，由面试官提出若干问题，让应试者逐一回答，在相互交流过程中，用人单位对应试者口才和应变能力有一个大体的了解。大多数高校毕业生在笔试文化课时应付自如，而面对几位考官的提问时便惊慌失措，答非所问，缺乏临场发挥经验，偏偏口试又是高校毕业生就业过程中常见的面试形式。因此，对这一基本功的训练，毕业生可以通过在校期间的校园文化活动以及社会实践加以培养，也可利用课堂上的有关课程多做互动式学习和锻炼，努力提高口试及应变能力，适应就业和走向工作岗位的需要。

（一）单独面试

单独面试是用人单位负责人逐个地接见应试者，这是最常见的面试方式。单独面试的优点是在面对面的接触中让各方比较全面地了解对方，彼此可直接就所有共同关心的问题交换意见。

（二）小组面试

一个职位有较多人申请人，主考官为了节省时间，可以让多个应试者共聚一堂，进行小组讨论，或是集体解决问题。应试者要轮流担任小组领导，主考官通过集体面试活动过程来评审应试者的领导才能和团队合作能力，根据每个人的表现决定录取人选。

（三）测试面试

测试面试就是用人单位要求应聘者参加现场技能测试和试验，如速记、表演、推销商品、体能测验等。这类面试适用于较低的职位或专门的行业，可以独立进行，也可与前面所述的方式并用。

（四）组合面试

这是上述三种面试方式的组合，如规模庞大的公司或机构聘请高级职务人员时，面试程序可能需要一整天的时间。面试日的上午，应试者要与该机构的人事部门职员初步进行个人交谈，其后可能由他们带领参观整个机构的设备和运作。中午，一般要同该部门的主管共进午餐，期间各方会对某些问题要交换意见，最后是与机构的最高负责人见面。

（五）筛选式面试

应聘者人数太多时，初次面试通常会按比例选拔的方式进行，称为筛选式面试。用人单位采用筛选式面试主要是为了提高面试的效率。

（六）渐进式面试

在初步面试合格后，用人单位根据需要会安排的第二次或更多次的面试。这时由用人部门领导参与面试，借此评估应试者对该工作是否合适，讨论的问题也会较深入。规模较大的公司，也许有三四次面试。面试次数的多少，视该单位的规模和申请职位的高低而定。

二、参加面试的原则

在参加求职录用谈判面试过程中，应试者需要掌握三个原则：实事求是、随机应变、自圆其说。其中，后两者主要体现应试者灵活性的特点，但必须以实事求是为前提和基础。

（一）实事求是原则

讲究诚信是为人处事的第一要求，实事求是是指在面试中应试者回答考官提问时要从本人的实际情况出发，不夸大、不缩小，正确对待和处理考官的提问。

在面试中涉及专业知识时，要实事求是地回答，即使应试者对考官所提的问题回答不出来也无妨。例如，考官问道："我国政府机构的名称一般包括哪几项内容？"你如果不知道，就坦率地承认"不知道"，并表示歉意。一个人的知识总是有限的，如果在不知道的情况下胡说，反倒会影响你的录用。当考官问到你熟悉的问题时，应试者应尽量发挥得充分些。

（二）随机应变原则

随机应变是指面试考官要考查应试者能否随着情况的变化掌握时机应对和是否具有灵活应付的多变能力。例如，当你进入面试考场之后，遇到考官们都不发问，而是面带微笑地看着你，使你不知所措，心里紧张，这时候，你可以主动出击以改变这种被动局面。在求职应聘过程中，为增强表现效果，应试者就应遵循随机应变原则。

(三) 自圆其说原则

参加面试时,主考官所问的问题并不一定有什么标准答案,应试者只要能回答得近乎自圆其说,便算是成功。

比如有一次,在一家企业工作的青年去招聘单位面试,当时主考官问了一个问题:"你为什么要离开现在的企业?"他回答:"在这家企业没有前途?"主考官接着问:"企业蒸蒸日上,个人才能得到不断提高和发展。你们单位的产品在市场上的占有率名列前茅,员工收入也很高,这是有口皆碑的,怎么能说在这个企业没有前途呢?"这个应试者其实所犯的错误是他不清楚随着问题的不断深入,他先前的论点将无法成立,这样,就不能"自圆其说"了。

比较常见和突出的两个问题是:"你最大的优点是什么?""你最大的缺点是什么?"这两个问题看似简单,其实很难答好。因为接下来主考官有可能会问:"你的这些优点对我们的工作有什么帮助?""你的这些缺点会对我们的工作带来什么样的影响?"然后主考官还可能层层深入,乘胜追击。应试者是很容易陷入不能自圆其说的尴尬境地。

面试是一次平等的交流,不是公安机关人员审讯犯罪嫌疑人。主考官的表情也许比较严肃,但应聘者还应把自己解放出来,不要甘当被审查的角色。对于被动的受审者,主考官则会感到头疼,因为他们面对的不是鲜活自主的人。主考官都希望应聘者积极配合,主动参与谈话,绝对不希望面试变成对"罪犯的审讯"。主考官理想的方式是,通过各方的交流,将应聘者的素养、意识、习惯和表达方式都充分表现出来,不至于错过了人才。

由于职业角色的缘故,主考官对应聘者的态度多半是试探性的,这不仅是职业的需要,而且是社交上的礼貌。应聘者很可能由于言谈和态度方面的疏忽,引起主考官的不快甚至反感,有时还会触怒主考官,但主考官仍会以良好的风度和善意的言辞对待应聘者。主考官善于用和悦的面容控制自己,将恶劣的情绪掩饰得严严实实。高明的主考官感觉灵敏,但不会在脸上表露出来。和颜悦色并不能说明主考官赞赏应聘者的一切言谈。由主考官的表情来判断面试是否成功,应聘者势必失算。

三、应聘者面谈前的准备

(一) 面试训练

对刚毕业而且完全没有求职经验的年轻人来说,在面试中如何聆听、回答问题、做到反应敏捷、讲话有条理及热情有礼貌等,都应事先进行模拟训练。

面试训练最有效的途径,是从实际的面试中汲取经验,特别是在面试失败后,应试者要细心检查整个面试的过程,以寻找失败的原因。在求职时,应聘者不妨多联系几家用人单位以争取更多的面试机会，积累更多的面试经验。

讲话不大流畅的人也不要气馁，辞令是可以学习的，与自信心也有很大的关系。有些人可能沉默寡言，有些人因为很少在公共场合畅所欲言，所以在面试时便处于不利地位。事实上，就连患口吃的人，经过努力练习也可以做到滔滔不绝。口才不太好的人必须做语言沟通时，可以参考以下准备方法。

（1）平日多做口才演讲之类的练习，参加普通话学习班并争取通过考试，面试前尽量与不同的人谈论自己的抱负，或与他们讨论热门的时事问题。从来就没有什么救世主，要改变个人的命运，只有靠自己。

（2）利用视听工具如录音机和录像机，将自己说话时的情形录下来重播找出缺点，然后设法改善。

（3）多找机会高声朗读或背诵一些文章或讲稿，多练习"口腔体操"或在众人面前发表自己的意见，尽量完整系统地表达自己的观点，都有助于增强自信心。

（二）准备好随身资料

（1）求职简历。面试时必须要在手中拿一份简历，以备主考官提问时作为回答提纲用。

（2）应聘职位的信息。应聘者面试时，有可能用到自己所应聘职位的信息，尤其是报纸杂志上的该公司的招聘资料应当带上，以便随时查阅和提问。

（3）应聘者递交简历时，只需送上推荐书和证书的复印件，原件只是在主考官要求查阅时才出示。

（4）受推荐而来的应聘者，要带好推荐人的姓名及详细的联系方式，以便主考官与他们联系。

（5）应聘者要带所写过的与应聘职位有直接关系的文章、报告、计划书等复印件。

（6）将资料装入纸袋或袋中，把所有资料做好标志，并整齐排列好。

（7）与用人单位有关的其他小册子和资料，如年报、有关的广告彩页等，应聘者在长久等候时可以翻阅这些资料，做到心中有数。

（8）一支笔和做记录的笔记本。

（9）一份交通地图（除非熟悉面试地点）。

应聘者求职的随身资料一定要准备齐全，并分类和排列有序，以便在面试时顺当地使用，否则会影响面试效果。

第三节　求职录用谈判面试礼仪

求职录用谈判面试是指用人单位派人对求职者进行有目的的面谈，是主考官对求职者的一种考察方法。面试的目的在于给主考官一个机会，通过对求职者的外表、言谈、举止、个人的表现来判断他（她）是否是合适的人选，为单位在选贤任能方面下一个准确的判断。

因此，为了创造良好的面试氛围，为了更充分地在有限的时间里恰当地表现自己，为了给主考官留下一个美好的印象，每个应聘者都要注意求职录用谈判面试时的基本礼仪。

一、主谈人面谈场合应注意的礼仪

（1）主谈者应力图在面谈一开始，就与应聘者形成友好、欢快的气氛。因为心理学研究表明，在轻松愉快的气氛下，一个人最乐意让自我得到充分的表现。主谈者可借助诚挚的问候、自然亲切的寒暄、随便的聊天等方式来尽快使各方的心理和情感由陌生转为融洽。

（2）面谈正式开始时，主谈者应就面谈情况做些笔记，一方面可以帮助自己回忆有关内容，另一方面可以使应聘者感到自己的面谈是正式的，得到了招聘单位的重视。

（3）主谈者要在面谈提问中唱好主角。在面谈进行中，主谈者除从表面观察、熟悉、了解应聘者之外，更重要的手段是提问。在提问过程中，主谈者应避免出现乱打乱撞的现象。为确保提问和应答能有条不紊地进行，主谈者一般应掌握好以下几点。①明确提问的目的是为了解某种情况或就某种情况做出评价。②不随意打断对方的话，在认真倾听的基础上提出新的问题。③每次只提一个问题，每个问题都有鲜明意图。④除要了解一些对方的简单情况时需要提用"是"或"不是"就能回答的问题外，一般应多提象"关于你的看法如何？""你对××问题是如何看的？"等开放式问题，供对方思考回答，以了解其思想、观点、思维、组织、应变能力等。⑤不提使对方难堪或无法回答的问题。⑥防止提带引诱性的问题。⑦提问之后，要及时转移到新问题中去。⑧避免扮演检察官的角色，好像你正揭露对方答话中的过失或谬误，而不是应聘面谈。所以，不宜对应聘者的答话或陈述的内容品头论足，甚至斥责。

（4）在面谈回答应聘者提问时，主谈者应注意的几点：①答话要直接针对应聘者的问题，不东拉西扯。②答话要给应聘者以明确、具体的答案，不模棱两可，闪烁其词。③答话要简洁，避免出现垄断话题现象。④答话后立即把话题引向继续提问的有关内容。

二、求职者面谈场合应注意的礼仪

（一）求职者的仪态礼仪

仪态，就是人的身体姿态，包括人的表情、站姿、坐姿、走姿以及身体展示的各种动作。

1. 求职者站姿的基本要求

站姿是仪态美的起点，又是发展不同动态美的基础。良好的站姿能衬托出求职者良好的气质和风度。

站姿的基本要求是挺直、舒展、站得直、立得正、线条优美、精神焕发。其具体表现是，头要正，头顶要平，双目平视，微收下颌，面带微笑，动作要平和自然；脖颈挺拔，双肩舒展，保持水平并稍微下沉；两臂自然下垂，手指自然弯曲；身躯直立，身体重心在两脚之间；挺胸、收腹、直腰、臀部肌肉收紧，重心有向上升的感觉；双腿直立，女士双膝和双脚要靠紧，男士两脚间可分开一些距离，但不宜超过肩宽。

2. 求职者坐姿的基本要求

坐姿是仪态的重要内容。良好的坐姿能够传递出求职者自信练达、积极热情的信息，同时也能够展示出求职者高雅庄重、尊重他人的良好风范。

求职者坐姿的基本要求是端庄、文雅、得体、大方，具体要求如下。

求职者入座时要稳要轻，不可猛起猛坐使椅子发出声响。女士入座时，若着裙装，应用手将裙子稍向前拢一下。

坐定后，求职者身体重心垂直向下，腰部挺起，上体保持正直，两眼平视，目光柔和。男士双手掌心向下，自然放在膝上，两膝距离以一拳左右为宜。女士可将右手搭在左手上，轻放在腿面上。求职者坐时不要将双手夹在两腿之间或放在臀下，不要将双臂端在胸前或抱在脑后，也不要将双腿分开过大或将脚伸得过远。坐于桌前应将手放于桌上，或十指交叉后以肘支在桌面上。

入座后，求职者要尽可能地保持正确的坐姿，如果坐的时间长，可适当调整姿态以不影响坐姿的优美为宜。

以上几种坐姿，都能够体现出求职者的自信及练达，可以给招聘者留下好感。因此，求职者不能把正确的坐姿只看成是一种简单的技能训练，而应将其与自身综合素质的培养与锻炼联系起来，认真对待。

3. 求职者的走姿标准

走姿是站姿的延续动作，是在站姿的基础上展示人的动态美。无论是在日常生活中，还是在社会场合，走路都是最引人注目的体态语言，最能表现一个人的风度和魅力。

求职者走姿的具体要求如下。

求职者行走时，头部要抬起，目光平视前方，双臂自然下垂，手掌心向内并以身体为中心前后摆动，上身挺拔，腿部伸直，腰部放松，步幅适度，脚步宜轻且富有弹性和节奏感。

男士应抬头挺胸，收腹直腰，上体平稳，双肩平齐，目光直视前方，步履稳健大方，显示出男性刚强雄健的阳刚之美。

女士应头部端正，目光柔和，平视前方，上体自然挺直，收腹挺腰，两腿靠拢而行，步履匀称自如，轻盈，端庄文雅，含蓄恬静，显示女性庄重文雅的温柔之美。

4. 仪态礼仪须注意的问题

在面试时，求职者的行为举止十分重要。一般而言，求职者在行为举止上要注意六个问题。

（1）应聘时不要结伴而行或由他人陪同。无论应聘的是什么职位，独立性、自信心都是招聘单位对每位应聘者的基本素质要求。

求职者应聘时结伴而行或由他人陪同，会给主考官留下自信心不足、缺乏独立性的印象，影响应聘效果。

（2）保持一定距离。面试时，求职者和主考官必须保持一定的距离，不适当的距离会使主考官感到不舒服。如果应聘人多，招聘单位一般会预先布置好面试室，把应试人坐的位置固定好。当求职者进入面试室后，不要把椅子挪来挪去。有的人喜欢表现亲密，总是把椅子往前挪。殊不知，这是失礼行为。如果应聘人少，主考官也许会让你同坐在一张沙发上，求职者这时应该界定距离，太近了，容易和主考官产生肌肤接触，这也是失礼行为。

（3）不卑不亢。求职面试的过程实际上也是一种人际交往过程，求职各方都应用平和的心态去交流，求职者更应做到不卑不亢。

（4）举止大方。举止大方是指求职者举手投足自然优雅，不拘束，从容不迫，显示良好的风度。

（5）忌不拘小节。有的求职者，自恃学历高，或者有经验、有能力，不愁用人单位不用，在求职时傲慢不羁，不拘小节，表现出一副无所谓的样子，这是不可取的。正是这些不易被人注意的细节，使不少人失去了一些好的工作机会。

（6）勿犹豫不决。一般来说，求职者应聘时举棋不定的态度是不明智的。会让主考官感到你是个信心不足的人，难免怀疑你的工作作风与实际能力。这样容易让招聘单位有更多的选择机会，而求职者却丧失了一次机遇。

（二）面对招聘考官的礼仪

1. 遵时守信

求职者一定要遵时守信，千万别迟到或违约。迟到和违约都是不尊重主考官的一种表现，也是一种不礼貌的行为。如果求职者有客观原因不能如约按时到场，应事先打电话通知主考官，以免对方久等。如果求职者已经迟到，不妨主动陈述原因，宜简洁表达，这是必需的礼仪。

2. 放松心情

许多求职者一到面试地点就会产生一种恐惧心理，害怕自己思维紊乱，词不达意，出现差错，以至痛失良机，于是会因为紧张而出现心跳加快、面红耳赤等情况。这时，求职者应控制自己的呼吸节奏，努力调节，尽量达到最佳状态后再面对招聘考官。

3. 以礼相待

求职者在等候面试时，不要旁若无人，随心所欲，对接待员熟视无睹，自己想干什么就干什么，这会给人留下不好的印象。求职者要对接待员礼貌有加，也许接待员就是公司经理的秘书、办公室主任或人事部门的主管人员。如果求职者目中无人，没有礼貌，在决定是否录用时，他们也有发言权。所以，求职者要给所有人留下好印象，而并非只是对面试的主考官。

另外，在面试时，求职者还应自觉将手机关闭。

4. 入室敲门

求职者进入面试室时应先敲门。即使面试房间的门是虚掩的，求职者也应敲门，千万别冒冒失失推门就进，这会给人鲁莽、无礼的印象。

求职者在敲门时要注意敲门声的大小和敲门的速率。正确的做法是用右手的手指关节轻轻地敲三响，问一声："可以进来吗？"待听到允许后，求职者再轻轻推门而进。

5. 微笑示人

求职者在踏入面试室时，应面露微笑，如果有多位考官，应面带微笑环视一下，以眼神向所有的人致意。

一般而言，陌生人在互相认识时，彼此会首先留意对方的面部，然后才是身体的其他部分。面带真诚、自然、由衷的微笑可以展示一个人的风度、风采，有利于求职者塑造自我形象，给人留下美好的印象。

求职者与主考官相识之后，便要稍微收敛笑容，集中精神，平静的面容有助于求职者面试成功。

6. 莫先伸手

求职者进到面试室，行握手之礼，应是主考官先伸手，然后求职者单手相迎，右手热情相握。若是求职者拒绝或忽视了主考官伸过来的手，则是失礼。若非主考官主动先伸手，求职者切勿贸然伸手与主考官握手。

7. 请才入座

求职者进入面试室不要自己坐下，要等主考官请你就座时再入座。主考官叫你入座，求职者应表示谢意，并坐在主考官指定的椅子上。如果椅子不舒适或正好面对阳光，求职者不得不眯着眼，那么最好提出来。

8. 递物大方

求职者在求职时必须带上个人简历、证件、介绍信或推荐信等一些求职资料。面试时，一定要保证不用翻找就能迅速取出所需资料。如果要送上这些资料，求职者应双手奉上，表现得大方和谦逊。

（三）面试时的应答礼仪

求职面试的核心内容就是应答，求职者必须对自己的谈吐加以认真把握。在应答过程中，求职者还要注重相应的原则和礼仪规范。

1. 面试应答原则

求职者在面试时，务必要使自己的谈吐表现得文明礼貌、言辞标准、语言连贯、内容简洁。

（1）礼貌。求职者面试时，不论是自我介绍，还是答复询问，均须使用必要的谦辞、敬语；回答考官提问，应称其职务，或以"您"和其他的尊称相称。

（2）标准。求职者在回答考官提问时，还有一个标准与否的问题。首先是要求求职者回答问题要完整、准确，绝对不允许东拉西扯，张冠李戴。除此之外，还要求求职者语言要标准，发音要准确。

（3）连贯。求职者在面试时，谈吐的连贯与否至关重要。谈吐连贯在这里具有双重的含意，第一层是要求前后连贯，即面试时的谈吐与求职者向用人单位提供的书面材料完全相符；第二层含意则是求职者应答时要一气呵成，不要拖泥带水、吞吞吐吐。

（4）简洁。求职者在应答时应分繁为简，简明扼要。能不说的话就不要说，能少说的话就不多说，不该重复的话就一定不要重复。倘若主考官限定了回答时间，求职者务必要严格遵守。

2. 应答礼仪的禁忌

（1）忌过分热情。求职者必须要让主考官先开口发问，认真听清主考官的题目及要求，然后才能针对问题做最正确的回答，以便和主考官取得共识，获得较高的评价。求职者回答问题时忌过分热情，不问青红皂白就口若悬河。

（2）忌背包袱。任何人在面谈时，面对一个或几个可以影响你前途的陌生人，多少都会有压力。因此，求职者应答时应尽力减轻压力，放下包袱，轻松上阵。求职者要明白，接到聘用单位面试通知，就已经有了50%把握，剩下的机会要看自己的现场发挥。只要尽自己所能，发挥到最好的水平，未必就不能如愿以偿。

（3）忌态度暴躁。有的主考官采用中途退场或姗姗来迟的方法来考察求职者的反应。有的会提出一些较为苛刻的问题，甚至这些问题和招聘没有什么关系。求职者如遇到不尽如人意的事千万要冷静，不可灰心丧气或怒气冲冲，可表现出不在意的样子，保持情绪上的稳定，或把自己对问题的看法娓娓道来，切忌不冷静、态度暴躁。

（4）忌缺乏主动。一般来说，用人单位不希望录用那些只能按事照办、工作呆板、遇事无措、缺乏主动性和创新精神、缺乏思考能力的人员。因此，求职者应培养自己善于思考问题、积极主动、把握机会的能力，能够将自己的观点、想法及时提供给人用人单位，以充分展示自己在某些方面的才能，赢得主考官的重视。

（5）忌不懂装懂。求职者在面试中遇到实在不会回答的问题，就应坦诚地回答："这个问题我没有思考过，不会回答。"这样会给主考官留下诚实、坦率的好印象。求职者遇到不会回答的问题时不要支支吾吾，或不懂装懂，否则主考官进一步追问时，情况会更糟。

（6）忌多谈自己。许多人在面试应答时总是喋喋不休地大谈自己，这种应答方式容易引起主考官的抵触心理。求职者应从主考官关心的问题入题，引起主考官的好感。

（7）忌缺乏幽默。幽默是说话的一种技巧。求职者幽默的谈吐会使面试轻松自如，气氛融洽，增加成功的机会。

（8）忌不敢提问。有些求职者可能会担心在面试中问主考官一些问题不太合适，这种顾虑是多余的。在面试中求职者提问题是应当的、必需的，很多主考官还希望求职者提问题，关键是看求职者提什么问题。如果求职者不敢提问题就很可能影响用人单位对其的聘用。

（9）忌滔滔不绝。求职面试时，求职者应该让主考官多提问，让别人了解自己是否能胜任工作。求职者适时聆听是必备的礼貌。

（10）忌贬低他人。求职面试时，主考官急需了解的只是求职者的业务素质及对工作的态度和看法。论人是非或自大自夸均是求职者应聘时的大忌，易给主考官留下搬弄是非、不知天高地厚的感觉。

（11）忌狂妄自大。有的求职者面试时目中无人、自命不凡，说一些不自量力的话，如"我能干出一番大事业""你有眼光的话一定会录用我""不录取我将是你们公司的一大损失"等，这不是自信，只是无知与狂妄，会令主考官十分反感。

（12）忌妄加评论。当求职者对公司情况并不十分了解的时候，不要评论公司的情况，不要评论公司的任何一位职员，因为求职者了解的情况毕竟有限，建立在这种了解基础上的评论，在主考官看来肯定是肤浅的。所以，求职者的评论往往吃力不讨好，且会给主考官造成太逞能的感觉，甚至误伤感情。

（13）忌任意插话。求职者面试时应该让主考官把话讲完，要恭恭敬敬地听，不可打断话题，要耐心地等他把话讲完后，再阐明自己的意见。随意插话是很不礼貌的行为。

（14）忌不注意语气。面试中，求职者回答问题时说话的速度、音量、声调及语气等，对于面试的效果都有微妙的影响。因为谈话的声调、语气和音量的大小可以反映出求职者的心态，可以反映出求职者对该单位是否感兴趣，还可以反映出求职者是冷静还是激动，是谦虚还是自负。所以，求职者答问时不宜讲得太快，也不宜讲得太慢，口齿要清楚，吐字应清晰，要根据主考官的反应不断调整自己的语调。求职者的回答内容也应随机应变，主考官感兴趣的地方详细一点，不感兴趣的地方简略一点。

（15）忌讲错了话而慌张。讲错话是人们在求职中常见的现象。经验不足的求职者碰到这种情形，常会懊悔不已。有些年轻的求职者发觉自己讲错话后就停下来不作声或伸舌头，这些都是不成熟不庄重的表现，应该保持镇静。若求职者讲的错话无关紧要，可以若无其事，继续交谈。因为主考官不会因为一次小错误而放过适合的人才，而且他们也明白这种情况通常是因为紧张所致。若求职者说错的话比较重要，应及时更正并道歉。

（16）忌不留薪金余地。薪金问题，一直是个既敏感又实际的问题。求职者找工作既是为了有一个用武的天地，也是为了解决生活的需要。所以，求职者在面试时，薪金问题不论是否明确地摆上桌面，都要在内心掌握好。求职者和招聘者面谈前，可事先了解行业的一般待遇及前任工资收入，心中有了底，谈判时开价会比较恰当。当然，谈薪金也要考虑自身条件，求职者不宜在刚与主考官见面时就谈待遇问题，而应掌握火候，最好等到主考官表示出明确招聘自己的意向时，再谈论薪金问题。求职者在商谈薪金问题时要坚定而灵活，要给主考官和自己留下回旋的余地，达到或接近期望的目标就可以了。上岗后干得出色，单位自然会给求职者加薪。所以，求职者在面试时，对薪金问题不要有过高的要求。

（四）面试结束时的礼仪

当求职者和招聘者各方的意愿都表达得差不多时，求职者可以主动告辞，告辞时要注意礼貌。

（1）如果被录用也不用过分惊喜，求职者应向主考官表示感谢，希望今后合作愉快。

（2）若结果未知，求职者则应再次强调自己对应聘工作的热情，并感谢主考官抽时间与自己交谈。

（3）求职者应表示与主考官的交谈获益匪浅，并希望今后有机会再次得到对方进一步的指导，有可能的话，可约定下次见面的时间。

（4）即使在求职失败的情况下，求职者也应及时结束谈话，而不应申辩理由，强行"推销"自己。

（五）试后必备礼仪

应聘面试时的礼仪，应聘后的礼仪，这些都能加深别人对求职者的印象。面试结束并不意味着求职过程就结束了，也不意味着求职者就可以袖手以待聘用通知的到来。

1. 感谢对方

求职者为了加深主考官对自己的印象，增加求职成功的可能性，在面试后两天内，最好给主考官打个电话表示谢意。感谢电话要简短，时间最好不要超过2分钟。

面试后表示感谢是十分重要的，因为这不仅是礼貌之举，也会使主考官在做决定之时对求职者有印象。

2. 不打听结果

在一般情况下，主考官每天面试结束后，都要将记录送人事部门汇总，最后确定录用人选，可能要等3～5天。求职者在这段时间一定要耐心等候消息，不要过早打听面试结果。

3. 收拾心情

如果求职者同时向几家公司求职，一次面试回来后，则必须收拾心情，全身心投入第二家公司的面试，因为，未有聘书之前，应聘仍未算成功，求职者不应放弃其他机会。

4. 查询结果

一般来说，求职者如果在面试两周后或在主考官许诺的通知时间到了后，还没有收到对方的答复时，就应该联系招聘单位或主考官，询问对方是否已做出了决定。

5. 有备无患

求职者万一在求职竞争中失败了，也不要气馁。这一次失败了，还有下一次，就业机会不止一个，关键是求职者必须总结经验教训，找出失败原因，并针对这些不足重新做准备。

【案例欣赏】

面试成功源于有备而来

L先生40岁，南方某重点大学毕业，有12年酒店餐饮高级管理经验，尤其是酒店管理公司的整体战略规划和实际运营管理经验丰富，知识全面，为人正直，善于引领一个乃至多个团队共同完成既定目标。L先生现欲应聘天津某民营集团餐饮总经理一职。

面试官："您好，听说您昨天特意从上海飞回来参加这次面谈，先感谢您对我们这次面谈的重视。"

应聘者："您客气了，既然我有意和贵公司合作，就应该表现出应有的诚意。"

面试官："好的，能聊一下您最近一次的工作情况吗？"

应聘者："我从2010年开始任A集团酒店公司总经理一职，以餐饮连锁和酒店连锁为主营业务，调配人力、财力、物力等资源，建立和指导全国和下属酒店规范运作，完成董事会既定经营管理目标。"

面试官："您在这家餐饮酒店公司的GOP（营业毛利）是多少？"

应聘者："基本居于中国酒店餐饮行业的中上游水平。"

面试官："你觉得作为我公司餐饮总经理，应该从哪些方面着手经营管理呢？"

应聘者："自从了解这个职位后，我开始搜集贵公司的一些材料，对公司目前面临的一些表面问题，我总结出了四点措施，首先是理顺人事关系，形成良好的工作风气；其次是加强财务管控，规范财务制度；第三，推出营销方案，提升品牌形象；最后，对老店分批进行更新改造，并拓展新的酒店投资项目。这只是我个人的一些不成熟的想法而已。"

面试官："哪里，L先生，您不必谦虚，您说的问题都是很关键的，能具体谈谈吗？"

应聘者："昨天特意转了几家贵公司的店面，老店相对于新装的店面来说显得比较冷清。就拿C门店来说，店面地点很好，但客人并不多，总结起来有这么几点：首先，店面装修已经破旧了，现在的消费者吃的就是环境，我们的定位为中上等，定位一定要与就餐环境匹配；其次，菜品的味道很好，但做工不精细，要想色香味俱全，餐具和装盘技巧要考究；最后，服务要到位，对员工的培训要加强。"

面试官："真没想到您已经实际考察我们的门店了，看来您真的是有备而来，相信有您这样用心的管理者，我们明年的GOP一定会有更高的突破！"

应聘者:"谢谢您的信任,我将会给您一份圆满的答卷。"

点评,现在的酒店餐饮行业有两种类型的总经理,一种是有很强的执行力,能贯彻执行董事会的决策;另一种是很有战略想法,有一定的营销策划能力。前一种显得比较低调,后一种略显高调。上述的 L 先生,正好具备了这两种能力,既有战略思路又具备良好的执行力。

L 先生为面试做好了充分的准备,不仅搜集资料而且亲自到门店考察,发现其中的一些细节问题。机会只留给有准备的人,由于前期的积累,L 先生面对面试官的问题将餐饮酒店行业整体经营管理、管理体系模式及市场行业都分析得条理清晰、透彻有余,最终赢得了面试官的肯定。L 先生成功源于他的"有备而来"。

(资料来源:姚凤云. 大学生就业与创业 [M]. 北京:清华大学出版社,2017)

第五篇　家庭邻里谈判实践篇

　　家庭谈判和邻里谈判是社会生活中较小范围内的，日常生活中大量发生的，人们经常参与的谈判。在这一篇里，我们将逐一介绍家庭谈判和邻里谈判的特点、作用、原则、方式、具体要求和语言艺术等问题，以便对家庭邻里谈判的正常进行，给予一定的指导和启迪。

第十六章　家庭谈判

第一节　家庭谈判的概念、特点和作用

一、家庭谈判的概念

现代社会，小家庭盛行，虽也有三代同堂的，但也仅止于夫妻、孩子加上祖父母辈的直系亲属关系。虽然家庭的成员不复杂，但是，家居应对的礼貌仍是家庭和睦、互爱的动力之一。家庭，是人类社会组织的一个细胞。人类美好的品德首先要在这里陶冶、养成，人类幸福的生活也首先要在这里创造和实现。家庭，就是单个个人的生命过程联结为社会整体的交点。家庭问题，择偶、婚姻、生育等，是随着个人生命历程的展开逐步提到人们面前的。人生最大的快乐和最大的满足、最强烈的进取心和内心最深处的宁静感，无不来自亲密、温暖的家庭。

然而，美满幸福的家庭不仅要靠家庭成员共同勤奋努力去建立，更要靠家庭成员间的和谐相处来维系、巩固和发展。家庭成员间的和谐相处，又是靠大量的、日常的家庭人际思想交流、意见切磋、分歧冲突的调解来促进的。所谓的家庭谈判，便是家庭成员间思想交流的相互认同，意见切磋的达成一致，分歧与冲突的最终和解的过程。

二、家庭谈判的特点

（一）平等性

在社会主义社会里，家庭成员在法律地位上是平等的，在人格上也是平等的，所以，家庭谈判应具有平等性。因此，要通过谈判来解决家庭冲突与矛盾，就必须确立家庭成员参与谈判的平等性，使父与子、夫与妻、兄弟姐妹、姑嫂妯娌之间在人格上互相认同与尊重。试想，当父亲母亲被如"儿子是我生的，我有权怎样就怎样"的观念支配，他们怎么可能尊重儿女的人格和意见？同样，当儿女在人生大是大非上都失去了自主权而要听命于父母时，又如何能真心尊重长辈的意见？这样的家庭成员关系不会是和谐友爱的，肯定会经常发生冲突与矛盾。随着时代的发展，越来

越多的家庭变得文明、平等起来，新型的朋友式、同志式的父子关系、母女关系、夫妻关系等日渐为人们看重。家庭成员平等地交流思想、协商意见、解决分歧的谈判风气正在逐渐形成。

（二）单一性

家庭也是一种社会群体，有自己的群体目标。在我们社会主义国家里，这些目标大而言之，有为社会主义建设而学习、劳动、休养生息、培养下一代；小而言之，有合理安排家务、创造合适的家庭环境、生儿育女、婚姻嫁娶等。但开展家庭谈判目的却很单一，就是为了解决家庭内部的思想差异、意见分歧和冲突矛盾，超出家庭内部范围的问题都不属于家庭谈判的内容。

（三）限定性

一般情况下，家庭谈判只有家庭成员直接参与，如遇特殊情况可请调解人参加，但其数目也是十分有限的。

（四）简单性

由于家庭谈判的目的单一、参加人员的限制，因此决定了其谈判方式比较简单，多属于直接的柔性谈判。即谈判各方或多方都是利益的直接承受者，谈判过程中立场、观点都可以进行让步和协商。由于各方目标相同，都有共同的期望，因此，谈判各方不要轻易表示强硬态度。家庭谈判用不着做长时间准备、策划，也不用举行严肃的仪式等。

（五）非原则性

家庭谈判没有正式的规定，也没有如同班组、党团组织那样的纪律和制度来约束家庭成员的行为。因此，家庭谈判内容具有非原则性。俗话说："家理不可常叙。"家庭谈判不具有政治、军事、外交谈判中的原则性、正规性和程序性。家庭谈判主要是满足家庭成员个人的需要，如生理需要、安全需要、爱与性的需要、理解的需要、美的需要等，属于非原则性谈判。

通过对家庭谈判特点的分析，我们可以得出这样的结论，家庭谈判是在家庭成员内部，用口头语言解决家庭成员之间的思想差异和各种冲突与矛盾的一种形式。它具有平等性、单一性、限定性、简单性和非原则性等特点。

三、家庭谈判的作用

（一）解决家庭中的角色冲突

在当今的时代，社会要建立和谐社会，家庭要建立和谐家庭，人与人之间相处都要和睦。可以说，家庭的和谐是社会和谐的基础。因为，家庭是社会中的一个细胞，健康、向上、和睦、幸福的家庭对社会的稳定关系重大。为达到此目的，人们就应通过谈判来解决家庭中的角色冲突。家庭中的角色，是指一个人在家庭中的身份。这种身份不是单一的，而是多重角色的复合体。例如，爷爷在家里既担当爷爷的角色——对孙子来说，又担当爸爸的角色——对儿子来说，还担当兄长的角色——对弟弟或妹妹来说。其他家庭成员也如此。我们每个人在家庭中都同时担任着多种多样的角色，这些角色构成了一家的家庭关系网。当我们做出任何一种行为的时候，都会直接、间接地与这多重关系网的各方面发生联系，如父与子、母与女、夫与妻等。由于家庭成员的每个人都有不同角色，因此，社会对不同角色有不同的要求，这叫作角色规范。相对应的个人对有关的这个角色也有独特的要求，这叫作角色期待。家庭中的每个人都有多重角色的困扰，多重的角色规范与角色期待二者本身就容易发生分歧冲突与矛盾，要解决这种家庭冲突与矛盾，最恰当的方法是开展家庭谈判。

一个人担任的角色虽然多，但它是统一于一个整体的，这就是个人的人格。家庭的各种角色也统一于一个人对家庭的责任感、道德感和热爱程度等，这些都是个人人格的体现。无论为夫为妻、为父为母、为子为女，都有一个总体的家庭行为规范，这就是我们社会主义的家庭道德。这种家庭道德是靠家庭成员自觉遵守来维持的。但是，由于家庭没有法定的统一的规范，又由于家庭具有特殊团体的特点，即生活起居、思想观念、经济收支和文化娱乐的全面关系，家庭成员中最少掩饰，因此一些不自觉的家庭成员就容易对自己的行为毫无约束，可能挑起矛盾与纠纷。家庭谈判就会起到调节每个家庭成员间角色冲突的作用。

(二) 创造培养孩子的良好家庭环境

家庭是孩子的学校，父母是孩子第一任启蒙教师，这一点几乎人人皆知。当孩子降临人世时，他(她)就进入了一个客观存在着的家庭。家庭这个小群体中各种关系的影响，作为家庭成员的孩子的塑造，马上就开始了。由于孩子是在完全无知和毫无选择余地的情况下进入这个家庭的，因此，这种塑造的效果完全在于家庭环境。家庭成员如果感情融洽，关系和谐，通过言传身教使孩子懂得人与人是友爱的，要关心体谅人，他就能从日常生活中潜移默化地接受这方面的教育。然后，他待人的友善态度又使周围小伙伴、老师、邻居们同他友好相处，从而形成尊重别人、助人为乐、积极向上的好品质。反过来，如果家庭成员经常争吵，反唇相讥，甚至父母闹离婚，这样的父母也许爱孩子，希望孩子有优良的品格，但是，生活在这种家庭气氛中的孩子就会感受到人与人之间的冷漠绝情，因而导致孩子对生活悲观失望，对自己自暴自弃，更容易做出反常行为，甚至走上犯罪的道路。所以，我们说的建设家庭，不只是指具体的物质财富方面的建设，更重要的是要通过思想交流和意见协商等方式建立好的人际关系和融洽和谐的家庭气氛。我们对孩子的教育，不只是口头的教诲和提供优越的学习条件，更应是以夫妻及家人自己的良好的态度和言行，为孩子创造一个最佳的家庭环境。

现实生活中，良好的家庭人际关系，融洽和谐的家庭气氛，并不是说家庭不发生任何冲突与矛盾，这样的家庭在现实生活中是不存在或很少存在的。问题的关键在于，当家庭中出现了某些冲突与矛盾，如何通过谈判恰当地及时解决。经常通过家庭谈判来解决家庭中的冲突与矛盾，使家庭成员之间形成良好人际关系，在客观上给培养孩子良好的思想道德品质创造一个良好的家庭环境，使孩子从小就受到家庭和父母的正面教育和影响，对他们健康的成长是至关重要的。从这个意义上说，家庭谈判又起到建立良好的家庭人际关系，形成培养孩子的良好家庭环境的作用。

（三）建立高层次的家庭文化

一个家庭，尽管其成员的行为表现有差异，但也会有体现一个家庭全体成员特点的家风。在现实生活中，我们经常听到人们说"这家人通情达理、乐于助人、随和""这家人家蛮不讲理、自私、护短"等，就是对家风好坏的评论。每一个家庭总有不同于其他家庭的行为表现，以至于我们可以从某个人在社会和单位的表现，想象出他的家庭是个什么样子。

具有良好家风的家庭一般都遵守长幼有序的规矩，家庭成员间不逾矩。早晨见面，道声早或问个安；出门时，说再见；有疏失时，说对不起；有事出门时，报知尊长；迟归时，及时通知家人，以免家人担忧等。这是一个人家风良好的最起码的表现之一。

这种家风也是一种文化，我们可称之为家庭文化。由于不同的家庭，会有不同的家庭文化，同一个家庭中，家庭成员对家庭文化的选择也会不同。因此，我们的家庭中不免会发生文化冲突。

在我们的社会主义国家里，每个家庭都应当按照社会主义精神文明建设的要求，建立高层次的家庭文化，对家庭成员中低层次的家庭文化的产生和发展进行抵制，这也需要通过家庭谈判来解决。使每个家庭都成为社会的良性细胞，要继承、发扬我们中华民族的传统美德，如敬老爱幼、奉养双方父母、互敬互爱、正直善良、乐于助人、严以律己等，使自己家庭在别人眼里呈现出独特的作风和风格，也就是说，有了自己高层次的家庭文化。

家庭文化是随着各个家庭成员间不断交流思想、切磋意见，随着家庭成员的觉悟水平、文化水平和生活水平提高而提高的。我们社会的文化也会随着全体社会成员的觉悟水平、文化水平和生活水平的提高而提高。每个家庭在创造着自己的家庭文化的同时，也在创造着我们社会的文化。

（四）解除后顾之忧，更好地承担起社会责任

据报道，美国前总统克林顿在任时会见了前总统里根，并向他求教。里根提出忠告说："今后，你必须加倍注意你的家庭，过好家庭生活。你们应该尽可能多

到戴维营去度假，只有在那里，你和你的夫人才能够自由安详地携手散步，交流情感……"这位80多岁的前总统不是给新总统传授治国安邦的诀窍，却提出了一个微不足道的家庭问题。可是仔细想一想，我们就会知道其中奥妙所在。从历史上看，有的政界人士并不是为政敌所困，而是被家庭纠纷搅得心神不宁、精疲力竭。一位率领大军在边疆御敌的指挥员，最害怕的是后方不稳。一个在商场上和众多强劲的竞争对手周旋的人，也最害怕后院失火。不论一个国家的社会意识形态如何，道理都是相同的。人们常说，每一个成功男人的背后，都有一位贤惠的妻子；在女强人的背后，也需要丈夫的支持。同样，长辈支持子女，子女支持父母，兄弟姐妹互相支持。这样，当你春风得意时，有人与你共享欢乐；当你疲惫不堪时，有人为你低唱催眠；当你受到挫折时，有人给你抚慰和鼓励；当你在暴风雨中折断了翅膀时，有人替你调药裹伤。家庭谈判，用来解决家庭中的冲突与矛盾，会使你的家庭更加团结、更加稳固、更加和谐、更加温馨，这就可以使你解除后顾之忧，就会给你力量。

综上所述，家庭谈判，可以解决家庭角色冲突，创造培养孩子的良好家庭环境，建立高层次的家庭文化，解除事业上的后顾之忧。由此可见，家庭谈判的作用，是不容忽视的。

第二节　家庭谈判的语言艺术

家庭成员之间如何进行沟通或交流，如何讨论问题而不致陷入破坏性的争吵之中，如何使家庭谈判获得成功，讲究语言艺术至关重要。

一、称谓应合适亲切而勿带有辱骂性

家庭成员之间使用称谓，看来似乎是一件再简单不过的事。在家庭中，人与人之间的称谓是固定的，这是由家庭成员的角色而确定的。例如，父亲就是儿女的父亲，不能颠倒。但人们在称谓上也会体现出情感的成分，如婆媳之间，婆婆称呼儿媳妇可以像称呼自己女儿那样，亲切地叫名字，也可能直接地指名道姓，还可能用带有辱骂性的称谓。反过来，儿媳对婆婆可以称呼"妈妈""婆婆"，也可以称呼"老太太"等。简单的称谓反映着人们复杂的心理，一句称谓可以使人心情舒畅，气散怒消；反之，一句称谓也可使人暴跳如雷。人们在家庭中称谓合适是取得好的家庭谈判效果的前提。

二、运用积极而切合实际的口头语言

家庭成员间的沟通必须是积极的、切合实际的。积极的、切合实际的口头语言能帮助家庭成员化解矛盾，达到圆满的结果。例如，丈夫对妻子花钱太厉害产生了不满，用积极的态度，丈夫应该说："我们一起来看看这笔钱值不值得花！"用消极的态度，丈夫会说："你又买这个，又买那个，钱都让你乱花了！"后一种语言只能激起夫妻各方更深的矛盾，而前一种语言则能收到积极的效果，会让妻子觉得丈夫是一个通情达理的人，并且也愿意和丈夫坐下来商量问题。所以在处理家庭问题时，我们要以积极的态度去把握。

人们在家庭谈判中使用切合实际的语言也很重要。夸张的指责，或总抱着"看自己是一朵花，看别人是豆腐渣"的态度，都不会产生好的谈判效果。夸张的指责的言辞，会使人感到你歪曲事实，存心不良；会让人觉得你不公平、不讲理；还会使对方觉得你理由不充足，必须用夸张的言辞来掩盖自己的缺点和不足等。人们在家庭谈判中必须使用积极而切合实际的口头语言，还应表现为清楚、具体而准确地使用语言。

三、以诚恳的态度来避免无意的伤害

家庭谈判是一种心灵互相沟通的过程，家庭成员交换意见、交流感情以达到相互了解或解决问题的目的。要达此目的，人们必须用亲切诚恳的态度和好言好语来讨论。

家庭谈判如果不用好言好语，而是有意或无意地伤害对方，或者伴有愤怒的情绪和声调去争吵，只能使各方的裂痕加深。在生活中，这样的实例屡见不鲜。例如，父亲对做错事的儿子，如果用冷言冷语进行教训，可能引起儿子的辩解，形成父子之间的争吵；如果用讨论式的商量的言辞进行劝告，不仅会避免引起争吵，还会赢得儿子对父亲加倍的尊重。

如果谈判的一方不便回答或一时想不出如何回答对方的提问时，可以先找个借口，这样，就避免了仓促表达造成的被动局面。既摆脱了为难处境，又保留了回话机会，以便以后灵活处理。在准家庭谈判过程中，恋爱中的男女经常会采用这种方法。例如，男青年急于确立各方的关系："小王，我父母请你到我家去做客，你能来吗？"女青年却打算进一步了解后再定："我很想去，可是我得先找机会征求一下我父母的意见才行。"

四、用亲切柔和语气而勿隐含着歹意

语气是语言具有的轻重快慢、高低升降的语调，对于传情达意有重要的作用。

音节之间停顿时间的长短，音节发音的轻重，音节相连的速度快慢，句速和语调的升降，构成了复杂多变的语气。不同的语气是使用它的人的不同感情的自然流露。一般说来，自然亲切的语气，不高不低的语调，不急不慢的语速，常能表示出使用者的诚心和敬意，所以，可用作礼貌用语的语气。平淡的语气，低而急促的语调，常表示使用者态度冷淡与勉强。生硬的语气，又高又长的语调，常是使用者态度不友好的体现。粗野的语气，高而急促的语调，常隐含着用使用者的歹意。

语气是千变万化的，人们也正是凭借着千变万化的语气来表达千差万别、细微曲折的思想内容和感情色彩，以达到顺利沟通与交际的目的。在家庭谈判中，人们应注意使自己的语气自然柔和、语调高低适中、语速快慢适当，以体现出对对方的亲切、信任和敬重；同时，又能缩短矛盾各方的心理差距，使各方感情融洽，促进问题的解决。

五、使用人体语言而得体地表达情感

如果说，人的语言是人的思想的物质外壳，那么，人的人体语言可以是人的行为和情感的物质外壳。人体语言是一种无声的语言，一种广义的语言。按照美国心理学家、人类学家霍尔的看法，无声语言所显示的意义要比有声语言多得多、深刻得多，因为有声语言常会把所要表达的意思的大部分，甚至绝大部分隐藏起来，因而我们可断言，与有声语言相比，人体语言的真实性和可靠性要强得多。特别是在情感的表达、态度的显示、气质的表现等方面，人体语言更能显示出它所独有的特性的作用。《三国演义》中"空城计"的故事正是诸葛亮妙用无声语言克敌制胜的技巧，即在非语言信息的传递领域里，可谓"眉来眼去传情意，举手投足皆语言"。在处理家庭关系、解决家庭矛盾中，人们巧妙恰当地运用人体语言会获得有声语言所达不到的效果。因此，在家庭谈判中，各方都要在注意运用口头语言表达、陈述自己的意见与想法时，注意自己的人体语言，如坐姿、举手、投足、眼神、手势等都要恰当得体，这样会使人感到平等亲切、诚恳。反之，会使人感到傲慢、可畏、烦躁等。

第三节 具体的家庭谈判要求

家庭谈判主体是各位家庭成员。按家庭成员划分，家庭可分为夫妻谈判、父母对子女的谈判、子女对父母的谈判、婆媳谈判、兄弟姐妹谈判、姑嫂谈判、妯娌谈判等。

对各种家庭成员间的谈判应有具体的谈判要求，以下分别加以介绍。

一、夫妻谈判应遵循的原则

家庭中的夫妻关系是一种特殊的人际关系，它属于人性、亲昵性、长久性、发展性和契约性的关系。可以说它是人生中最亲密而又特殊的人际关系。中国有句古谚语："家和万事兴"。而夫妻关系处于家庭所有关系中的第一位。良好的夫妻关系是建立其他关系的基础，夫妻相爱，孩子才会在爱的家庭中长大并从父母的关爱中学会什么是爱。夫妻各方相爱，才会更爱对方的家人，所以说，"处理好夫妻关系，建立和睦家庭"就成了稳定社会的一个不容忽视的重要因素。因此，夫妻谈判则需要遵循以下原则。

（一）应遵循互相平等原则

现代社会提倡男女平等、夫妻平等。在夫妻关系方面，夫妻平等是指观念上的平等，强调地位和权益的彼此尊重，并不包括角色（生理角色、心理需要）的一样。

夫妻关系的平等是夫妻各方权利和义务的一致性的具体体现，也是家庭履行抚养子女赡养老人职责的前提，还是夫妻在改革浪潮中比翼双飞、争做贡献的推动力量。夫妻平等是我国婚姻法所确认的一项基本原则，也是现代伦理道德的基本要求。感情是夫妻关系的基础，平等是夫妻之间维系感情的前提。因此，夫妻间的谈判必须平等相待，绝不可因社会地位不同或经济收入的多少等因素而相互歧视。这既是现代社会的人文精神，又是夫妻感情的基础。

必须注意的是，夫妻平等，但并非是绝对的平等。社会认为理想的夫妻角色是一回事，但实际生活中往往可能是另外一回事，不一定完全一致。即使是同一对夫妻，在不同的场合，相互间扮演的角色也会有所变化，如在亲朋好友面前，丈夫代表家庭说话，妻子扮演听从的角色；而回到家里，可能是妻子为决策者，丈夫只是服从和配合。一般来说，成熟的夫妻，比较清楚在何种情况下彼此要扮演怎样的角色，且能随情况的需要，做适当的伸缩、调整与变化，以适应生活的需要。

（二）应遵循互相尊重原则

夫妻间互相尊重是为了求得夫妻各方在相互感情上进一步适应和行动上进一步协调，也是为了求得各方生理上、心理上、社会关系上等多方面的满足。

（三）应遵循相互关心原则

夫妻彼此相互的情感是多种多样的，关键是要相互理解和相互关心。同样是喜爱，可以是强烈、丰富、热情奔放的，也可以是温柔轻微的。一般来说，婚姻初期的夫妻常体验到的是热恋或炽热情感，但随着年月的增长，感情逐步趋于平淡、成熟和稳定，更多地表现在生活的细节和关心上。在夫妻关系中，夫妻间的相互关心不仅体现在关心对方的事业、前途等大的问题上,也体现在日常的思想的相互沟通上。夫妻共同生活,朝夕相处,难免相互有些磕磕碰碰,这就需从相互关心的原则出发,相互理解,尽快化解分歧,统一思想,建设好和谐家庭。为此,作为夫妻,应该善于适当地彼此关心,让对方知道你的喜爱和情感,尽量避免不必要的伤害感情的举止和行为(讥讽、责怪或厌恶)。

(四)应遵循相互协商原则

夫妻谈判应遵循互相平等和互相尊重原则,遇事还应遵循相互协商原则,而不应将自己的意见强加于对方之上。在协商中还应讲求方法让对方心服口服。

(五)应遵循相互宽容原则

金无足赤,人无完人,每个人都会有缺点和失误。夫妻长期在一起生活,必须对对方的缺点和失误大度一些,不应在夫妻谈判中过分地指责和挑剔;而对其较严重的缺点和失误则应进行严肃的批评和好言相劝,令其认识到问题的严重性,不应不加挽救地将其推向绝境,应对其宽宏大度。

二、父母对子女谈判应注意的方法

父母在与子女的谈判中,应做到和子女心理相融。为此,应注意以下几点。

一是互相尊重,平等相待。父母在平时应注意观察和表扬子女的优点,孩子做了好事父母更应及时给予表扬。在与其沟通交流中应多鼓励孩子,对子女提出的问题,父母要尽量给予答复,让他们从小就树立自尊心和自信心。当子女与成人交往敢于直言时也应酌情给予赞许,如果孩子说了错话或做了错事,父母切不可感情用事,伤害孩子的自尊心,尽可能保持平和的心态以理服人。

二是掌握特点,善于诱导。孩子天真好动、好玩、好奇,你却嫌他厌烦;孩子合群,你却把他"关闭"在家里;孩子好游戏,你又嫌添乱。久而久之哪能不发生冲突的?要根据孩子的年龄特点、性格、脾气、兴趣爱好、接受能力,施以正确的教育。如果孩子是沉默寡言的,则要用说说笑笑活跃气氛进行诱导;如果孩子是性情急躁的,父母说话时要特别注意分寸和语气;如果孩子是特别执拗的,就要多用事实去启发他,这样才能"一把钥匙开一把锁"。

三是探明动机,正确说理。孩子做了错事,或把父母珍爱的摆设弄坏打破了,不要一见就动怒打骂,要先弄清原因,再有针对性地进行教育。比如东西是孩子在打扫卫生时不小心弄坏的,就要先肯定他的优点和成绩,再指出他的不小心,孩子才不会感到委屈而与你顶撞,乐于接受你的教育。又如孩子放学回来把雨伞丢了,经过了解是帮助一位生病的同学,背其回家途中丢的,这就不能批评,而应该表扬了。即使孩子是出于错误的动机产生不正确的行为,父母也应公正地、恰如其分地,用孩子能接受的方式晓之以理，只有讲清道理，才能使孩子心悦诚服。所以，在管教过程中，应注意探明动机，正确说理，对之进行劝说谈判要注意摆事实，讲道理，以理服人而非以势压人。而且，千万不要动辄摆架子，随口训人、骂人，动手罚人、打人。因为对子女进行"武力镇压"只会带来其逆反心理。

四是严格要求，建立规范。孩子的毛病是逐渐养成的，有的孩子个性乖戾，不懂得尊重人，处处以我为中心，往往与从小娇生惯养有关，一旦父母对其提出正确要求他就很难接受。冲突、矛盾随之而来，因此，父母要从小给孩子立规矩，循序渐进地施以良好行为的规范训练。如饭前要洗手，对人要讲礼貌、行为举止要文明、作息时间要遵守、不参与"黄赌毒邪"活动等。父母要经常注意观察孩子的言行表现，发现不足和过错，就要通过主动与之沟通和谈判，给予及时的指正，以便于防微杜渐。对可能出现的问题，要从严要求，提前启发教育，把偶发事件消灭在萌芽状态。这样就会大大减少冲突的萌生。对于子女在人际关系中出现的问题，尤其是在与他人产生矛盾瓜葛时，父母更不可护短，对子女的短处不能熟视无睹，应通过劝导让子女认识到其在矛盾瓜葛中的过错和责任。

五是适应情境，注意策略。在日常与子女进行意见沟通的谈判时，作为父母还应该适应情境，注意采用适当的沟通策略。

日本一位研究口才的学者举过这样一个例子。一位父亲要孩子到市场买肉，开始了这么一段谈判。

爸爸："今天妈妈不在家，让我们自己做饭，你去买些肉吧。"

孩子："还是你去买吧，我来做菜。我会做红烧肉。"

爸爸："还是我做吧，你去买。爸爸从前当兵时，学过很多烹饪法，做得蛮香哩。"

孩子："那是从前的做法罢了。我现在常常看电视的烹饪节目。上星期你说很好吃的红烧肉，就是我做的呀。"

爸爸："你是个乖孩子。不过爸爸干了一整天活，已经很疲倦了，还是你去买吧。"

孩子："我今天上了体育课，参加了长跑，脚累得厉害。"

爸爸："我走得也不快呀，你参加长跑，不是跑得快吗？"

孩子："还是爸爸快，你的腿长啊……"

没完没了的扯皮，就这样开始了。如果爸爸让孩子联想到恶劣的情况，形势就不一样了，你再看看这段活。

爸爸："妈妈说今天不回来，要我们自己做饭吃，我看，干脆晚饭不吃了吧，煮饭麻烦，法律也没有规定一天吃三顿呀。"

孩子："爸爸，这可不能开玩笑，我肚子饿得不行了呀。"
爸爸："要吃也可以，不过菜棚里只剩下些咸萝卜，将就点，就吃咸萝卜吧。"
孩子："哎呀，妈妈不在，你至少也给补点营养呀！"
爸爸："你想吃什么？"
孩子："吃肉，我最喜欢吃红烧肉。"
爸爸："真讨厌！那你买去吧。"
孩子："是，拿钱来！"

你看，爸爸在与孩子进行意见沟通时，适当地给孩子以"绝望感"，从而解决了谁去买肉的问题，也决不会出现前边那种无休止纠缠的情形。

三、子女对父母谈判应注意的礼仪

自古以来，子女和父母之间一直是难以移易的晚辈与长辈的关系，最基础的子女与父母的这种关系定位，我们首先必须得承认。

作为子女在与父母的谈判中为营造和维系温馨的家庭气氛而应注意哪些礼仪呢？

（一）应注意以尊重为先

子女对父母的谈判应以尊重为先，认真做到言行一致、表里如一、一以贯之。与父母商谈，一定要讲礼貌、守规矩，时时刻刻按照礼仪规范行事。不要认为是自己的父母而不见外，随意而来，甚至不注意最起码的尊重。中国文化中对"孝"的推崇，就是极好的例子。二十四孝图，便是先人们为巩固这种关系所做出努力的一点证明。所以与父母商谈一定以敬重为先。

（二）应注意洗耳恭听

对于父母的批评与指教，子女应洗耳恭听，认真接受。无论从哪方面讲，父母对子女的苦口婆心，都是父爱母爱的具体表现。明白了这一点，即使父母的言辞有些偏激差，作子女的也应该理解父母，切不可强词夺理，肆意顶撞，或是不言一听就扬长而去。

（三）应注意不要偏激

作为子女的一方，看到其他同龄人的父母可以提供比自己更为优越的物质条件，于是，他对自己父母的信任度在不断地下降，不满的情绪则与日俱增。可以说，这是一种偏激的情绪。在这个过程中，我们可以看得到作为父母一方为这种关系的维系所做的努力。比如说努力地为孩子提供自己力所能及的物质条件，甚至是不能提供的，也提前透支来提供。了解这一点，子女就应走出偏激。另外，子女不要过分夸大与父母的"代沟"，更不能一味认定父母守旧、顽固、落伍、糊涂。不懂得从父母的言谈行为中取长补短，才是最愚蠢的。

四、婆媳谈判应遵循的原则

结婚后，如何正确处理婆媳间的关系，往往是最令人头痛的一件事情。俗话说："婆媳不和十有八九。"婆媳关系的确是家庭生活中很难处理的一个关系，它不如夫妻关系那样亲密，也不如母子关系那样稳定，仅仅是因为儿子的妻子与丈夫的母亲，而走到了一起，成为了一家人。为了家庭的和谐，婆媳矛盾总要解决，其较好的方法就是多进行婆媳间的思想交流式的谈判。

（一）态度上的坦诚与情感上的谅解相结合

婆媳相处，贵在态度上的坦诚。婆媳是一种特殊的家庭关系，比之母子、夫妻等其他家庭关系更难以处理。它既不像夫妻那样有亲密的婚姻关系，又不像母子那样有稳定的血缘关系，它缺乏天然的"内聚力"。一般而言，公婆不喜欢冠冕堂皇、油嘴滑舌的儿媳，他们需要儿媳对自己是坦诚的。儿媳在公婆面前，不可能保证不出差错，而对这些差错，公婆往往又比较敏感，这就要求儿媳及时弥补过失。公婆能够真心实意把儿媳视为亲生女儿，以情换情，儿媳自然也会把婆婆当作亲生母亲。聪明知礼的婆婆还要注意儿媳妇的人格，讲究说话技巧，学会运用夸奖这一魅力无穷的艺术。当然婆媳接触频繁，儿媳有欠缺之处，婆婆说几句也未尝不可。但要记住，泻怒排恼的批评可能会触伤对方的感情，而情热语妙的批评却能感化对方，婆婆对儿媳不心存芥蒂，待媳之道便不难掌握。

婆媳相处还应多在情感上相互谅解。婆媳长年生活在一起，难免会发生一些不协调的事情，这时就更需要各方相互谅解。我们的先辈在处理人际关系中所提倡的"设身处地""以己度人""己所不欲，勿施于人"等原则，都包含着谅解的思想，是处理人际关系的"金玉良言"，也完全适合于处理婆媳关系。

（二）人格上的尊重与地位上的平等相结合

婆媳之间应在人格上相互尊重，这一点很重要。婆媳之间的相互尊重要求各方有事能协商处理，如经济开支、如何教养下一代等要共同商量，养成民主家风；而属于个人的"私事"，则应互不干涉，个人享有"自主权"。作为媳妇，要多尊敬婆婆，因为婆婆年岁大，管家或教孩子的经验丰富。做婆婆的也不要总是在媳妇面前摆架子，要看到儿媳的长处，多尊重儿媳的意见，特别是教养孩子的问题。也就是说各方要相互配合，彼此尊重。

另外，婆媳之间的地位应该是平等的。因为所有的人之间的地位都是平等的，婆媳也不例外。婆媳都应持不卑不亢的做人原则。当然，这并不意味着不尊重长辈与老人。

（三）物质上的孝敬与思想上的交流相结合

媳妇对婆婆应注重物质上的孝敬与思想上的交流。因上了年纪的人，感情相对脆弱，怕孤独，爱唠叨。作为媳妇，除了物质上对其孝敬，像多买点老人喜欢吃的用的东西之外，还应注意和婆婆搞好思想交流，如与婆婆多聊家常，这会极大地安慰老人那颗孤苦之心或消除其心理上的隔阂。因此，做媳妇的平日里要经常向婆婆问寒问暖，每逢老人身体不适，更需悉心照顾。特别是碰到教养孩子方面的问题，做媳妇的不管如何做，都应该和婆婆通报一声，让婆婆也有满足感。

（四）交往上的礼让与心态上的宽松相结合

婆媳之间的交往应注意礼让，尤其是婆媳之间一旦发生摩擦，不管孰是孰非，作媳妇的一定要先忍让，万不可针锋相对。婆婆说什么，只管听着，等事后各方都心平气和了，再探讨矛盾的起因与解决方法。这样一来，婆婆面子十足，自己今后也会想法子弥补自己的过失，而媳妇在婆婆眼中更是一个识大体的好媳妇。

婆媳相处，彼此间还都应持一种宽松的心态，不要有见外心理。如果婆婆认为媳妇是外人，难以与之真心实意地相处。如果媳妇认为自己与丈夫过日子，婆婆是另外一层，这样处处设防，就会埋下矛盾冲突的导火线。由于种种原因，婆媳间总会存在一定的差异。婆媳各方都要对自己有所约束。婆婆不能要求媳妇完全按自己的一套行事，媳妇也不能奢望婆婆完全认同自己的意愿，互相不要强求。这样做可以避免不少矛盾冲突。

（五）儿子的中介作用

处理好婆媳关系应注意发挥儿子的中介作用，婆媳关系本来就是亲子关系与夫妻关系各自的延伸而形成的一种新的家庭人际关系，儿子在婆媳关系中扮演着"中介"角色。儿子可以帮助婆媳进行心理沟通。例如平日家中有什么关于婆婆的好事，儿子可以多叫妻子出面，母亲过生日，买东西叫妻子出面送给老人等。这些策略都有助于婆媳之间的情感交流。婆媳之间发生矛盾时，儿子可以起疏导作用。由于婆媳之间既缺少母子间的亲切，又没有夫妻间的亲密，因而出现了隔阂往往不容易消除，通过儿子从中周旋，可以消除心理屏障，使婆媳和好如初。

五、兄弟姐妹谈判应注意的态度和方法问题

提起手足情，人们自然会想起兄弟姐妹。兄弟姐妹之间，是最近的旁系血亲，包括同胞兄弟姐妹（即全血缘）、同父异母或同母异父兄弟姐妹（半血缘）、有抚育关系的继兄弟姐妹和养兄弟姐妹，在一般情况下，兄弟姐妹均由他们的父母抚养，而他们相互间不产生权利义务关系。但是，在特定条件下，兄、姐与弟、妹之间产生了附条件的抚养义务。

怎样和兄弟姐妹搞好关系呢？那其中之一就是遇事相互间多进行思想沟通和磋商。

兄弟姐妹间的磋商，即谈判主要发生在兄弟姐妹之间及表亲、堂亲同辈之间。对于自己的亲兄弟姐妹及表亲、堂亲的兄弟姐妹，在谈判中一定要以宽以待人和真心实意的态度，多注意方式方法。

（一）应注意宽厚

其体现的第一方面就是要待人宽容，不要听不得对方的逆耳之言。尤为重要的是，不要听从他人的是非之言，并且要容忍同辈亲属无意之中对己的冒犯，即使对方做了有负自己的事，也要看在一家人的面子上对其宽恕，也要看在从童年建立起的手足之情的份上对其宽容。因为，兄弟姐妹关系中，手足的亲情会随时间增加，骨肉的冲突会随时间消失。如果兄弟姐妹在童年时共同经历过危机，那会促成他们之间毕生的牢固联系。父母去世会让一个家庭遭到沉重打击，但是当年长的孩子帮助抚养弟妹们，他（她）扮演的双重角色能够为以后牢不可破的手足亲情打下基础。这条强有力的纽带在兄弟姐妹各自步入晚年的时候显得更加重要。当一个人身染重病或者不幸丧偶，他认识最久的兄弟姐妹是他最能依靠的人。英国伦敦国王学院的心理学家朱迪·邓恩说，"当被问到是什么使她们之间的关系如此重要，她们会说，是共同度过的童年。"

（二）应注意主动谦让

俗语里还有"打虎抓贼亲兄弟"。在面临着人的生命财产安全受到威胁的时候，只有亲如手足的兄弟，才会不顾生死威胁一同无私上阵或在生活中遇到挫折和困难时互相帮助。

兄弟姐妹朝夕相处能够产生无间的亲密，当然也难免有不和睦的时候。专门研究家庭的劳瑞·克莱默发现，3至7岁的兄妹之间平均每小时要发生3.5次冲突。加拿大的一项研究说，2至4岁年龄段的兄妹之间每十分钟就会有多于一次的摩擦，其频繁程度在所有年龄段中独占鳌头。父母经常会为孩子们之间的吵闹头疼不已，但是孩子们却从中学到不少东西，尤其是学会如何平息和他人的冲突。孩子们互相之间有一种社交效应，美国匹兹堡大学的心理学家肖说："和朋友不同，你总得和自己的同胞生活在一起。每一天你都要学习如何和别人商量。"研究者相信，正是这种天长日久的学习，让兄弟姐妹如此富有价值，为他们以后的生活提供了一个预演的工具。面对自己的兄弟姐妹，我们也许会板起面孔发火，但是事情过后我们总要回到同一个屋檐下。拿出一个玩具也许就能化解兄弟之间的紧张形势。所以，兄弟姐妹之间，有了矛盾，很需要有一方主动谦让。

主动谦让是一种难能可贵的美德。古语有云："退一步地阔天宽。"主动谦让于人，从形式上看是退了一步,有时还可能因其而给自己造成一定的损失,但是,从大的方面来看,这样做有助于促进自己与兄弟姐妹之间及表亲、堂亲的兄弟姐妹之间的团结,对上无愧于长辈,对下无愧于晚辈。

六、姑嫂谈判应注意的问题

姑嫂关系,可以说是家庭关系中最敏感,也是最容易出现矛盾的一个重要环节。如果处理得好,将会促进家庭团结和睦。反之,就会成天摩擦,闹得一家人不安宁。为此,在姑嫂谈判中应注意以下问题。

(一)应注意宽容互谅

一般说,小姑子和嫂子的关系是家庭矛盾的"热点",许多矛盾都由此产生。姑嫂心理要平衡,小姑子和嫂子同是女性,都具有女性的特点,但来自两个不同的家庭,因此,构成姑嫂关系后,都应保持平和心态,以适应大家庭的生活。

姑嫂相处中的谈判,首先要豁达大度,不斤斤计较。姑嫂间出现矛盾,多数是因为鸡毛蒜皮的小事。比如,家务活谁干得多,干得少呀,家里好吃的东西谁多吃了,嫂子说话刺耳,公婆对小姑偏心……其实只要克服私心,遇事不计较,互相谦让,多为对方着想,你敬她,她敬你,大事化小,小事就化了。

姑嫂相处中的谈判更要相互尊重,善心善意帮助对方克服困难。要充分理解小姑子的个性特点是自己未到这个家庭之前形成的,不能在一日间改变,因而对其任性、偏执的行为和言语要谅解,千万不要针锋相对,非争个高下不可。对小姑子个人的隐私注意保密,不能随便宣扬,以免引起小姑子的反感。当丈夫与婆婆和小姑子发生纠纷时,应严责丈夫,宽待婆婆和小姑子,帮助尽快平息矛盾。小姑子不能因嫂子是外姓人而歧视或不信任,也不要以为自己迟早要出嫁,这个家将是哥嫂的"一统天下"因而放弃处理好家庭关系的责任,甚至认为关系再僵也无所谓。在父母和哥哥面前多说嫂子的好话,而不要搬弄是非。当母亲与嫂子发生矛盾时,要多劝母亲,而不要火上浇油;当哥哥与嫂子发生矛盾时,要从中调解,切勿挑拨离间。

姑嫂相处中的谈判还要注意不搬弄是非。有些姑嫂之间所以闹矛盾,就是因为互相搬弄是非造成的。因此,切忌私下传话,飞短流长。而是要与人为善,互相体谅。如果对方真的做了什么错事,说了什么错话,应该持宽宏大量的态度善意提出。

姑嫂相处中的谈判还应注意,丈夫和小姑,或嫂子与哥哥发生矛盾时,嫂子应多批评丈夫,小姑应多劝说哥哥,以化解矛盾。有的嫂子总是"夫唱妻和",丈夫与小姑发生矛盾时,不管丈夫对错,总是站在丈夫一边。也有小姑,当哥嫂与公婆发生矛盾时,不去化解,而是煽风点火,扩大矛盾,这怎能处理好关系吗?嫂子也好,小姑也罢,都应从团结愿望出发,注意宽容互谅,积极地化解矛盾,才能够和睦相处。

（二）应注意角色转换

媳妇进婆家门后，如果从心眼里把婆婆看成是亲娘，把小姑看成亲妹妹，那就不会产生妒忌心理，而会主动地关心和照顾小姑。

做嫂子的要把小姑子看成自己的小妹，要主动热情地帮助她，关心她。对正上学的小姑子，在生活上、学习上多关心和指导。对参加工作的小姑子要在生活和工作上当好她的参谋。如有人给小姑子介绍对象，要帮她分析和出主意。小姑子想买新衣服时，要帮她选择。

小姑子应把嫂子当作大姐看待，甚至在父母故去的情况下，将嫂子视同母亲。宋代包拯就称其嫂子为"嫂娘"。做小姑子的应主动亲近嫂子，热情帮助嫂子熟悉、适应家庭环境；在家务上，要替嫂子多干点活儿，主动帮嫂子照管孩子，以实际行动不断密切姑嫂之间的关系，做到不是亲姐妹胜似亲姐妹。

（三）应注意发挥小姑子的特殊作用

小姑在家中，上连父母，旁连兄长，有一种特殊地位和由于这种地位而产生的特殊作用。发挥这种特殊作用，可以增加家庭之间的团结，例如婆婆比较听得进小姑的话，媳妇就有事多和小姑商量，小姑理解就等于婆婆理解了百分之八十。如果婆婆对媳妇产生了误会，由小姑去解释说明，其效果可能比媳妇自己去讲好得多。在许多问题上小姑也要处处从家庭的和睦、团结出发，体谅嫂子的处境，如果家庭关系中发生了矛盾，要起好作用，起"补充"作用，而不要起"拆台"的作用，这才是正确的态度。

七、妯娌谈判应注意的问题

有人说："亲兄弟，仇妯娌"。这话并不正确，但确实说明在家庭关系中，最紧张最难处的恐怕就要数妯娌之间的矛盾，这种矛盾必然要反映到兄弟关系和家庭关系中来。因此，帮助妯娌之间建立融洽关系，合情合理地解决好她们之间的矛盾，会有助于处理好兄弟关系和整个家庭关系。那么，为什么妯娌关系是容易紧张最难相处呢？其原因何在呢？

一是互不了解，互有猜疑。由于妯娌之间不像兄弟姐妹那样从小生活在一起，感情基础不像兄弟姊妹那样深厚，互相之间的脾气、爱好、特长也不像兄弟姐妹那样互相了解，容易抱有戒心，产生猜疑。加之她们主持家务多，互相接触多，容易发生矛盾，产生摩擦。

二是自私心理重，遇事爱计较。有人一当上媳妇，一迈进婆家的大门，首先想到的不是如何维持和发展这个大家庭，而是想如何早一点分家另过。她们常想：反正要分家，不能当傻瓜。于是，兄弟妯娌之间斤斤计较，公用东西不多办，食用东西不多买，能抠就抠，能拿就拿，光想占"大家"的便宜。有的妯娌唯恐自己吃亏、受气，处处事事都想占上风，一点都不肯让步。经常你嫌她干得少，她嫌你出钱不多；你说婆婆偏心眼，她说公公心眼偏；你骂她孩子缺教养，她骂你孩子缺根弦。一件小事，就能唠唠叨叨没个完。甚至指桑骂槐，顶嘴吵架。互相之间矛盾套矛盾，变成了死疙瘩，最后确实无法生活在一起，只好分家。

由此可见，妯娌是家庭比较难处的一种关系。一个家庭常常因妯娌之间的矛盾，闹得全家不得安宁，弄得兄弟之间伤感情。怎样相处，才能使妯娌间的"戏"热而不闹呢？

要想改变上述妯娌之间的紧张状态，必须在妯娌相处的思想交流和行为交往中注意以下几点。

（一）应注意心胸放宽，眼光放远

妯娌是家庭的新成员，总愿意得到一些关照，自己做事也希望得到家里人的赞扬，说自己是一个能干的好媳妇。谁也不愿意听别人说自己的坏话。因此，妯娌之间应多讲对方的长处和优点。你敬我一尺，我敬你一丈，有什么不愉快的事也容易化解，切不能给对方拆台。因为妯娌们原来的生活环境不同，家庭状况不同，个人经历不同，血缘关系不同，相互缺乏了解，只是因丈夫的关系成为一个家庭成员。其关系是脆弱的，有时因讲话不慎，都容易引起矛盾。在生活中，有一些矛盾往往是因为各方产生的一些误解越积越深导致的，妯娌之间更是如此。因为在大家庭里，上有公婆，下有孩子，还有兄弟之间的关系，难免发生这样那样的事情，应诚恳交谈，相互交流看法和意见。

妯娌之间交往，应心胸放宽，眼光放远。这其中贵在谦让。人都是有自尊心的，妯娌之间的自尊心则更强。如果都想讨便宜占上风，那就会出现针尖对麦芒的局面，必然会把关系搞僵。如果都能体谅谦让一些，事情就好办了。比如，家里的重活脏活要抢着干，遇到好事尽量让给对方。有了好吃的东西，不妨让对方多吃点，有了好衣料，宁愿自己不要也让给对方，公婆为对方买啥给啥，不打听、不妒嫉，公婆为对方看孩子、送钱，不多嘴、不计较，等等。这不是软弱，而恰恰说明自己的风格高尚。俗话说"人心换人心""你敬我一尺，我敬你一丈"。这样做，事情就好办了。

（二）应注意友好相待、和睦相处

妯娌们从不同的家庭走进了一个家庭，她们的生活习惯，性格爱好等都不尽相同，有的甚至差距很大。但这不能成为彼此不好相处的理由。一个家庭也是一个小集体，大家都应该齐心协力维护这个小集体，一个心眼和睦过日子，把这个家建设成为友好温暖的小集体。这就需要妯娌们顾全大局，讲风格，少猜疑，少计较，互相关心，互相尊重。做到既是妯娌，又是姐妹，又是同志，友好相待，和睦相处。

即使需要分家，也应该和和气气地分开，亲亲热热常来往。

妯娌相处，要多为别人着想，不能事事计较，算自己的小账，不要总想占便宜，占上风，不吃亏。比如，父母年老时，帮助儿媳们做一些力所能及的家务事和带养孩子，很难做到半斤八两一样平，在这种情况下，不应只顾自己，只算自己的小账，就去说三道四挑矛盾。又如，做父母的往往会对生活困难的儿媳帮助多一点，就应该理解父母的这种善良心肠，不要眼红，不要比平。此外，在兄弟分家时，对分配家产、供养父母及其他各种关系的处理，都要教育自己的爱人发扬风格，乐于吃亏。孩子们一块发生争吵打架，要先训诫自己的孩子，不能去责备别人的孩子。这样，妯娌之间的矛盾自然会减少，情感自然会融洽。

八、女婿与岳父母谈判应注意的礼仪

女婿与岳父岳母虽然没有直接的骨肉关系，但由于夫妻关系的情谊，实际上跟母女关系、父子关系一样亲近。俗话说的"人有双重父母"就是这层意思。赡养父母是法律赋予子女的义务。女儿有义务，女婿同样有义务。

人们常说，女婿如半子，俗话也说，"丈母娘看女婿，越看越欢喜"。这句话道出岳母与女婿的关系之好。

然而，也应看到另一方面，女婿毕竟是另一家姓的人。在经济、地位、修养、文化、性格、能力、世界观、人缘等都不同。故要做到女婿与岳父母间的和谐友谊是有困难的。像女婿与岳父在"老丈爷家"似乎总是配角（妻子与丈母娘为主角），其实他们之间的微妙关系很隐蔽。也许因为都是男人，所以很多时候不善于表达，表面上好像风平浪静，很少有争执。然而，各方交谈也难免出现分歧。此时，女婿在与岳父母交谈的过程中，应如同对自己的父母一样尊敬，而且要自然、亲切，别太较真儿。

女婿对岳父的尊敬，意味着与其亲近，能起到沟通感情，融化心理隔阂的作用，也是亲情与亲密感的填充。长辈人走过的生活道路长、经验多应该允许岳父母过问小家庭的生活，允许他们指责挑剔，欢迎他们帮助指教。女婿对岳父母尊敬，妻子也会对公婆尽孝道。反之，一个不关心岳父母的人，其妻子同公婆的关系一定也会受到影响。

第十七章　邻里谈判与民事调解

第一节　邻里谈判概述

人类社会自从出现了家庭这个独立的细胞，家庭与家庭因居住的空间或地理位置联结和靠近为条件建立起的邻里关系便随之而生。也就是说，邻里是家庭地域位置的邻近、生活空间相连接的一种家庭与家庭之间的社会联系。邻里关系是人际关系中比较密切的一种。邻里之间朝夕相处，犹如一个大型家庭，彼此交织着多方面的生活联系。邻里关系的好坏、是否团结和睦，对于形成良好的社会风气、构建和谐社会，对于每家每户的幸福安宁，对于每个人的心理健康，均有着十分重要的影响。正如民谚所言"远亲不如近邻""近邻不如对门""邻里好，赛珍宝""不是一家，亲如一家"。

同住一条街，同居一层楼，同栖一个村……邻里之间，低头不见抬头见，空间距离的接近，既容易建立亲密、和睦、友好、互助的邻里关系，也容易发生摩擦、爆发争端、产生矛盾。邻里谈判就是邻里之间运用口头语言，解决彼此冲突与矛盾、交流情感、消除摩擦的一种谈判方式。

一、邻里谈判的特点

（一）邻里关系的特点

由于空间距离的临近，邻里关系具体体现为以下特点。

1. 关系密切

亲属、朋友和同事间的交往是建立在血缘、婚姻感情或工作关系上的，而邻里关系较多的是建立在家庭生活领域中的，并且渗透在日常生活的各个领域。因此，邻里关系具有多方面性和琐碎性的特点。这种特点形成了邻里交际关系的密切性。人们经常可以看到，当某一家中发生危急情况时，首先伸出援助之手的往往是邻居，邻居间的互帮互助经常胜过亲朋挚友。也就是说，邻里关系的密切性实际上是一种团结互助的关系。有这样一个动人的真事：在一幢大楼里住着张家老两口，他们年老体弱，买粮买油、换液化气等体力活，都被隔壁小李夫妇包了下来。小李夫妇上班路远，家里的孩子由张家老两口照看着，两家彼此照应、互相帮助，给日常生活带来了极大的方便，各方解决了难以克服的困难，天长日久，两家的关系非常亲密，犹如在一个大家庭里生活。邻里之间你来我往、以礼相待、和睦相处、互相帮助，可以形成和谐融洽的氛围和文明的风气，使精神文明之花盛开争艳，飘香四溢。

2. 长期稳定

家庭之间虽然职业、兴趣、爱好都有很大的不同，但是因为房子紧邻，仍然要居住在一起。这样，在客观上就增加了邻里关系的稳定性。因此，对每个家庭来说，不论生活习惯上的差异有多大，也不论处好处坏，邻里间客观存在的关系很难改变。这些都决定处理邻里关系时要谨慎，以维持邻里关系的稳定性。

3. 共同利益

家庭之间作为邻居生活在一个共同的空间之中，必然会存在共同的利益，如环境卫生和院（楼道）内空间如何合理使用等。这些共同利益虽然不完全是某个家庭自身的事，但是如果处理不好，每个家庭都会感到不便，甚至会遇到麻烦，无法维持正常的生活秩序。

4. 影响家庭内部

邻里关系其实是一个家庭与多个家庭的关系，但由于邻里间交际关系的密切性，因此它也会直接影响到家庭内部的关系。如果与邻里相处融洽，一个家庭有了矛盾，邻里出面调解，那就有可能使矛盾得到较好的解决。

（二）邻里谈判的特点

1. 邻里谈判领域的明显性

邻里关系的特点最主要、最明显的是体现在日常生活领域。人们生活在同一小区、同一栋楼房、同一单元，甚至是对门或挨门，关系应是和谐融洽。但常言道"没有舌头不碰牙的"。人们时而也会因衣食住行和其他一切与生活有关的人和事而产生摩擦，这些，均需通过邻里谈判来加以解决。也就是说，邻里谈判的重心主要是围绕邻里日常生活领域而进行的。所以，邻里谈判具有领域的明显性的特点。

2. 邻里谈判关系的复杂性

在现代社会中，一个家庭不可能孤立存在，而是处在双向的、多维的、复杂的交际网络之中，处在复杂的邻里关系之中。可以说，邻里关系具有其独特的复杂性，因此，邻里谈判也显示出独特的复杂性。在众多的人际关系中，如上下属关系、同事关系、朋友关系、家庭成员的关系等，都是个人与个人的直接关系。但是，邻里关系除了个人与个人之间的直接关系外，还会产生一种有牵连的非直接关系。例如，老王帮助老张的孩子去医院看病，老王一个人的一次行动，却可能赢得老张全家的友好感情。可见，除老王与老张的孩子发生直接关系外，其他成员也间接卷进了这种关系。又如，李大姐同刘大妈关系弄僵了，又很可能导致两家其他成员的关系紧张。邻里关系，不单纯只是一种个人的、直接的关系，还是一种有牵连的、间接的复杂关系。所以，邻里谈判也就体现出关系的复杂性的特点。

二、邻里谈判应遵循的原则

（一）礼让为上、团结为重

邻里之间，由于从早到晚、长年累月，低头不见抬头见，因此难免会产生这样或那样的纠纷和矛盾。问题发生后，邻里之间应该做到礼让、互谅，无理者要认错，主动向对方赔礼道歉；有理者要让人，谅解对方，宽以待人。只有这样，才能求得问题的妥善解决，并增进邻里之间的感情。

中华民族素称礼仪之邦，在处理邻里关系中坚持礼让体现了中华传统美德。礼，是在某个群体或整个社会中人们约定俗成的、不成文的、无形的行为约束力量，包括风俗、传统、宗教、道德、社会习惯等。这里讲的礼让，还包含着礼貌与谦让。

礼让为上、团结为重，要求每个家庭都要从自己做起，主动关心邻居、帮助邻居，把困难留给自己，把方便让给别人，说话办事要处处为邻居着想。如果自己家里有些事情可能影响到邻居，那么，我们在做之前就应该主动找邻居商量一下，看邻居有什么意见，或有什么更好的办法。这是既尊重邻居，又能避免发生矛盾的好办法。相反，如果一个家庭为所欲为，就会给邻居造成许多不便和麻烦，甚至干扰邻居们的正常生活。

邻里之间互相关心，互相帮助，贵在主动。只要家家户户都能从自己做起，互谅礼让，无理认错，有理也要让人，那么，邻里之间就必然会充满友谊、谅解、和睦和融洽气氛。

（二）不图私利、多为公益

在邻里纠纷中，有相当一部分是由挤占共用场地和设施而引起的。例如，作为邻居的家庭之间，生活在一个共同的空间之中，住在楼上的，应注意不要向楼下抛果皮和脏东西，不要往窗外吐痰、倒水，不要在地板上敲打，在阳台上晾衣服、被褥要放牢，晾滴水的衣服要看下面有没有东西和行人，浇花、养鱼应注意勿往下滴水，放在阳台和墙边上的花盆和物品要防止被风吹落，以免发生事故。如果在这一系列问题上发生口角、产生纠纷，相关家庭必须坚持不图私利，多为公益的原则来解决，否则将不能解决邻里之间的矛盾。

只要我们遵循了"不图私利，多为公益"的邻里谈判原则，就能协调好邻里关系，就会形成邻里之间团结起来共建社区的新局面。因为我们每个家庭都居住在一定的社区里，家庭与社区的关系息息相关。社区的文明是精神文明建设的组成部分和重要体现。社区里的公益活动，包括公共卫生、环境保护、治安保卫、捐助活动等。只有各个家庭都用健康、高尚的道德情操来支持和参与，才能搞好社区活动，才能共同创造一个团结互助、和睦相处的美好生活环境。所以，只要邻里都不图私利、多为公益，家家户户都关心社区建设，积极参与社区活动，就能使社区呈现出"百花齐放春满园"的气象。

（三）扶持正气，抵制歪风

邻里关系从本质上说是社会关系中的一种，必须扶正压邪。邻里相处要做到"五倡五忌"。五倡是，提倡互相关心，增进友谊，和睦相处，维护社会安定；提倡互相谦让，多想别人，有事商量，互相帮助；提倡文明礼貌，见面问好，老小无欺，待人和气；提倡宽容大度，谅解他人，对于邻里过失不存记恨心；提倡适当串门沟通感情。五忌是，忌以邻为壑，只扫自己窗前雪；忌利己自私，只图个人方便；忌猜疑；忌护短；忌搬弄是非。"五倡五忌"说明了邻里间要扶持什么，抵制什么。在邻里发生冲突与矛盾，需要进行合理谈判时，也要坚持"五倡五忌"，邻居中的一些不道德行为不能迁就；当然也要注意摆事实，讲道理，心平气和，以理服人。

三、邻里谈判的语言艺术

（一）平等真诚

平等真诚是蕴含真情的泉源。在我们国家里，人们在政治上、法律上、人格上是平等的，然而由于小农经济的积淀，传统文化的影响，以及某些具体制度的弊端，造成了工农之间、城乡之间、国营集体与个人之间，在工资、住房和社会福利等方面的各种不平等，这种差异也反映在邻里之间。一个大院，一栋宿舍，通常居住着各种各样的居民，有的是干部，有的是工程师、教师，有的是工人、农民，还有的是普通市民。有的是儿孙满堂的老人，有的是孤单无依的老人。总之，街坊邻里地位、年龄、职业、兴趣、爱好会有各种各样的差别，但是无论与谁打交道，在邻里之间不管出现了什么问题，都要用平等诚恳的态度来对待。不要因地位、职业不同，而尊重某一家敌视某一家；不要因年龄大小、家庭贫富，而厌弃老人、欺侮小孩、巴结富贵、冷落贫寒。街坊邻里，不论年龄大小、职位高低，在人格上都是一律平等的，不能势利眼。在谈判中，不把自己的思想和观点强加于邻居，不自视高明，不随便打断别人的话题、扰乱别人的思路。

（二）彼此尊重

搞好邻里团结重要的是互相尊重，人们进行邻里谈判也要彼此尊重。在谈判中，谈判者要尊重邻里的人格、民族习惯、生活方式、爱好、兴趣和职业；不要随意妄加评论和指责，更不能以财欺人，以势压人。即使邻居的生活习惯直接干扰了自己的正常生活，也要在充分尊重他人的基础上设法去寻找妥善解决的途径。邻里之间还要互相学习，取长补短。

（三）讲究分寸

邻里谈判的对象十分复杂，谈判者在谈判过程中在语言上对长辈要恭敬，对晚辈既要慈祥又要讲尊严，不打探邻居的隐私，不询问人家的存款、家底，不在邻居面前涉及第三者等。同时，我们与邻里交谈也要注意语言环境和语言表达方式，否则可能会收到意想不到的效果。

（四）宽容体谅

街坊邻里、男女老少混杂在一起，大家的兴趣爱好、个性脾气有差异。时间长了，人们难免遇到一些这样或那样的不顺心之事，遇到这种情况，要宽容大度，善于谅解他人。对于邻里的一些毛病和过失，只要不是原则问题，我们尽量不过多追究、不过分计较，切不可据理不让、针锋相对。

（五）委婉含蓄

委婉原是一种常见的修辞手法。它是指人们讲话时，不直陈本意，而是以委婉、周折的言辞加以烘托或暗示。人们在邻里谈判中用委婉含蓄的语言可以产生尊重他人的感受，不轻易伤害他人，有避免矛盾的效果。有些听了易引起他人反感或不易被接受的词语要避免使用，应以与之意义相同或相近的词语代替。例如，把"胖"说成"富态""丰满"，把"瘦"说成"苗条""清秀"，把"生病"说成"不舒服"等。像这种同义词替代，一般说来能显得语言委婉，效果较好。有时，我们还可以运用语言暗示、巧妙烘托，收到意想不到的效果。还有时，为了不使对方难堪，不直接地把话说出来，而是有意绕个弯子，加上一个"过门"，徐徐道来，慢慢说出，导之自然，启之得法，不露痕迹，能收到极好的效果。

体贴而礼貌的语言可表达对人的真诚关心与尊重，千万不要叫骂、唠叨、发牢骚，总之谈判者要遵循这样一条宗旨，你希望别人如何对你说话，你就如何对别人说话。

第二节　家庭邻里谈判中的调解

家庭邻里谈判，在一般情况下由家庭成员和邻里之间直接参与进行。然而，在遇有特殊情况时，家庭邻里谈判就需要有调解员参加。调解员一般由居民委的干部承担。这里的特殊情况就是指靠家庭成员和邻里之间经谈判解决不了的问题，只好求助于第三方。

一、第三方的调解作用

调解是常用的解决纠纷的方法。不伤害各方感情，而且在各方意见表示一致的情况下达成调解协议，更容易为各方所接受。调解在各方当事人都接受的前提下，可以发生效力。居民委的调解不具有法律约束力，它的作用主要有以下方面。

（一）和解作用

家庭邻里谈判中的矛盾经过调解，不分胜负，各方改变了原来的敌对态度，从而停止了冲突，建立起友好的关系。这是解决非对抗冲突的主要方式。家庭、邻里冲突经常以和解来结束。

（二）妥协作用

在家庭邻里谈判中，有时矛盾各方势均力敌，谁都无法战胜对方，不得不暂时息争，而敌对态度并未改变。妥协是各方提出一些条件，经调解员调解以后，各自接受对方的一些条件，从而罢兵息争。妥协中的任何一方都不占有明显优势，这在家庭、邻里谈判中也十分常见。

（三）服从作用

家庭或邻里间的冲突各方经过调解，一方战胜另一方，一方成为胜利者，另一方成为失败者，表现为一方对另一方的服从。这种调解作用在家庭谈判中表现得更明显。

（四）容忍作用

容忍作用是指矛盾各方经调解，其中一方或各方暂时容忍了对方的行为，以适应环境变化的一种调解结果。采取暂时容忍的态度，能避免发生冲突。容忍对各方来说是抑制其习惯行为，对对方和环境忍让。之所以需要调解成容忍的结果，是因为它可以避免矛盾各方无意义、无效果的冲突。容忍不是投降，是人在保持自我独立性的前提下抑制自己的情绪以顺应环境。这种调节作用在邻里谈判中表现得明显一些。

（五）转变作用

这是指经过调节，使矛盾的各方均转变其思想、态度、习惯等以适应环境的需要。这种调节作用的实现程度比较难达到。

二、民事调解的方法

（一）单独调解

在家庭和邻里发生纠纷需要调解员帮助解决问题时，调解员经过周密的调查了解后，可以采取对纠纷责任的一方单独做工作，以达到合理解决问题的目的。

例如，个人从邻居那里借了300元钱，答应半年后还，但时过一年，不仅分文未还，还赖账，于是发生了纠纷。很显然，纠纷责任在借钱一方。调解员对借钱者说："人家把钱借给你，是因为你们关系很好。你不按期还钱，失信于朋友，今后谁还敢同你来往？在你急需时受人滴水之恩，不涌泉相报，还赖账，你算什么？"一席话使理亏者主动认错，两人和好如初。

（二）联合调解

有一对夫妻闹矛盾闹到各方都要求离婚，但谁也不愿到法院做原告。纠纷各方自由恋爱结婚，自从有了小孩后，发展到互不相让，直至骂人、打人，导致要离婚。男女各方都请了调解员，在两方调解员统一认识、共同交换调查意见后，得出了男女各方既然不愿主动提出离婚，说明感情基础比较牢固的结论。基于这一点，各方调解员求同存异，各自批评教育自己一方的当事人职工，并引导一方主动向另一方赔礼认错，经过联合调解，使矛盾得到解决。

（三）及时调解

有些纠纷如不及时调解，随时可能使潜伏的矛盾激化，轻则影响当事人的工作、学习，重则导致家庭生活出现裂痕，甚至可能违纪违法。这就需要调解员及时工作（堪称第一道防线），以防止其发展到违法的境地。

例如，某村有一对男女青年小周和小胡，交朋友三年多，在一起看电影、下馆子，关系挺密切。可是当小周把结婚的东西置办齐，要小胡和他去登记结婚时，小胡却突然和他中断了恋爱关系。小周找到她家论理，又被拒之门外。他又气又恨，在门外叫骂，用头撞大门，要死在她家门外。就在矛盾越来越激化时，村主任和乡亲们把他拽回家。村主任作为调节人好言对其进行劝导。村主任问："你们之间有爱情吗？""她说过爱我。""那为什么又和你吹了呢？"小周被问得沉默了。村主任进一步开导说："光在一起看看电影，逛逛马路，吃吃喝喝，那不是爱情。真正的爱情不是用钱可以买来的。再说，'捆绑不能成夫妻'，既然人家不爱你，你何必强求呢？你今年才25岁，为一个不爱你的姑娘去死，多不值得？我看只要你好好干，还愁找不到好媳妇？"愁眉苦脸的小周被说得眉眼舒展开了。调解人村主任及时地对小周进行劝说，并且从其弱点说起，拨动其最敏感的心弦，才有效化解了矛盾。

（四）事后调解

这类调解常见于家庭纠纷、邻里纠纷、赡养纠纷、抚养纠纷等，这些纠纷通常一时不能分清是非，草率处理对各方不利，这时需要调解员在一定时间内查明情况再做处理。要查明纠纷性质，要区分主次矛盾，要查清起因，可能出现的后果等。然后针对纠纷的主要方面，或言其弱点或善言相慰，把各说各有理、各执一端的行为变成自然平息、自我反思、互让互谅。在这里，调解员要据事分析，论理说教，灵活运用群众语言。这种调解的效果，能使受教育者提高其自控力、增加其自辨力、启发其自省力。

以上几种调解方法，区别不同情况可以单独使用，遇到较复杂的情况也可以交叉使用，以便得到最佳调解效果。

主要参考文献

［1］中共中央马克思恩格斯列宁斯大林著作编译局.马克思恩格斯选集第四卷［M］.北京：人民出版社，2012.

［2］阿·科瓦廖夫.外交知识和技巧［M］.王海燕，译.北京：世界知识出版社，1989.

［3］杰勒德·I.尼尔伦伯格.谈判的艺术［M］.曹景行，陆延，译.上海：上海翻译出版公司，1986.

［4］利·L.汤普森.谈判者心智［M］.燕清联合，于君，等，译.北京：中国人民大学出版社，2005.

［5］克劳德·塞利奇，苏比哈什·C.贾殷.全球商务谈判实务操作指南［M］.曹宇，孔琳，译.北京：中国人民大学出版社，2008.

［6］罗伊·J.列维奇，戴维·M.桑德斯，布鲁斯·巴里.国际商务谈判［M］.方萍，谭敏译.北京：中国人民大学出版社，2008.

［7］梁容若.中日文化交流史论［M］.北京：商务印书馆，1985.

［8］姚凤云.现代谈判指导［M］.哈尔滨：黑龙江科学技术出版社，1994.

［9］姚凤云.商务谈判与管理沟通［M］.2版.北京：清华大学出版社，2016.

［10］周敏，闫锡成.谈判心理学［M］.哈尔滨：哈尔滨出版社，1994.

［11］于忠荣，孙玉太，郭秀闯.商务谈判名家示范［M］.济南：山东人民出版社，1995.

［12］张利.国际经贸谈判面面观［M］.北京：经济科学出版社，1995.

［13］张勤，赵玉芹.谈判与行为选择［M］.北京：经济科学出版社，1995.

［14］冯娟娟，孙秀兰.谈判与社会心理［M］.北京：经济科学出版社，1995.

［15］李恩慈，王纪平.谈判与法律法规［M］.北京：经济科学出版社，1995.

［16］孔昭林，赵文河.谈判与思维方式［M］.北京：经济科学出版社，1995.

［17］齐宪代，等.谈判谋略［M］.北京：经济科学出版社，1995.

［18］刘伟，聂玉河.谈判与对策［M］.北京：经济科学出版社，1995.

［19］张爱文，等.谈判礼仪［M］.北京：经济科学出版社，1995.

［20］张晓豪，焦志忠.谈判控制［M］.北京：经济科学出版社，1995.

［21］姜小欣，张士光.谈判语言［M］.北京：经济科学出版社，1995.

［22］章瑞华，等.现代谈判学［M］.杭州：浙江大学出版社，1995.

［23］王超.谈判分析学［M］.北京：中国对外贸易出版社，1999.

［24］肖卫.成功谈判［M］.呼和浩特：内蒙古文化出版社，2001.

［25］贝思德教育机构.谈判口才训练教程［M］.西安：西北大学出版社，2002.

［26］李景霞.国际商务谈判［M］.北京：机械工业出版社，2004.

［27］潘肖珏，谢承志.商务谈判与沟通技巧［M］.上海：复旦大学出版社，2004.

［28］李品媛.现代商务谈判［M］.大连：东北财经大学出版社，2005.

［29］刘园.谈判学概论［M］.北京：首都经济贸易大学出版社，2006.

［30］张立强.经典谈判谋略全鉴［M］.北京：地震出版社，2006.

［31］贾蔚，栾秀云.现代商务谈判理论与实务［M］.北京：中国经济出版社，2006.

［32］韩玉珍.国际商务谈判实务［M］.北京：北京大学出版社，2006.

［33］林伟贤.谈判艺术［M］.北京：新华出版社，2006.

［34］黎滔.双赢谈判［M］.北京：中国纺织出版社，2007.

［35］赵燕，李文伟.谈判与辩论技巧［M］.北京：中国法制出版社，2007.

［36］盛安之.谈判的60个博弈策略［M］.北京：企业管理出版社，2008.

［37］白远.国际商务谈判［M］.北京：中国人民大学出版社，2008.

［38］王绍军，刘增田.商务谈判［M］.北京：北京大学出版社，2009.